데이톨로지

데이터과학과
인문학의 접점 찾기

DATALOGY

데이톨로지

AI·메타버스 시대를 읽는 데이터인문학

김성태 지음

이론비

프롤로그

왜 데이톨로지인가

바야흐로 데이터 시대다. 데이터는 21세기 디지털 시대의 '원유'로 불린다. 데이터가 산업은 물론 조직과 개인의 경쟁력을 좌우하는 핵심 요소가 되고 있다. 최근 언론 보도를 보면 빅데이터를 기반으로 한 인공지능[AI], 메타버스, 디지털 트윈 같은 기술이 신세계를 열 것이라고 전망하고 있다. 코로나19 팬데믹을 겪는 동안 디지털 기술에 힘입어 비대면 환경이 더욱 일상화되었다. 스마트폰 하나면 마트에 가지 않고도 물건을 사고, 웬만한 금융 거래는 다 할 수 있다. 온라인 수업을 하고 화상회의를 하고 재택근무를 한다. 편리해서 좋기는 하지만 이 변화의 의미를 생각하기도 전에 너무 빨리 바뀌는 일상에 불안해질 때도 많다.

최근 무인결제기를 설치한 매장이 부쩍 늘었다. 그런데 어르신들이 작동 방법을 잘 몰라 쩔쩔매는 모습을 종종 본다. "디지털 디바이드digital divide"라는 말이 있다. 디지털 기술을 활용할 수 있는 능력의 차이로 세대나 계층 사이에 정보 격차가 일어나는 현상을 말한다. 디지털 기술에서 소외될수록 격차는 더욱 심해지고, 새로운 기술을 따라가기 더 어려워지는 악순환이 반복된다.

미래학자들은 기계의 지능이 인간의 지능을 넘어서는 '특이점'이 곧 온다고 말한다. 뉴스에서는 완벽한 인공지능 로봇이 등장할 것이라고 보도한다. 동시에 어쩌면 인간이 로봇에게 일자리를 빼앗길지도 모른다고 전망하기도 한다. 미래사회에 대한 복잡하고 혼란스러운 예측들 속에서 우리는 지나친 기대와 두려움을 함께 지니고 있는 것 같다. 우리가 나아갈 길을 잘못 파악해서 훗날 막대한 사회적 비용을 치를 수도 있을 듯하다.

새로운 시대는 새로운 눈으로 보아야 한다. 우리에게는 오늘날 데이터 시대를 정확히 읽고 이해할 수 있는 공부가 필요하다. 나는 이것을 '데이톨로지datalogy'라고 부르려 한다. 오랜 시간 대학에서 관련 과목을 가르치며, 또한 현장에서 데이터를 수집하고 분석하는 일을 하며 생각하고 고민한 것들을 이 책에 담았다.

'데이톨로지'는 'data'와 '-logy'의 합성어다. 보통 학문을 칭할 때 사회학sociology, 심리학psychology, 생물학biology처럼 뒤에 '-logy'가 붙는 경우가 많다. 어떤 일을 해결해나가는 방식에 대한 이론을 '방법론'이라고 한다. 그런데 방법론의 영어 단어도 'methodology'다. 일반적으로 방법론은 어떤 객관적인 현상을 관찰하고 나아가 그 현상의 이치나 원칙을 파악하는 것을 말한다. 데이터를 이해하는 데에도 현상과 본질을 함께 파악하는 '방법론'이 필요하다.

데이터는 과학과 인문학의 영역에 모두 속한다. 기록물이라는 점에서 인문학의 연구 대상이며, 디지털 기술이라는 점에서 과학의 연구 대상이기도 하다. 내가 데이터를 두 가지 측면에서 보게 된 계기가 있다. 나는 대학에서 '빅데이터'와 '데이터 사이언스' 과목을 가르쳐왔다. 수강생 중에는 인문학이나 사회과학뿐만 아니라 컴퓨터공학이나 자연과학 전공자들도 많다. 그런데 다양한 학생들을 가르치면서 느낀 점이 있다. 같은 사물과 현상을 바라보는 시각이 전공에 따라 상당히 다르다는 사실이었다. 첫 수업에서 "매스mass는 어떤 개념인가?"라는 질문을 한 적이 있다. 대부분의 문과생들은 예상대로 '매스'를 '대중이나 군중'과 같은 불특정 다수로 정의하거나 대중사회mass society나 매스 미디어와 연결해서 말했다. 흥미롭게도 공학이나 이과 전공 학생들의 생각은 달랐다. 그들은 물체 개념과 연결하여 부피를 가진 질량체나 덩어리라고 대답하는 경우가 많았다.

물론 사전적 정의에는 둘 다 있다. 하지만 두 개의 의미를 같이 말하는 학생은 거의 없었고, 전공이나 관심 분야에서 주로 사용하는 뜻으로 설명하고 있었다. 이는 각각의 학문 공동체가 만들어내는 생각의 차이다. 넓은 의미에서 패러다임 혹은 오리엔테이션의 차이라고 할 수 있겠다. 그렇다면 '데이터'라는 말은 어떨까? 매일 정보를 이용하고 제공하며 살아가는 우리는 디지털 기술 관련 뉴스를 보면서 어떤 판단을 하고 있을까? 이 책은 데이터 시대에 우리가 알아야 할 다양한 이슈들에 대한 생각의 차이를 좁히고 싶은 바람에서 출발했다. 그 이슈는 구체적으로 다음과 같은 질문들이다.

- 역사에서 데이터 혁명이 일어난 시기는 언제인가?
- 빅데이터와 인공지능 기술의 명암은 무엇인가?
- 가까운 미래에 특이점이 올 것인가?
- 인공지능은 복잡하고 예측하기 어려운 인간의 마음과 감정을 어떻게 구현할 수 있을까?
- '딥러닝deep learning'과 '딥필링deep feeling'의 기술적 접점을 찾을 수 있을까?

나는 데이터를 과학과 인문학으로 성찰하고 그 두 학문의 '접점point of contact'에서 다시 양쪽을 바라보며 이해의 폭을 넓히려 했다. 사회의 발전을 두고 세상은 과학에만 집중하는 경향이 있다. 그런데 과학으로 접근하기 쉽지 않지만 존재론적으로 가치가 있는 영역도 있다. 가령 인공지능에 인간의 감정이 실릴 수 있을지 뜨거운 논쟁이 벌어지고 있다. 컴퓨터와 인간을 구분하는 기준을 감정이라고 하는데, 감정은 각자의 자아에서 비롯되는 것이다. 감정이나 자아는 인문학의 영역이다. 기술이 발달하는 만큼 우리는 다시 인문학을 붙잡고 이야기를 나누어야 한다.

과학 연구는 영역의 문제가 아니라 접근의 문제다. 가령 인간의 감정처럼 모호하고 추상적인 주제라고 해서 연구 대상이 아니라고 할 수는 없다. 그럴수록 더 과학적으로 접근해서 최대한 규명해야 한다. 우리가 보지 못한다고, 가지 못한다고 해서 어떤 세상이 존재하지 않는 것은 아니다. 다만 도달하지 못했을 뿐이다. 그 세상의 존재를 부인하거나, 과학의 연구 대상에서 제외해서는 안 될 일이다. 과학이라는 잘 닦인 고속도로를 벗어나면 곧 만나게 될 비포장도로를 예측하고 준비해야 한다. 어쩌면 '과학적scientific'이라는 방법의 틀을 고정시킴으로써 열린 세상으로 가는 길을 포기하고 있는 것은 아닐까. 과학적 연구 방법에 인문학적 성찰을 더하는 유연함이 있다면 우리가 지금 어디를 가고 있는지 방향이 좀 더 분명해질 것이다.

이 책은 데이터를 통해 인류 역사를 돌아보고, 현재 데이터 기술 문명의 다양한 이슈를 살펴보며, 올바른 방향을 잡고 미래로 나아가기 위해 어떤 노력을 해야 하는지 담고 있다. 데이터의 의미를 찾아 과거와 현재, 미래로 마치 시간여행을 하는 것처럼 내용을 구성했다.

제1부는 역사라는 과거로 떠나 데이터가 어떤 사상적 기반을 지니고 있는지 그 뿌리를 찾는다. 세 차례의 데이터 혁명이 인류에 어떤 변화를 가져왔는지, 인류가 보편언어로 사용하는 수와 디지털 코드 0과 1의 기원은 무엇인지 살펴보았다. 그리고 사회과학 통계에 대한 맹신과 빅데이터의 불가피한 양면성, 데이터텔링의 중요성 등을 다루었다.

제2부에서는 현재 진행형인 디지털 신문명의 여정을 살펴보았다. 인공지능AI, 블록체인, 메타버스 등 제4차 산업혁명으로 대변되는 기

술혁명 시대에 우리가 직면한 문제들과 이를 해결하기 위해 어떤 공리公理를 실천해야 하는지 살펴보았다. 집단지성을 기반으로 하는 별점 시스템의 딜레마, 인공지능 기술이 가져오는 편향성 문제, 특이점 논쟁의 문제점 등을 다루었다.

제3부에서는 디지털 기술과 함께 다가올 미래를 예측해보았다. 기술 유토피아에 대한 기대가 높아지는 한편, 기술에 윤리가 결여되었을 때 미래사회는 결국 디스토피아로 향하리라고 우려하는 목소리 또한 높아지고 있다. 이런 이분법을 극복하려면 기술 발전에 윤리와 철학 등 인문학적 통찰이 함께 해야 한다. 인공지능에서 인공감정 기술이 주목받고 있는 지금, 제3부에서는 먼저 철학사에서 인간의 감정을 어떻게 묻고 답해왔는지 살펴보았다. 그리고 인간의 복잡한 감정 시스템을 어떻게 데이터 기술로 구현할 것인지 고민하고, 이성과 지능 중심의 '딥러닝'에서 본능과 감성 중심의 '딥필링'을 제안했다.

십여 년 전, 나는 건강에 큰 어려움을 겪었다. 그 경험에서 시간의 소중함을 다시금 느끼게 되었다. 그리고 평소에 관심을 두었던 공부를 본격적으로 시작했다. 빅데이터, 인공지능, 메타버스와 같은 신문명기술이 만드는 사회가 더 견고해지기 위해서는 인문학적인 토대가 단단해야 한다고 생각하며 학문 간의 이해의 폭을 넓히고자 노력했다. 이 책은 그 시간들의 결실이다.

철학은 세상에 대한 화두를 던진다. 과학은 그 화두에 대한 명료한 솔루션을 찾는다. 독자들이 이 책을 통해 데이터 시대의 중요한 이슈들에 대해 과학과 인문학을 오가며 스스로 묻고 답을 찾을 수 있기를 기대한다.

2022년 8월
김성태

차례

프롤로그 왜 데이톨로지인가 _5

제1부 데이터와 인류 문명

1장 데이터에서 길을 찾다 _21

데이터 세상의 풍경 _21
김정호는 정말 백두산을 여덟 번 올랐을까 _23
매슈 모리의 항해도 _27
20세기의 위대한 코호트 연구 _30
데이비드 바커와 태아 프로그래밍 이론 _32
팬데믹이 가져오는 히든 이펙트 _36

2장 데이터 혁명과 디지털 코드의 기원 _39

기술 발달로 본 데이터의 역사 _39
제1차 데이터 혁명: 아라비아 숫자의 발명 _41
제2차 데이터 혁명: 구텐베르크의 금속 인쇄술 _48
제3차 데이터 혁명: 디지털 코드 0과 1 _54
보편언어를 찾아서 _58

3장 사회과학 통계의 신화와 한계 _65

세종대왕의 여론조사 _65
사회과학 통계의 시작 _68
평균 권하는 사회 _72
평균 개념의 역사적 연결고리 _74
평균의 종말과 함께 변종의 시대가 오다 _80

 4장 빅데이터의 딜레마 _85

디지털 재앙 _85
핫데이터 vs 쿨데이터 _89
빅데이터의 가치 _93
파레토 법칙에서 롱테일 법칙으로 _96
유발 하라리와 데이터교 _100
빅데이터의 양면성 _103
융합과 통섭의 접근 _107

 5장 인포그래픽과 데이터텔링 _113

첫인상이 오래 남는 이유 _113
천 마디 말보다 그림 한 장이 낫다 _116
19세기의 인포그래픽 _120
데이터텔링의 시대 _126

제2부 데이터로 읽는 현대사회

6장 집단지성과 집단야성: 별점제도 다시 보기 _131

집단 사고와 침묵의 나선 _131
별점제도의 위험성 _135
별점 시스템의 원리 _138
다수의 지성이 소수 전문가의 식견보다 월등하다 _145
집단지성이 제대로 작동하려면 _149

7장 AI 알고리즘의 야누스적 얼굴 _153

알고리즘의 기원 _153
인간처럼 생각하는 기계 _156
AI도 인종차별을 한다 _160
에코 체임버와 필터 버블 _164
프레임 씌우기와 버블 터뜨리기 _167

8장 가상현실의 시간과 공간: 『신곡』에서 메타버스까지 _173

인간은 세 가지 시간을 살아간다 _173
시간이라는 통제 기술 _176
공간 확장을 향한 욕망 _179
단테의 상상이 현실이 되다 _181

무한대로 열린 세상 _186
가상 인간 로지와 화즈빙 _192
메타버스, 어떤 공간으로 진화할까 _196

과연 특이점은 올 것인가 _199

인공지능이 인간의 지능을 뛰어넘는 순간 _199
특이점의 시기 _203
망각에 빠진 AI _206
믿음의 엔진은 어디를 향하고 있을까 _209
인간과 인공지능이 공존하려면 _212

제3부 미래를 위한 공존의 기술, 딥필링

감정을 딥^{deep}하게 읽다 _221

감정의 정체 _221
이성과 감정의 이원론 _224
감정은 이성에 따라 달라질 수 있는가 _228
이성과 감정은 연결되어 있다 _231
이성과 감정, 무엇이 먼저인가 _238
보편적 감정은 존재하는가 _243

뇌, 의식, 무의식, 그리고 인공감정 _249

AI와 공존할 것인가, 대립할 것인가 _249
AI의 창작품도 예술일까 _253

뇌의 구조와 기능 _256
의식은 진화와 유전자의 산물인가 _261
나는 느낀다, 그러므로 존재한다 _264
철학적 좀비 _271

12장 딥러닝을 넘어 딥필링으로 _277

AI도 인간의 감정을 가질 수 있을까 _277
존 설의 중국어방 논증 그리고 한국어방 논증 _281
어머니 장례식 논증 _285
기계학습, 딥러닝, 딥필링 _287
감정계를 구현하기 위한 이론들 _290

13장 딥필링 메커니즘을 그리다 _303

인간과 로봇은 사랑할 수 있을까 _303
딥필링 작동 원리 _306
트라우마와 딥필링 _310
어떻게 감정을 읽고 측정할 것인가 _315
실시간성의 딜레마 _320
인간의 뇌에 컴퓨터 칩을 심는다면 _322
메타필링과 마음의 지향성 _325

에필로그 인간과 기술의 공존을 위하여 _329

참고문헌 _337

제1부

데이터와 인류 문명

제1차 데이터 혁명은 아라비아 숫자의 발명이고, 제2차 데이터 혁명은 구텐베르크의 인쇄술 발명이고, 제3차 데이터 혁명은 디지털 코드 0과 1의 발견이다. 세 차례에 걸친 데이터 혁명은 사회에 변화를 이끌어내기 위해 새로운 가치를 지향했다. 아라비아 숫자는 정보 처리의 편리성을, 구텐베르크의 인쇄술은 정보의 확장성을, 디지털 코드 0과 1은 단순함과 명증성을 추구한 것이다.

1장 데이터에서 길을 찾다

데이터를 충분히 오래 고문하면 자백할 것이다.

• 로널드 코스Ronald H. Coase, 경제학자

데이터 세상의 풍경

나는 오늘도 집을 나서며 자동차에 올라 습관적으로 내비게이션을 켠다. 목적지를 입력하고 길의 방향과 도착 시각을 확인한다. 스마트폰 하나면 맛집도 여행지도 쉽게 찾을 수 있다. 지도를 보며 운전을 하다 차에서 내려 지나가던 사람에게 길을 묻던 일은 이제 옛 추억이 되었다.

내가 대학에서 가르치는 학생들을 보면 스마트폰을 거의 손에서 놓지 않는다. 손안에 들어오는 조그만 기기 하나만으로 온라인 수업을 듣고 쇼핑을 하고 SNS를 한다. 나의 대학 시절에는 상상조차 할 수 없었던 모습이다. 디지털 기술이 이 모든 것을 가능하게 해주었다. 우리는 이러한 기술의 혜택을 누리는 동시에 그 기반이 되는 데이터를 끝없이 생산하며 살아간다. 통신 내역, 자동차 동선, 신용카드 소비목록, 별점 평가까지 일상 생활이 실시간으로 데이터가 되고 모두를 위한 정보로 돌아온다.

데이터data는 '주어진 것'이라는 뜻의 라틴어 다툼datum에서 온 말이다. 비슷한 말로 머테리얼material, 자료이 있다. 데이터는 숫자와 문자부터 기호, 영상, 음성, 사진, 표 등 다양한 요소로 구성된다. 데이터에 특정한 의미를 부여하면 정보information가 된다. 정보는 '알리다inform'에서 기원한 단어다. 따라서 데이터는 넓은 의미에서 '정보가 포함된 자료informative materials'이다.

기록한다는 측면에서 고대의 문헌 역시 데이터이다. 인류는 수세기에 걸쳐 막대하고 다양한 기록을 남겨왔다. 역사 실록은 물론 연구서, 토지대장에 이르기까지 모두 데이터이다. 대부분은 기존에 있는 자료를 수집해서 구성하거나 기술한 것이다. 데이터 분석은 문자나 숫자, 기호 등에 들어 있는 정보를 찾고 그 안에서 새로운 가치를 발견하는 것을 말한다.

나는 역사의 몇몇 기록물을 소개하며 그것이 데이터로서 어떤 가치가 있는지 이야기하려 한다. 150여 년 전, 지구의 반대편에 살았던 두 사람의 데이터 분석가가 있었다. 당시에는 참고 자료도 많지 않았고 그나마 곳곳에 흩어져 있었다. 그들은 어려운 환경에서 자료를 수집하고 체계적으로 분류하여 19세기 사회·문화 연구에 큰 업적을 남겼다. 그들이 남긴 기록물들은 오늘날의 자료 형태와 다를 수밖에 없지만 데이터로서 시대를 초월한 공통의 속성을 지닌다. 그래서 나는 그들을 '아날로그 시대의 데이터 분석가'라고 부르고 싶다.

김정호는 정말 백두산을 여덟 번 올랐을까

조선후기 지리학자 고산자古山子 김정호金正浩(?~1866)는 대동여지도大東輿地圖를 만들었다. 1861년 철종 12년에 제작되었으며 산줄기와 물줄기, 고을과 도로 등 자연과 인문지리 정보를 담아낸 실측지도이다. 지도에서 이동이 가능한 길로 어떤 두 지점을 연결해서 거리를 구한 다음, 약 21만 배 정도 곱하면 현재의 실제 거리와 거의 일치한다. 전체 축척으로 하면 16만 배이고 실제 거리로 환산하면 대략 1:216,000이라고 하니, 완벽에 가까운 한반도의 축소판이다. 참으로 놀랍다. 교통수단도 발달하지 않았고 더욱이 혼자 힘으로 자료를 수집하거나 정리하기도 어려웠을 텐데, 어떻게 그 당시에 이런 지도를 만들었을까?

김정호가 지도를 완성하기 위해 백두산을 여덟 번 오르고 전국을 세 번 돌았다는 이야기가 전해진다. 사료에서 확인된 것은 아니지만, 그가 얼마나 힘들게 대동여지도를 만들었는지 짐작할 수 있는 이야기다. 그런데 김정호는 정말 한반도를 여러 번 답사했을까? 데이터 연구자인 나로서는 의구심이 든다. 지도에 표시한 산과 강, 도로의 위치를 그가 직접 파악하고 측량했을까?

김정호의 대동여지도. 총 22첩으로 구성된 절첩식 전도이다. 한반도를 16만 배 축소한 실측 지도이다. 10리마다 찍은 방점으로 실제 거리를 환산하여 이동 시간을 계산할 수 있다. 서울대학교 규장각 한국학연구원 소장.

이 의문과 관련한 역사 기록을 살펴보자. 김정호는 대동여지도에 앞서 1834년 조선 전도인 『청구도靑邱圖』를 만들었다. 이때 실학자 최한기崔漢綺(1803~77)도 서문인 「청구도제」에 이렇게 적었다. "나의 벗 김정호는 등관 때부터 지도와 지리지에 깊이 뜻을 두고 오랫동안 찾아 열람하여 장단점을 자세히 살폈고… 한가한 때에 수집한 것을 세세하게 살폈다." 이를 보면 김정호가 답사를 겸해 자료를 최대한 모으고 분석했다는 사실만은 분명해 보인다.

김정호의 작업 과정과 오늘날의 데이터 처리 과정은 근본적으로 다르지 않다. 데이터 분석가는 주어진 문제를 해결하기 위해 이용 가능한 자료를 수집하고 체계적으로 분석하여 의미 있는 가치를 만들어낸다. 도출한 결과는 새로운 정보로 전환되면서 또 다른 데이터로 활용된다. 대동여지도도 마찬가지였다.

외세의 침략이 빈번했던 당시 강화도 총융사였던 신헌申櫶(1810~1884)은 정확한 전국 지도가 필요하다고 생각했다. 그는 김정호에게 비변사와 규장각에 소장된 각종 지도를 수집하여 증정했다고 한다. 김정호는 중앙 관청이 보유한 축척지도와 함께 지역 문화가 담긴 지리서, 각 지방 기관에서 갖고 있던 오래된 전답 문서 같은 방대한 데이터를 살폈을 것이다. 그리고 전국을 누비던 보부상과 짐꾼의 구전 정보까지도 지도를 제작하는 데 활용했을 듯하다.

대동여지도의 전체 크기는 가로 3.8m, 세로 6.7m로 조선전도 중에서 가장 큰 축척 지도이다. 인쇄하기 쉽고 대량 보급할 수 있도록 목판으로 제작했으며, 휴대하기 편리하게 분첩절첩식分帖折疊式으로

대동여지도 목판본. 산줄기의 험난한 정도에 따라 굵기를 달리하고 특정 산들을 강조하는 산악투영법을 사용했다. 산과 하천, 도로 등을 기호로 표시하며 표준화 작업을 한 첨단지도다. 국립중앙박물관 소장.

만들었다. 전체 지도를 남북으로 22층으로 나누고 하나의 층을 동서 방향으로 19판으로 나누었다. 그리고 각 층의 판을 병풍처럼 접고 펼 수 있게 연결하여 1권의 접이식 책으로 만들었다. 총 22개의 책을 펼쳐 위아래로 연결하면 초대형 전국지도가 된다.

김정호는 하천과 도로, 도시, 군사시설 등을 기호로 표시하여 쉽게 분별할 수 있도록 표준화 작업을 했다. 도로를 나타내는 선에 10리(4km)마다 방점을 찍어 실제 거리를 추측할 수 있고, 높은 산지는 굵게, 낮은 산지는 가늘게 그려 높이를 계산할 수 있게 했다. 대동여지도는 열악한 제작 환경 속에서 한 인물의 치밀한 데이터 분석을 통해 얻어낸 역사적인 결실이었다.

『해설 대동여지도』의 저자 민병준은 "지명만 1만 1,680개로… 고산자가 얼마나 위대한 인문학자이고 화가이며 조각가였는지 대동여지도를 들여다볼수록 감탄스럽다"라며 이것은 단순한 고지도가 아니라 첨단지도라고 극찬했다.

매슈 모리의 항해도

김정호와 동시대에 지구 반대편에 또 한 사람의 비범한 분석가가 있었다. 세계의 항해도를 그린 미국의 해양학자 매슈 모리Matthew F. Maury(1806~1873)이다. 그는 해군에 입대하여 장교가 되어 각지를 항해하던 중, 불의의 사고로 장애 판정을 받고 전역할 처지에 놓인다. 하지만 해군장교가 평생의 꿈이었던 그는 군대에서 다른 보직을 찾다가 해도측기창(지금의 해군해양부)에서 근무하게 된다. 그러던 중 창고에 방치되어 있는 방대한 문서와 자료들을 발견하는데, 그것은 당시 선박들이 항해 후에 남긴 기록들이었다. 그는 항해 노선, 시기별 항해 기상, 해류, 해저 암초의 위치, 과거 선박 사고 등 50만 건 이상의 자료를 분류하고 분석한다. 그리고 수년의 노력 끝에 1847년, 대서양의 풍향·풍속과 해류의 흐름을 담은 항해도를 펴낸다.

그 무렵 대서양은 범선과 증기선을 이용한 해상운송이 급증했고 수많은 군선이 항해하고 있었다. 그러나 제대로 된 항해도도 없었고,

매슈 모리의 항해도. 항해 노선, 기상, 해류, 해저 암초의 위치, 과거 선박 사고 등의 자료 분석을 바탕으로 펴냈으며 지금까지도 바닷길을 알려주는 대표적인 해도이다.

변화무쌍한 날씨에 선박이 자주 침몰해서 막대한 인명 피해와 경제적 손실이 발생했다. 바로 이때 모리의 노력은 빛을 발한다. 항해도로 인해 항해 시간이 단축되고 사고가 줄어들었다. 잦은 해양 사고로 고통 받던 선원들, 해군, 무역업자, 보험사들은 이 새로운 항해도에 환호했다.

매슈 모리의 항해도 역시 데이터 분석을 통한 가치 창출의 전형적인 과정을 보여준다. 목적에 맞는 자료수집, 분류·분석, 새로운 결과 도출, 다시 의미 있는 데이터로 통합되는 과정이다. 대동여지도는 외세의 침입에 대비하고 사람들이 편리하게 이동하기 위해, 항해

해양학자 매슈 모리.
벨기에 브뤼셀에서 최초로 열린 국제 해양 기상회의에 미국 대표로 참가하면서 출국 직전에 찍은 사진이다(1853).

도는 대서양을 안전하게 항해하기 위해 반드시 필요한 것이었다.

항해도로 공익적 가치를 인정받은 모리는 연구에 몰두하면서 연이어 성과를 이루어낸다. 미국 남동부의 멕시코만과 쿠바의 카리브해에서도 항해 사고가 자주 일어났는데, 그는 관련 자료를 분석하며 이 지역에서 대서양으로 흐르는 해류의 존재를 처음 발견한다. 또한 1853년 벨기에 브뤼셀에서 최초의 국제 해양기상회의를 개최하기도 했는데, 이는 현재 세계 기상 기구World Meteorological Organization: WMO의 전신이 되었다.

무엇보다도 매슈 모리의 가장 중요한 업적은 최초의 근대 해양학 교과서인 『바다의 자연, 지리학The Physical Geography of the Sea』에서 대서양 해저케이블 아이디어를 제안한 일이다. 훗날 전 세계의 전화와 인터넷 통신망을 구축할 때 항해도와 해저케이블의 아이디어는 중요한 지침이 되었다. 그는 세계 곳곳을 직접 가보지 않고도 항해 기록을 분석함으로써 바닷길을 개척한 것이다. 오늘날 매슈 모리는 해양학의 아버지라고 불리며 대륙 간 항해시대의 길을 열어준 인물로 꼽힌다.

20세기의 위대한 코호트 연구

20세기에 들어와 인류는 제1·2차 세계대전이라는 비극을 맞이한다. 전쟁은 평범한 사람들에게 어떤 영향을 주었을까. 지금도 그 암울한 역사가 이어지고 있을까. 이 질문에 응답하는 데이터 연구 사례가 있다. 거의 한 세기에 걸쳐 특정 집단을 관찰하며 전쟁의 이면을 파헤친 연구다.

코호트 cohort는 무리나 집단이라는 뜻으로, 특정 기간에 태어나거나 특정 지역에서 공통된 인자를 가진 집단을 말한다. 코호트 연구는 특수한 상황에 놓인 집단을 선택하여 현재와 미래의 변화 양상을 장기적으로 추적 조사하는 것이다. 1946년 3월, 영국 찰턴햄에서 패트리셔 멜번이라는 사람이 태어났다. 다음 날 런던 근처 햄튼 코트에서 데이비드 워드가 태어난다. 당시 보건 담당 직원은 멜번과 워드처럼 그해 3월에 태어난 아기들의 산모를 찾아가 여러 가지 질문을 하고 답을 기록했다. 담당자들은 인터뷰 방식으로 제2차 세계대전 중에, 그리고 직후에 영국과 스코틀랜드, 웨일스에서 태어난 약 1만 7,000여 명의 산모와 신생아들의 신상과 건강 관련 정보를 수집했다. 여기에는 부모의 직업과 생활수준, 가임기의 식생활, 신생아의 몸무게 등이 포함되었다.

아이들은 자라 청소년기를 지나 성인이 되고 중년에 이르렀다. 1946년에 태어난 멜번과 워드도 이제는 노인이 되었다. 이들은 태아일 때부터 죽음을 맞이할 때까지 역사상 가장 오래 진행된 생애 연구에 참여했다. 연구자들은 긴 시간 동안 그들을 계속 만나며 중요한 신상 정보를 수집했다. 제2차 세계대전과 같은 환경적 요인부터 혈압이나 유전자 등 생물학적 요인까지 아우른 생생한 정보였다. 이 코호트 연구는 그 방대함과 현장성에서 독보적인 가치가 있다고 평가받는다. 이 데이터를 기반으로 지금까지 전 세계에서 600편 이상의 논문이 발표되었는데, 가임기 영양 상태와 출생아의 몸무게, 건강 상태, 이들이 성장하면서 겪는 다양한 질병의 인과관계가 밝혀진다.

미국의 병리학자 에즈라 수서Ezra Susser(1952~) 교수는 이 연구를 "거의 유일하게 전체 코호트의 전 생애를 추적하는, 역학의 역사에서 특이하고 새로운 장을 여는 연구로 지금도 끝나지 않았다"라고 언급했다. 프로젝트의 한 책임연구원은 이 코호트에 대해 "미친 짓이었으며 야심찬 프로젝트였다"라고 회고했다. 그는 수만 명을 평생에 걸쳐 추적 조사한 끝에 얻은 결론을 간략하게 말했다. "궁극적으로 성인의 상태는 출생 초기로부터 큰 영향을 받는다."

2000년, 암스테르담 메디컬 센터의 테사 로즈붐Tessa Roseboom

(1973~) 교수는 이 데이터를 활용하여 흥미로운 연구 결과를 발표한다. 제2차 세계대전이 끝나가던 1944년 겨울, 독일군은 네덜란드로 가는 모든 식량 공급을 철저히 차단했다. '배고픈 겨울the Hunger Winter'이라 불린 이 기간에 수만 명이 기근으로 사망하는 참사가 일어난다. 로즈붐은 전쟁 중에 태어난 아이들을 추적 조사했고, 저체중 신생아들이 비만·고혈압·당뇨·심장 질환 등 성인병에 걸릴 확률이 더 높다는 사실을 발견한다. 영양을 충분히 공급받지 못한 태아가 태어난 뒤에도 굶주릴 거라고 예측하여 지방세포에 열량을 축적하며 성장하기 때문이었다. 로즈붐의 연구는 태아에게 각인된 유전 정보들이 출생 후 건강에 영향을 미친다는 '태아 프로그래밍' 이론에 근거하고 있다. EBS의 다큐멘터리 「퍼펙트 베이비Perfect Baby」는 태아 프로그래밍fetal programming을 소재로 하고 있는데, 해당 프로그램 인터뷰에서 로즈붐이 한 말은 깊은 여운을 남겨준다. "제2차 세계대전은 70년 전에 일어났지만, 그때 태어난 사람들은 아직도 전쟁의 영향을 받고 있다."

데이비드 바커와 태아 프로그래밍 이론

태아 프로그래밍 이론을 정립한 사람은 영국의 질병역학자 데이비드 바커David Barker(1938~2013)이다. 바커 연구팀은 제2차 세계대전 중에 아기를 출산한 약 1만 3,000명 이상의 산모와 자녀들을 추적

태아 프로그래밍 이론을 발표한
데이비드 바커.
그는 산모의 영양 상태가 좋지 않아 저체중으로 태어난 신생아일수록 중년이 되어 심장질환에 걸릴 확률이 높다고 주장했다.

조사했다. 그리고 전쟁으로 혹독한 경제난을 겪고 있던 영국에서도 가장 빈곤한 지역인 웨일스에서 태어난 아이들이 성장하면서 심장병 발병률이 가장 높게 나타난다는 사실을 발견한다.

기존에 심장병은 보통 비만과 운동 부족 때문에 생긴다고 알려져 있었다. 그런데 식량 공급이 거의 끊긴 지역에서 발병률이 높다는 사실은 무엇을 말하고 있을까? 이에 대해 데이비드 바커는 이런 가설을 내놓았다. "작게 태어났다는 것은 산모의 영양 상태가 좋지 않았다는 뜻이다. 우리는 심장 질환의 원인을 임산부의 자궁 속에서 찾아야 할지 모른다." 1980년에 발표한 바커 가설 Barker Hypothesis 은 이후 여러 연구를 통해 태아 프로그래밍 이론으로 발전한다.

2014년 『사이언스 Science』는 육아와 태아 프로그래밍을 주제로 특집호를 발간했다. "작게 낳아서 크게 키우자"라는 말도 있었다. 산모

『사이언스』의 태아 프로그래밍 특집호(2014).
『사이언스』는 당시 유행했던 임신 중 다이어트 현상에 경종을 울리고자 태아 프로그래밍 이론을 주제로 다루었다. 태아의 영양 상태가 아이의 신체와 건강에 평생 영향을 미칠 수 있다는 이 이론은 산모들에게 큰 자극을 주었다.

들이 자연 분만을 쉽게 하려고 임신 중 다이어트가 유행하던 시기였다. 해당 특집호에서는 태아 프로그래밍 이론을 중심으로 엄마가 지나치게 적게 먹거나 반대로 폭식을 하게 되면 태아가 어떤 스트레스를 받는지, 아이가 성장하는 과정에 어떤 영향을 미칠 수 있는지를 다각적으로 분석했다. 연구 결과는 충격적이었다. 임신 중에 다이어트를 하면 저체중아를 출산할 확률이 높아지고, 그 아이들은 정상 체중으로 태어난 아기들에 비해 비만과 당뇨, 심장병에 걸릴 가능성 또한 높아진다는 것이었다. 태아 프로그래밍 이론은 20세기 세계대전이라는 재난이 가져온 '히든 이펙트hidden effect', 즉 숨겨진 부작용이 무엇인지를 극명하게 보여준다.

재난은 인간에게 생각지도 못했던 부작용을 일으키고 시간이 지나면서 서서히 그 정체를 드러낸다. 히든 이펙트는 이 순간에도 진행 중일지 모른다. 국내 질병통계 자료에 따르면 우리나라에서 당뇨병이 폭발적으로 증가한 시기는 1980~1990년대라고 한다. 이를 보면 당뇨병 환자의 대부분이 1940년대 해방 이후부터 1950년대 6·25전쟁 무렵에 출생했다는 사실을 알 수 있다.

우리 몸은 섭취한 음식을 포도당 형태로 변화시켜 에너지로 사용한다. 췌장에서 만들어지는 인슐린은 포도당이 조직 세포에 흡수될 수 있도록 돕는 역할을 한다. 산모가 췌장에 영양분을 충분히 공급하지 않으면, 아기는 췌장에 문제가 생기고 당뇨병의 가능성을 가지고 태어난다. 국가 경제가 어려웠던 시기에 태어난 아기들의 상당수가 훗날 당뇨병을 앓고 있었다. 재난이 어떤 히든 이펙트를 가져올 수 있는지 제대로 보여주고 있다. 이것은 오늘날에도 여전히 일어날 수 있는 현상이기도 하다.

우리나라 보건의료 빅데이터 개방시스템에 게시된 국민 관심 질병통계에 따르면 2000년대 이후 당뇨병 환자가 꾸준히 증가하는 추세다. 2015년 이후 20대 당뇨병 환자가 기존에 비해 빠른 속도로 증가했는데, 특히 20대 여성의 경우 30대 이상보다 더욱 빠른 증가 추이를 보였다. 20대 당뇨병 환자들은 1990년대 후반 IMF 금융위기 시기에 태어난 아이들이다. 수많은 회사가 파산하고 실업자들이 쏟아진 그때, 산모와 아기도 영향을 받았을지 모른다. IMF와 20대 당뇨병 환자 수가 인과관계가 있다고 단정할 수는 없지만, 충분히 개연성이 있다는 생각이 든다.

캐나다의 정신의학자 수잔 킹Suzanne King(1964~)은 재난 상황에서 태어난 아기들의 스트레스가 일생의 건강에 미치는 영향을 분석했다. 1998년 캐나다 몬트리올에 얼음 폭풍이 불어 닥쳤다. 유례없는 이상 기후에 전기와 수도가 끊기고 식료품과 생필품이 제대로 공급되지 못했다. 시민들은 길게는 40여 일을 대피소에서 보내야 했다. 수잔 킹은 얼음 폭풍 시기에 임신한 여성들과 태어난 아이들을 15년에 걸쳐 추적 조사했다. 그리고 산모의 스트레스가 클수록 신생아의 체중에 영향을 미치며, 그 아이가 5세가 되었을 때 체질량 지수와 비만 위험도가 높아졌다고 밝혔다. 아이들은 건강상의 문제뿐만 아니라 평균 지능지수도 떨어졌다. 또한 아버지가 외상 후 스트레스 장애Post-traumatic stress disorder: PTSD를 겪는 경우 아이들이 영향을 받지 않았지만, 어머니가 PTSD를 겪고 있으면 아이들도 같은 증상을 보일 확률이 높았다.

팬데믹이 가져오는 히든 이펙트

코로나19로 산모들이 스트레스를 받는다면 이 시기에 태어난 아이들이 성장하면서 건강에 어떤 문제를 겪게 되지 않을까? 코로나 팬데믹이 개인의 정신건강에 미치는 영향을 분석한 이은환의 연구 「코로나19 세대, 정신건강 안녕한가」(2020)를 보면 감염병으로 인한 국민의 스트레스 지수는 3.7점이다. 이는 메르스 사태 지수(2.7

점)의 1.4배이고 세월호 사건의 지수(3.3점)를 상회하는 수준이다. 더 심각한 것은 이런 스트레스 정도가 일회성에 그치지 않고 코로나19 발병 이래 지속되고 있다는 점이다. 불안, 우울, 분노 등 정신적 고통이 전염병처럼 번지는 멘탈데믹mentaldemic 현상이 함께 일어나고 있기 때문이다.

2021년 초, 통계청이 발표한 2020년 인구 동향에 따르면 통계 작성을 시작한 1981년 이래 처음으로 한 해의 출생아 수가 30만 명 아래로 떨어졌다(272,400명). 연간 사망자 수도 출생아 수보다 많아졌다. 최초로 자연 인구 감소가 시작된 것이다. 이러한 흐름은 2021년에도 이어져 이전 해보다 출생아 수가 약 5% 이상 줄어들었다. 코로나19와 함께 출생아 감소 속도가 더 빨라지고 있는 듯하다.

전쟁이나 감염병은 직접적인 부작용뿐만 아니라 보이지 않는 부작용도 일으킨다. 앞서 말한 재난이 가져오는 히든 이펙트이다. 시간이 흐른 뒤 숨은 부작용이 바깥으로 드러나면 사회는 더 큰 위기를 맞게 될지 모른다. 코로나로 인한 두려움과 스트레스가 우리의 정신과 신체 건강에 장기적으로 어떤 영향을 줄까? 데이터 분석가들은 이 질문에 답을 찾는 사람들일 것이다.

김정호와 매슈 모리, 테사 로즈붐, 데이비드 바커, 그리고 수많은 코호트 연구자에 이르기까지 이들은 데이터를 기반으로 미래를 여는 길을 찾았다. 인류는 앞으로 어떤 길을 가게 될까? 어쩌면 그 길을 열어줄 천재가 등장하기를 기대할 수도 있다. 그런데 오늘날은 개개인이 만들어내는 정보로 작동하는 데이터 세상이다. 이제 완전히 새로운 것은 드물다. 새로운 생각과 기술은 수많은 이들의 경험과 노력, 연대 속에서 이루어진 결과들이다.

문화심리학자 김정운은 "창조는 편집"이라고 말하며 '에디톨로지editology'라는 개념을 소개했다. 그는 주어진 데이터들을 이용한 편집의 힘을 강조했다. 흩어져 있는 많은 자료를 통합적으로 분석하여 가치 있는 새로운 해결책을 찾는 능력이 현대인들에게 가장 중요하다는 것이다. 나는 어려운 상황에서 자료를 수집하고 분석하여 위대한 가치를 만들어낸 데이터 분석가들에게 경외심을 느낀다. 특히 열악한 환경에서 이루어낸 결과이기에 그 울림이 더하다.

2장 데이터 혁명과 디지털 코드의 기원

모든 것에서 수를 없애보라. 그러면 모든 것이 사라져 버릴 것이다.

• 성 이시도르 Saint Isidore

기술 발달로 본 데이터의 역사

미래학자 앨빈 토플러 Alvin Toffler(1928~2016)는 인류 역사를 물결에 비유하며 '기술혁신'이라는 틀로 시대를 구분했다. 제1의 물결은 농업혁명이다. 수렵과 어로로 살아가던 인간은 비옥한 땅에 정착하며 경작기술을 발전시켰다. 떠돌이 생활을 벗어나 대규모 집단을 이루며 농경사회를 만들어갔다. 사회적 동물로서 인류의 첫 출발이다. 제2의 물결은 산업혁명이다. 농민들은 공장 근로자가 되었다. 기술의 발달은 대량 생산체제를 가능하게 했고 본격적인 산업화 사회가 열렸다. 20세기 중반을 지나 제3의 물결인 정보화 시대가 시작되었다. 인류는 지식산업 사회로 빠르게 진입했다. 그리고 지금 우리는 제4의 물결, 4차 산업혁명 시대를 살아가고 있다.

    근대화 과정을 '산업혁명'이라는 관점으로 보면 통상 4단계로 나뉜다. 제1차 산업혁명은 18세기 후반, 영국에서 증기 기술의 발달과 함께 시작되었다. 자동차, 선박, 면직물 산업 등 다양한 산업현장에서 기계가 인간의 노동력을 대체했다. 19세기 말, 전기의 발명으로 제2차 산업혁명이 일어난다. 전기를 기반으로 거의 모든 산업 영역이 자동화되고, 공장이 24시간 가동되면서 생산 규모도 크게 늘어났다. 기업을 중심으로 한 자본주의 시스템이 자리를 잡았다. 20세기 접어들어 컴퓨터, 반도체, 인터넷 등 IT 기술이 발달하면서 제3차 산업혁명이 일어난다. 서비스업과 IT 관련 산업 분야 종사자가 제조업 종사자보다 많아졌다. 그리고 우리는 제4차 산업혁명 시대에 살고 있다. 빅데이터, 사물인터넷, 인공지능, 블록체인, 메타버스와 같은 디지털 신문명이 하루하루 새로운 세상을 열고 있다.

    나는 여기서 인류의 역사를 '데이터 기술'의 발전 단계로 구분해 보려 한다. 역사에서 혁명의 모멘텀을 만든 데이터 기술은 무엇이고, 그것은 사회에 어떤 영향을 미쳤을까? 이 질문에 답하기 위해 데이터 혁명의 단계를 간략하게 세 시기로 나누었다. 제1차 데이터 혁명은 아라비아 숫자의 발명이고, 제2차 데이터 혁명은 구텐베르크의 인쇄술 발명이며, 제3차 데이터 혁명은 디지털 코드 0과 1의 발견이다. 세 차례에 걸친 데이터 혁명은 사회의 변화를 이끌어내기 위해 새로운 가치를 지향했다. 문자와 아라비아 숫자는 정보 처리에 있어 편리성을, 구텐베르크의 인쇄술은 정보의 공유와 확장성을, 디지털

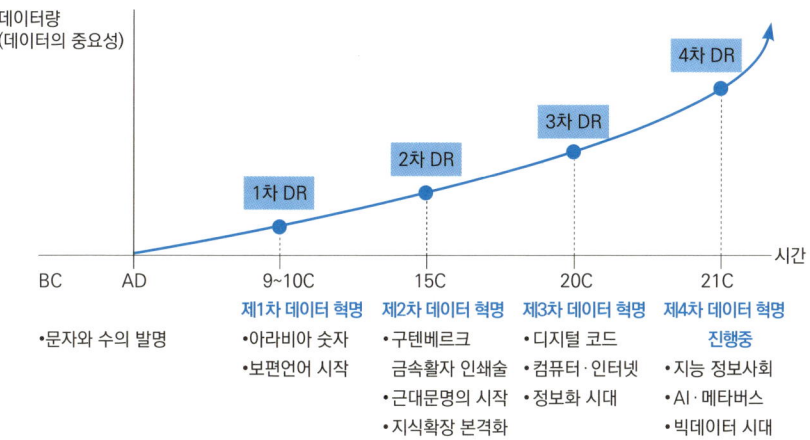

데이터 혁명 Data Revolution**으로 본 인류 역사.** 제1차 혁명인 아라비아 수는 최초의 보편언어를 확립했고, 제2차 혁명인 구텐베르크의 금속활자 인쇄술은 지식을 보편적으로 확장시켰으며, 제3차 혁명인 디지털 코드 0과 1은 인공지능이 선도하는 정보화 시대를 열었다.

코드 0과 1은 단순함과 명증성을 추구한 것이다.

제1차 데이터 혁명: 아라비아 숫자의 발명

데이터 시대의 시작

우리는 숫자와 더불어 살아간다. 수는 일상을 얼마나 편리하게 해주는가. 달력의 숫자는 내가 살아가는 시간의 단위이고, 주민등록번호, 핸드폰 번호, 차량번호, 카드번호, 현관 비밀번호까지 그 숫자들은 나의 정체성을 나타낸다. 주식시장의 언어도 수이다. 금일매수·금일매도·예수금·매입금액 등은 모두 수로 표시한다. 수익이 나려면, 손실을 입지 않으려면 어떻게 해야 하는지 모두 수로 구성된 데이터를 통해서 질문하고 분석하고 방법을 찾는다.

역사적인 기원부터 알아보자. 인간은 일상에서 경제 활동을 하기 위해 수를 만들었다고 한다. 현존하는 가장 오래된 기록을 보면 이 사실을 짐작할 수 있다. 문자의 역사는 티그리스강과 유프라테스강(지금의 이라크) 사이의 메소포타미아 지방에서 시작되었다. 이곳의 신전에서 진흙판에 새겨진 최초의 문자를 발견했다. 기원전 4세기 말로 추정되는 이 진흙판에는 수메르인들이 관리하는 곡식의 포대 수와 가축의 수가 적혀 있었다. 최초의 문자는 바로 수와 관련되어 있다는 사실을 알 수 있다.

수와 문자를 발명한 인류는 기록을 남기기 시작했다. 수메르인들은 기원전 3000년경 기존의 문자를 표음 표기법인 설형문자로 발전시켰고, 수의 기본 단위를 60으로 두는 60진법을 사용했다. 인근의 이집트 역시 상형문자를 만들어 역사를 기록했다. 18세기 후반 나폴레옹은 이집트 정복 당시 나일강 하구의 도시 로제타에서 기이한 바위를 발견한다. 바로 로제타 스톤$^{Rosetta\ Stone}$이다. 196년에 이집트 신관^{神官}들이 프톨레마이오스 왕의 공덕을 찬양하는 글을 새긴 것으로, 단어와 숫자를 사물의 형상을 본뜬 그림 모양으로 표기했다.

히타이트, 크레타, 중국 등 동서양의 고대국가들도 고유의 문자와 숫자 체계를 만들어 왕조의 역사, 법전, 매매계약 등 수많은 기록물을 남겼다. 본격적으로 데이터가 생성되기 시작한 것이다. 수와 문자는 시공간의 제약을 뛰어넘어 정보를 쉽게 전달하고 보존하는 혁신

	1	2	3	4	5	6	7	8	9	10	50	100
바빌로니아	𒁹	𒈫	𒐈	𒐉	𒐊	𒐋	𒐌	𒐍	𒐎	𒌋	𒐐	𒐕
중국	一	二	三	四	五	六	七	八	九	十	五十	百
이집트	I	II	III	IIII	III III	IIII II	IIII III	IIII IIII	IIII IIII I	∩	∩∩	℘
그리스	α	β	γ	δ	ε	ϛ	ζ	η	θ	ι	ν	ρ
마야	•	••	•••	••••	—	•	••	•••	••••	▬	•• / ▬	▬ / ○
로마	I	II	III	IV	V	VI	VII	VIII	IX	X	L	C

고대 문명의 다양한 숫자 표기법. 수많은 사람이 모여 사는 곳에서 다양한 교류와 거래가 일어나며 수의 개념이 생겨났다.

적인 기술이었다.

숫자를 사용하면서 수학이 발전했다. 수를 말할 때 빼놓을 수 없는 인물은 고대 그리스의 철학자이자 수학자 피타고라스Pythagoras(BC 569~475)일 것이다. 피타고라스는 만물이 근본적으로 수학적 성질을 지니며, 사물의 규칙이 수로 이루어져 있다고 믿었다. 그는 모든 것은 정수의 비율로 표현할 수 있고, 숫자가 없으면 무엇 하나 이해하거나 생각할 수 없다고 했다. 문헌에 따르면 피타고라스 정리는 그가 생존했던 시기보다 이미 1,000년이나 앞서서 바빌로니아 목판 기록에도 남아 있다. 다만 훗날 직각 삼각형의 세 변 길이 사이의 관계를 실제로 증명한 것이 피타고라스와 그의 학파였기에 그 이름이 붙여진 것이다.

페르시아의 수학자 알콰리즈미Muhammad ibn Musa Al-Khwarizmi(780~847)는 『인도 숫자를 사용한 계산Algoritmi de numero Indorum』에서 사칙연산을 처음으로 소개했다. 이 기념비적인 책이 유럽에 알려지며 아라비아 숫자가 널리 전파되었다. 이탈리아의 수학자 피보나치Leonardo Fibonacci(1170~1250)는 『계산서Liber Abaci』에서 현재 사용하는 형태의 아라비아 숫자와 연산 방법을 소개했다.

역사에 가장 광범위한 영향을 미친 첫 번째 데이터 혁명은 아라비아 숫자의 발명이라고 할 수 있다. 아라비아 수는 1에서 9까지 그리고 0을 포함해서 10개의 기호로 이루어진 숫자 체계다. 오늘날 전 세계가 공통으로 사용하는 보편언어다. 기본 숫자를 이용하여 아무리 큰 수라도 표기할 수 있고, 거의 모든 수학적 연산을 할 수 있다.

아라비아 숫자는 중세에 동방 무역을 독점한 아라비아 상인들이 유럽에 전파하면서 그 이름을 얻게 되었다. 영국의 컴퓨터 과학자 피터 벤틀리Peter Bentley(1972~)는 『숫자, 세상의 문을 여는 코드The Book of Numbers』에서 아라비아 숫자가 현대인의 삶에서 얼마나 중요한지 강조하고 있다. "우리는 숫자에 둘러싸여 있다. 숫자로 대화하고 숫자로 오락거리를 만들어내기도 한다. 우리 삶을 지배하는 숫자는 우리를 아침마다 깨우고 목적지를 알려 준다. …절대적인 권한을 가진 숫자는 한 치의 어긋남도 없이 모든 일을 정확하게 판단하게 한다."

아라비아 숫자는 인도에서 발명되었기에 정확한 명칭은 '인도-아라비아 숫자Hindu-Arabic numerals'이다. 고대 인도의 카스트 제도Caste System에서 가장 높은 승려계급인 브라만들은 수준 높은 교육을 받앉는데, 그들이 다닌 학교에서 모든 수업은 별도의 교과서 없이 구두로 이루어졌다고 한다. 그런 교육 전통 때문에 쉽고 빠르게 기억하고 사용할 수 있는 인도-아라비아 숫자 체계가 발전할 수 있었다.

그렇지만 아라비아 숫자는 그 편리성에도 불구하고 유럽에서 통용되기까지 오랜 시간이 걸렸다. 로마의 지배하에 있던 중세 유럽에는 공식적으로 로마숫자가 사용되었다. 사람들은 숫자를 표기할 때 단위마다 다른 문자를 적었다. 아라비아 숫자를 접하기 전까지는 로마숫자의 불편함을 크게 느끼지 못했던 것 같다. 복잡한 주판과 어려운 셈법으로 특권을 누리고 있던 권력층은 아라비아 숫자를 달가워하지 않았다. 중세 기독교 교리상 숫자 0이 의미하는 무無의 개념을 용납할 수도 없었다. 과학에 관심이 지대했던 이른바 중세의 빌 게이츠로 불리는 교황 실베스테르 2세 Sylvester II(946~1003)는 아라비아 숫자를 옹호했다는 이유로 악마 숭배라는 지탄을 받았다고 한다.

하지만 피보나치의 『계산서』가 유럽에 널리 알려지면서 아라비아 숫자는 특유의 편리성으로 일상을 파고든다. 이로써 오랫동안 사용되어왔던 주판도 사라진다. 망원경 이전에 천체를 관측했던 사분의 quadrant를 비롯한 각종 계산 도구도 아라비아 숫자로 표기되었다. 독일 철학자 그레고르 라이쉬 Gregor Reisch(1470~1525)의 백과사전 『마가리타 필로소피카 Margarita Philosophica』에는 수학의 뮤즈를 사이에 두고 숫자 계산 대결을 벌이는 두 사람의 그림이 실려 있다. 좌측의 보에티우스라는 사람은 아라비아 숫자를 이용해 계산을 마치고 웃고 있다. 반면 우측의 피타고라스는 재래식 주판 앞에서 울상을 짓는다. 뮤즈

중세의 백과사전인 『마가리타 필로소피카』의 한 장면. 보에티우스(왼쪽)와 피타고라스(오른쪽)가 수학의 뮤즈를 사이에 두고 대결을 벌이고 있다.

는 보에티우스가 승리했다는 듯 그쪽을 보며 미소를 짓는다. 아라비아 숫자로 인해 로마숫자와 주판이 사라지는 시대 상황을 상징적으로 묘사한 그림이다.

중세를 지나면서 아라비아 숫자가 전 세계로 확산된 결정적인 계기는 요하네스 구텐베르크Johannes Gutenberg(?~1468)의 금속활자 인쇄술이었다. 이 인쇄술에 힘입어 아라비아 숫자로 표기한 방대한 수학과 과학 서적들이 세계 곳곳에 퍼져나갔다. 러시아는 상대적으로 늦은 18세기에 표트르 1세가 아라비아 숫자를 도입했다. 중국의 경우, 원나라 때 포르투갈의 예수회 선교사들이 아라비아 숫자를 전파했으며, 우리나라는 갑오개혁 이후 근대교육을 시작하면서 받아들였다고 한다. 수학자 이상설(1870~1917)은 수학책『산술신서算術新書』를 편찬하며 아라비아 숫자를 처음으로 표기한다.

독일 수학자 카를 메닝거Karl Menninger(1898~1963)는 『수의 문화사 Zahlwort und Ziffer』에서 아라비아 숫자의 보편성을 다음과 같이 말했다. "한 가지 사고방식이 전 세계적인 승리를 거둔 예라고 할 수 있다. 인간이 확립한 관습으로 이처럼 전 지구적인 보편성을 지닌 것은 별로 없다…. 인도-아라비아 숫자는 인간이 자랑할 만큼 진정으로 보편적인 관습이 되었다."

제2차 데이터 혁명: 구텐베르크의 인쇄술

지식의 세계적 확산

14~15세기 유럽의 흑사병으로 수많은 사람들이 사망하면서 토지와 노동력을 매개로 한 봉건제도가 무너진다. 선박 제조기술의 발달과 함께 유럽 강대국들은 신대륙으로 눈을 돌린다. 또한 신 중심의 중세시대가 막을 내리고 인간 중심의 예술과 문화를 꽃피운 르네상스 시대가 열린다. 그 변화의 중심에 구텐베르크의 금속활자 인쇄술이 있었다.

마셜 맥루한Marshall McLuhan(1911~1980)은 『구텐베르크 은하계The Gutenberg Galaxy』에서 금속 인쇄술의 발달이야말로 인류 최대 문화혁명의 초석이 되었다고 했다. 성경의 대량 보급은 종교개혁의 견인차 역할을 했고, 유클리드의 『기하학 원론Stoikheia』은 과학혁명의 출발점이 되었다. 구텐베르크의 인쇄술이 나오기 전, 책은 대부분 필사를 하거나 목판 인쇄로 만들어졌다. 하지만 나무에 글자를 새기는 것도 고역이었고 기온에 따라 목판이 쉽게 변형되어서 대량으로 인쇄하기가 어려웠다. 당시 필사 성경 66권 한 질이 집 10채 값 정도였다고 하니, 성경은 부자들이나 수도원만이 소유할 수밖에 없었다. 성직자들은 교리 연구와 설교를 독점했고 서민들의 종교적 권리를 제한하면서 특권을 유지했다.

구텐베르크는 대량 인쇄를 위한 방법을 고민하던 중에 포도주를 만들던 금속 압착기를 개조하여 인쇄기를 발명한다. 조폐국에서 일

유럽 최초로 금속활자 인쇄술을 발명한 구텐베르크와 그의 프레스식 인쇄기 목판화(1600년경). 1999년 BBC는 '지난 1,000년의 가장 위대한 10가지 발명품'을 선정했는데 구텐베르크의 인쇄기가 1위를 차지했다.

하던 그의 아버지는 금속세공 기술이 있어서 부자가 같이 인쇄기 제작을 할 수 있었던 것 같다. 기계의 틀로 눌러 인쇄하는 프레스press식 방법은 뛰어난 아이디어였다. 특히 금속 글자본은 필요에 따라 낱개로 끼웠다 뺐다 할 수 있는 이동형movable 기술이라 반영구적으로 사용할 수 있었다. 지금도 신문 제작에 같은 방식이 적용되기에 언론을 '프레스'라고 한다. 종이에 인쇄된 글자가 오래 형태를 유지하도록 유성 잉크를 개발한 것도 그의 업적 중 하나다.

구텐베르크는 재력가인 요한 푸스트Johann Fust에게 자금을 빌려 성경 제작에 착수한다. '구텐베르크 성서'라고 부르는 『42행 성서』는 끈질긴 노력 끝에 1455년에 첫 인쇄를 하게 된다. 그는 수도원

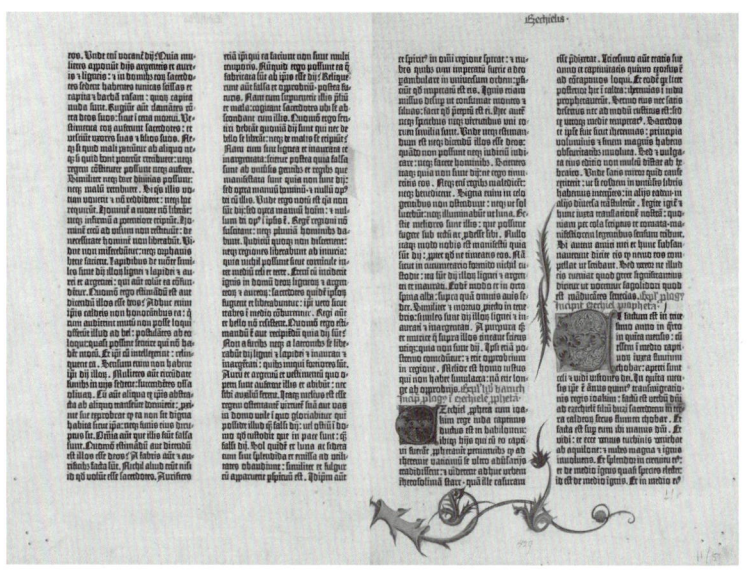

구텐베르크 성서(1455). 각 페이지를 2단 42행으로 편집해서 '42행 성서'라는 이름이 붙었다. 구텐베르크는 세련되고 깔끔한 서체를 직접 디자인했고, 최고급 송아지 가죽과 종이에 각기 적합한 인쇄 잉크를 개발했다.

필사본의 색감과 멋진 필체를 구현하기 위해 약 290개의 활자본을 만들었다. 채식사들에게 머리글자와 화려한 테두리 장식들을 직접 그려 넣어달라고 주문했다. 당시 발간한 180부 중 150부 정도는 종이에, 나머지는 값비싼 양피지에 인쇄했는데 오늘날 48부가 남아 있다. 2006년 가을, 내가 독일 마인츠에 있는 구텐베르크 박물관을 방문했을 때 금속인쇄기로 제작된 42행 성경을 봤던 기억이 지금도 생생하다.

구텐베르크가 사망하고 약 50여 년 후인 1517년, 루터Martin Luther (1483~1546)가 종교개혁을 일으킨다. 그는 일반 성도들이 쉽게 읽을 수 있도록 라틴어 성경을 독일어로 번역해 대량으로 보급했다. 구텐베르크의 인쇄술로 사람들이 성경을 손쉽게 접할 수 있게 되면서 종교개혁은 동력을 얻은 것이다. 구텐베르크의 인쇄술이 등장한 후, 유럽 각지에 인쇄 공장이 수십 군데 문을 열었고 성경은 물론 과학과 철학 분야에 이르는 방대한 서적들을 출판한다. 이로써 모든 사람이 성직자와 귀족들이 독점해왔던 정보를 얻고 문화를 향유하기 시작했다.

그가 인쇄술을 발명하고 약 50년이 지난 1500년경, 유럽에는 이미 900만 권이 넘는 책들이 유통되었다고 한다. 책을 통해 새로운 지식층이 형성되고 이들의 활약으로 과학이 발전한다. 그리고 근대 사회의 문이 열린다. 사람들은 급변하는 세상의 소식을 알고 싶어했다. 팸플릿 형태로 만든 뉴스가 빠르게 배포되었다. 1470년경 이탈리아에서 열린 운동 경기에 대한 소식지가 현재 가장 오래된 뉴스 인쇄물로 남아 전해진다. 유럽과 오스만 제국과의 전쟁을 기록한 팸플릿도 남아 있다. 이처럼 구텐베르크의 인쇄술을 통해 근대적 의미의 미디어가 생겨난다. 대항해시대에 뉴스를 접하기 위해 신문이 출현할 때도, 산업혁명을 거치며 신문과 잡지가 대중매체로 자리 잡을 때도 구텐베르크의 인쇄술은 결정적인 역할을 한다.

과학 저술가 스티븐 존슨 Steven Johnson(1968~)은 『우리는 어떻게 여기까지 왔을까: 오늘날의 세상을 만든 6가지 혁신 How We Got to Now』에서 새로운 발명품이 생각지도 않았던 결과를 만들고 다시 새로운 기술로 이어지면서 사회 발전에 영향을 미치는 것을 '벌새 효과

hummingbird effect'라고 했다. 꽃과 벌새는 생물학적으로 완전히 다른 유기체이다. 그런데 백악기 이후에 꽃은 꿀과 향기를 주변에 알렸고 이에 곤충이 반응한다. 벌새 역시 꿀을 먹기 위해 진화를 거듭해서 지금과 같이 제자리에서 움직이지 않고도 1초에 90번 이상 날갯짓을 할 수 있는 특수 비행을 하게 된다. 이처럼 한 분야의 혁신은 완전히 다른 영역에 연쇄적으로 변화를 초래할 수 있다.

스티븐 존슨은 벌새 효과의 대표적인 사례로 구텐베르크의 인쇄술을 들었다. 인쇄술의 발명으로 책이 대량 유통되면서 독서 문화가 만들어졌다. 전기가 없던 당시 책 읽는 이들의 시력이 나빠지고, 렌즈 기술과 안경 산업이 발전한다. 철학자 스피노자가 안경을 제작하는 일을 했다는 기록도 있다. 이 흐름을 타고 망원경과 현미경이 발명되었다. 천문학자 케플러와 갈릴레오 갈릴레이는 망원경으로 행성의 운동을 상세히 관측했고, 불변의 진리로 여겨졌던 천동설을 뒤엎고 지동설을 증명할 수 있었다. 현미경은 눈에 보이지 않는 균과 바이러스의 존재를 알려주었다. 이로써 질병의 원인을 규명하고 치료약을 개발하는 근대 의학이 발전했다. 지금도 우리는 구텐베르크의 인쇄술이 만들어낸 벌새 효과의 연장선에 살고 있음이 분명하다. 마찬가지로 지난 수십 년 동안 계속된 디지털 혁명은 우리가 상상하지도 못한 영역에까지 변화를 일으키고 있을 것이다.

구텐베르크의 인쇄술을 이야기하면서 유네스코 세계기록 유산으로 등재된 우리나라의 『직지심체요절直指心體要節』(이하 직지)을 언급하지 않을 수 없다. 1377년 인쇄된 직지는 공식적으로 현존하는 세계 최고^{最古}의 금속활자본으로 알려져 있다. 구텐베르크의 『42행 성서』보다 거의 80년이나 앞선다. 고려의 최대 수출품은 종이와 책이었다. 팔만대장경만 보아도 고려는 최고의 인쇄 기술을 보유하고 있었다.

다큐멘터리 영화 「직지 코드^{Dancing with Jikji}」에는 바티칸 수장고에서 발견된 편지가 나온다. 1333년 로마 교황이 고려 제27대 충숙왕에게 보낸 서한의 필사본이다. 이는 1377년 직지가 인쇄되기도 전에 이미 고려와 유럽 사이에 교류가 이루어졌음을 의미한다. 이후 교황과 파견 수도사들이 주고받은 서신들을 보면 15세기 북경에 거주하던 고려의 인쇄 장인들의 금속활자 기술이 유럽에 전파된 흔적을 찾을 수 있다고 한다. 영화는 마인츠에 있던 구텐베르크가 이 기술에 대해 알게 되고 상업적인 성공을 직감하면서 금속활자 인쇄술을 개발한 것으로 추측했다.

영화에서 프랑스 서지학자인 올리비에 드로니뇽^{Olivier Deloignon}은 3D 현미경을 이용하여 직지와 구텐베르크가 출간한 인쇄물을 비교했다. 그리고 열매처럼 달린 활자를 뗀 흔적, 제조기법들의 공통점 등을 들며 구텐베르크의 금속활자가 직지의 영향을 받았을 가능성을 제기했다.

1999년 시사 매거진 「라이프^{Life}」는 새로운 밀레니엄을 앞두고 지난 1,000년 동안 인류 역사에 가장 큰 영향을 미친 100대 사건을 선정했다. 그에 따르면 1위가 구텐베르크의 금속활자 인쇄술이었다. 「라이프」는 선정 이유에 대해 구텐베르크의 인쇄술로 나온 성경과 다양한 서적이 인류 발전에 가장 큰 영향력을 미쳤기 때문이라고 밝혔다. 같은 해 BBC도 '지난 1,000년 가장 위대한 열 가지 발명품Top Ten Inventions of Millennium'을 선정했는데 역시 구텐베르크의 인쇄기가 1위를 차지했다. 「라이프」와 BBC 모두 데이터의 지향점인 정보 공유와 확장성이라는 측면에서 구텐베르크 인쇄술의 영향력을 매우 높이 산 것으로 보인다.

우리는 지금 구텐베르크를 역사의 위대한 인물로 기억하지만, 그 자신은 마인츠의 세공업자이자 인쇄업자로 조용한 삶을 살았다. 어쩌면 다른 이들보다 힘들고 불행하게 살았을지도 모른다. 『42행 성서』를 만들어 성공을 거두었지만, 요한 푸스트에게 원금 상환 소송을 당하고 패소하면서 파산하고 만다. 「라이프」의 선정 결과와 구텐베르크의 인생을 대비해보며 새삼 역사의 아이러니를 느낀다.

제3차 데이터 혁명: 디지털 코드 0과 1

현대 문명의 출발

이제 우리는 편지를 쓰는 대신 이메일을 보낸다. 매장을 가지 않아도 인터넷 쇼핑으로 무엇이든 살 수 있다. 극장 매표소 앞에서 줄을 설 필요 없이 실시간으로 영화 예매를 한다. 디지털 기술은 우리 일상에 큰 변화를 일으키고 있다. 인터넷과 함께 찾아온 정보화 사회도 디지털 기술과 데이터 덕분이다. 제3차 데이터 혁명이 일어나고 있다. 디지털 기술의 핵심은 빠른 정보 처리 능력이라고 할 수 있다.

디지털 데이터의 기본 단위는 0과 1이다. 0은 소멸하는 무無를, 1은 생성되는 유有를 의미한다. 컴퓨터 프로그래밍 언어에서는 0은 거짓false이고 1은 참true을 뜻한다. 전기 신호에서 0은 꺼짐off이고 1은 켜짐on이다. 컴퓨터는 0과 1 두 개의 코드만을 사용하며 전기 신호가 켜졌는지 꺼졌는지 그것만 판별할 수 있다. 디지털은 0과 1 이진법으로 만들어진다. 수많은 정보를 0과 1의 조합으로 구성한다. 애매한 중간값이 없어서 오차값도 없고 신호 변화를 쉽게 할 수 있다.

디지털은 문자를 컴퓨터 언어로 만들어 구성한다. 휴대폰 채팅창에 한글 자판으로 글자를 입력하면 0과 1로 이루어진 컴퓨터 언어로 바꾸어서 정보를 처리한다. 반도체는 전자기기 안에 장착되어 전기 흐름을 조절한다. 전기가 흐를 때는 1, 흐르지 않을 때는 0으로 처리한다. 반도체는 더 많은 반도체와 연결할수록 기능이 많아진다. 전자의 이동 거리가 짧아져 속도가 빨라지고 성능이 좋아지며 안전성도 높아진다. 반도체 기술의 발전 속도는 새삼 강조하지 않아도 좋을 것이다. 다만 그 기술이 어떤 의미를 지니고 있는지 생각해야 할 것이다.

그렇다면 디지털 혁명의 핵심인 데이터 코드 '0과 1'이라는 수는 어떻게 시작되었을까? 다시 아라비아 숫자로 돌아가 보자. 아라비아 숫자의 혁신적인 원리는 두 가지이다. 그것은 수를 시각적으로 나타낼 때 숫자의 위치를 달리하면서 큰 수를 표기하는 '위치값 기수법'과 '0'이라는 개념이다. 위치값 기수법은 0부터 9까지 열 개의 숫자들이 자리가 달라도 같은 숫자를 사용하는, 즉 어느 자리에 있느냐에 따라 그 값이 달라지는 것을 말한다. 고대 이집트에서는 막대기를 하나씩 더하며 그리다가 큰 숫자는 새로운 기호를 만들어 표기했다. 로마의 주판은 계산할 때 여러 개의 돌을 이용해서 수를 만들었다. 하지만 아라비아 숫자는 10개의 기호만으로 모든 수를 표기할 수 있다.

기원전 3000년경, 바빌로니아인들은 숫자를 표기할 때 빈자리를 나타내는 기호를 이미 사용하고 있었다. 그들은 줄이 그어진 판 위에 바둑알처럼 생긴 돌을 놓아가면서 계산을 했다. 그런데 결과를 기록할 때 문제가 생겼다. 계산판에는 칸이 나누어져 있어 빈자리가 있었지만, 간격이 들쭉날쭉하여 제대로 옮겨 적기가 쉽지 않았다. 그래서 빈자리를 채울 수 있는 기호를 고안했는데 그때 사용한 표시가 0이었다. 고대 이집트와 중국, 마야 문명 등에서도 숫자 표기를 할 때 일종의 구분자 역할을 하는 기호가 있었다고 한다. 빈자리를 표시하는 0의 개념은 기원전 4세기경에 알렉산더 대왕이 인도를 정벌하는 동안 전파된다.

바빌로니아인이 0을 수가 아니라 형체 없는 상상의 산물로 여겼던 반면, 인도인들은 0이 아무것도 없는 무無의 상태지만 실제로는 가장 중심적인 역할을 할 수 있을 것으로 생각했다. 인도인들이 0의 가치를 깨닫고 수학에 활용하게 된 배경에는 고유의 종교관과 문화가 자리 잡고 있기도 했다.

다신교인 인도에서는 매년 '라트 야트라Rath Yatra'라는 힌두교 전

기원전 1800년경에 만들어진 인류 최초의 계산판. 이 점토판을 대학에 기증한 플림튼의 이름을 따서 '플림튼 322'라고 불린다. 바빌로니아인들은 50진법을 사용했고, 선 하나를 그어 1이라고 표시했으며, 2에서 9는 그 수만큼 선을 그어서 나타냈다. 미국 컬럼비아대학교 소장.

통 축제가 열린다. 수많은 종족이 저마다 숭배하는 신을 수레에 태우고 한자리에 모인다. 동그란 수레바퀴는 삶과 우주, 신을 연결하는 상징이었다. 그들은 수레바퀴에 무에서 유로 다시 유에서 무로, 탄생과 사멸을 순환하는 자연과 우주의 이치가 있다고 보았다. 숫자 0은 철학적으로 무에 해당하는 빈공간과 순환하는 0이 결합된 모양이고, 인도인들은 이 개념을 수학에 응용한 것이다.

인도의 수학자인 브라마굽타 Brahmagupta(590~668)는 0에 대한 기록을 최초로 남겼다. 그는 천문학 저서 『브라마시단테 Brahmasiddhanta』

에서 0을 "같은 숫자 둘을 빼면 얻어지는 숫자"라고 정의했다. 그리고 양수와 음수를 구분할 수 있다고도 했다. 아무것도 남지 않은 무의 상태를 0이라 부르며 0이 실제 수라고 했다. "어떤 수에 0을 더하거나 빼도 그 수는 변하지 않는다. 하지만 0을 곱하면 어떤 수도 0이 된다"라며 0이 연산에서 어떻게 작용하는지도 설명했다. 이는 오늘날 사용하는 이항방정식의 시작이다. 이때부터 등식에 같은 수를 빼서 0을 만드는 개념을 바탕으로 대부분 수학적 방정식은 증명이 가능해졌다.

보편언어를 찾아서

오래전 아라비아 숫자가 그랬던 것처럼 정보화 시대로 진입하며 간편성·정확성·신속성을 지닌 0과 1은 컴퓨터와 디지털 기술의 기본 코드, 즉 보편언어가 되었다. 여기서 보편언어의 역사를 살펴보자.

철학자와 과학자들은 지금까지 지구상에 존재했던 수많은 언어의 장벽을 뛰어넘어 서로 소통할 수 있는 보편언어를 찾고자 했다. 철학자 중에서 처음으로 보편언어를 본격적으로 참구한 사람은 데카르트Rene Descartes(1596~1650)였다. 그는 중세가 끝나고 르네상스를 통해 근대가 태동하던 시대에 살았다. 『방법서설Discours de la methode』은 데카르트 사상의 핵심을 담고 있다. 원제목은 '이성을 올바르게 인도하고, 모든 학문에서 진리를 탐구하기 위한 방법의 서설'이다.

중세 스콜라철학이 본질을 외면한 채 무의미한 논쟁을 되풀이하자 반성의 움직임이 일어난다. 데카르트는 객관적이고 확실한 진리를 탐구하고자 했다. 그리고 고대와 중세로 이어져 온 철학적 명제와 규칙, 이론들을 근본부터 의심하기 시작했다. 무엇이든 의심해서 반박할 수 없는 진리를 찾는 데카르트의 사고방식을 '방법적 회의 cartesian doubt'라고 한다. 그는 모든 것을 의심하고 있다는 사실이 중요하고, 의심하는 한 우리는 존재한다고 여겼다.

그래서 "의심하는 나에 대한 확실성은 신이 사기꾼일 수 있다는 생각으로도 흔들리지 않으며, 신이 나를 속일지라도 속는 나는 존재한다"라고 말했다. 그리고 그 유명한 제1원칙을 선언한다. "나는 생각한다. 그러므로 나는 존재한다 Cogito ergo sum." 데카르트는 철학에 누구도 부정할 수 없는 수학적 방법을 도입하여 기하학처럼 확실하고 명료한 학문으로 재확립하려 했다. 『방법서설』의 한 대목을 보면 그는 수학이 보편언어가 될 수 있음을 확신한 듯하다. "나는 수학을 특히 좋아했는데 그 추리의 확실성과 명증성 때문이었다. 하지만 나는 그 참된 용도를 전혀 깨닫지 못하고 있었다. 그리고 수학이 기계적 기술에만 응용되고 있음을 생각하고서 그 기초가 그토록 확고하고 견실한데도 아무도 그 위에다가 더 높은 건물을 세우지 않는 것을 이상하게 여겼다."

세상을 이해하기 위한 언어로서의 보편수학 mathesis universalis 은 철학적인 논제들에 어떻게 답할 수 있을까? 데카르트는 "두 점 사이의

독일의 수학자 라이프니츠.
그는 『주역』 64괘의 아이디어를 확장해 오늘날 컴퓨터의 기초 개념인 0과 1의 이진법 원리를 제시했다.

최단 거리는 직선이다" "평행하는 두 직선은 절대로 만날 수 없다"와 같은 예를 들면서 이런 수학적 명제는 절대적인 확실성을 지닌 법칙들이라고 했다. 그리고 신의 존재나 인간의 정신 같은 기존 철학이 제기한 문제를 다루되 신비적이거나 사변적으로 접근해서는 안 되고 확실한 토대에 근거해야 하는데, 수학이 보편적인 기반이 될 수 있다고 강조했다. 수학적 공리는 스스로 참인 것으로 명백히 입증되었기에 다른 명제를 증명하기 위한 출발점이 될 수 있다는 것이다.

그렇다면 더 나아가 다양하고 복잡한 수와 개념들을 매우 단순하게 나타낼 방법은 없을까? 데카르트의 보편수학 탐구 방법을 이어받아 모든 문화권에서 쉽게 사용할 수 있는 보편적 코드를 찾고자 했던 인물이 있었다. 독일의 철학자이자 수학자인 라이프니츠 Gottfried W. von Leibniz(1646~1716)다. 그는 「조합의 기술에 관하여On the Art

라이프니츠의 원형 기계식 계산기(1694). 덧셈·뺄셈만 가능했던 파스칼의 계산기에 곱셈·나눗셈 기능을 더해 사칙연산을 할 수 있는 최초의 기계였다. 독일 하노버 국립도서관 소장.

of Combinations」라는 논문에서 세상의 모든 개념을 몇 가지 보편적 기호들의 조합으로 바꿀 수 있다고 했다. "일종의 보편언어나 문자는 지금까지의 모든 언어와 무한히 다를 것이다. 왜냐하면 보편언어에서는 기호나 단어가 이성을 지도하게 되며, 사실 판단을 제외하면 모든 오류란 단순히 계산상의 착오일 뿐이다. 이러한 언어 혹은 기호를 발명하거나 구성하는 것은 매우 어렵겠지만 어떤 사전도 없이 매우 쉽게 이해할 수 있게 될 것이다."

단순한 보편언어를 찾고자 했던 그는 청나라 강희제 때 북경으로 파견되었던 예수회의 요아킴 부베 신부에게서 받은 편지에서 해결의 실마리를 찾았다. 그는 신부가 보내준 『주역周易』의 64괘卦를 보면서 '0과 1'이라는 단순한 조합으로 환원될 수 있는 이진법 체계를 생각해낸다. 64괘란 주역에서 인간과 자연의 존재와 변화 체계를 상징하는 64개의 기호 수를 뜻한다. 장자는 「천하」 편에서 64괘를 우주 삼라만상의 변화를 음양의 대립과 조화라는 단순한 원리로 설명할 수 있는 개념이라고 했다.

『주역』을 접한 라이프니츠는 음과 양, 남자와 여자, 켜짐on과 꺼짐off 등 세상에는 서로 구분되는 대척점이 있다고 생각했다. 그리고 두 상반된 세계를 대표하는 기호를 체계적으로 구성하면 10진법의 모든 수를 재구성할 수 있고, 복잡한 수학적 연산도 더 쉬워지리라는 발상을 하게 된다. 당시는 중세 신학에 영향을 받은 관념론적 철학과 근대 과학의 발달을 가져온 유물론적 철학이 대립하고 있었는데, 라이프니츠는 이들 두 접근 방법을 통합하려는 노력을 기울였다. 세상의 변화를 매우 단순하게 설명하는 동양 철학은 그에게 큰 영감을 주었다. 그는 훗날 "내가 64괘를 보지 못했다면 이진법을 만들어 낼 수 없었을 것"이라며 '0과 1'의 이진법을 만드는 데 『주역』이 큰 영향을 미쳤음을 인정했다.

라이프니츠는 파스칼의 수동식 계산기에 곱셈과 나눗셈 기능을 추가했고, 최초의 기계식 계산기인 라이프니츠 휠Leibniz wheel을 제작했다. 컴퓨터가 발명되기 250년 전, 놀랍게도 그가 만든 계산기는 이미 이진법 작동원리를 구현하고 있었다. 17세기에 그가 구상한 것들이 20세기에 컴퓨터라는 실물로 나타나게 된 것이다.

미국의 수학자이자 전기공학자 노버트 위너Norbert Wiener(1894~1964)는 기계장치, 생물체와 생태계, 인간 사회에까지 이르는 시스템이 어떻게 의사소통하고 정보를 교환하는지 분석하는 사이버네틱스 Cybernetics 이론을 제시했다. 그는 이 이론이 자율통제와 조정능력을 갖춘 컴퓨터 시스템에 적용되었다고 말하며, 이 과정에서 가장 중요한 요소인 정보의 피드백 개념은 라이프니츠의 계산기 원리에서 영향을 받았다고 말했다. 오늘날 사이버네틱스는 인공지능, 복잡계, 제어계, 동역학계, 정보 이론, 시뮬레이션, 시스템 공학 등의 분야들을 통칭하는 말로 쓰이고 있다. 라이프니츠의 아이디어는 이 모든 연구에게 지대한 영향을 미친 것이다.

라이프니츠로부터 영감을 받은 영국의 수학자 불 George Boole(1815~1864)은 주어진 논리 명제의 참 또는 거짓을 이진수 0과 1에 대응시켜 명제 사이의 관계를 수학적으로 나타낸다. '불 대수'로 불리는 연산 법칙이다. 이는 논리적인 문제를 해결하기 위한 수학적 방법으로 식의 결과는 항상 0 또는 1이다. 컴퓨터는 회로 안에서 일어나는 모든 연산을 0과 1, 참과 거짓의 명제로 단순화한다. 불 대수의 연산 법칙으로 디지털 계산을 시작하면서 정보를 처리하고 문제를 해결할 수 있게 된 것이다.

이진법 0과 1로 구성된 디지털 코드는 세상의 모든 정보를 인식하고 처리할 수 있는 단순하면서도 강력한 힘을 지닌다. 현대사회의 보편언어라고 할 수 있다. 제4차 산업혁명이나 인공지능 같은 변화의 핵심은 디지털 기술이다. 그 기술을 가능하게 한 원리는 '0과 1'이라는 숫자의 활용이었다. 디지털 언어 0과 1은 우연히 탄생하지 않았다. 인간이 셈을 시작한 고대로부터 현대에 이르기까지 차츰 발전하면서 적용의 폭을 넓혀온 것이다.

　인류는 오늘날 0과 1이라는 놀라울 만큼 단순한 코드를 바탕으로 새로운 문명을 만들어가고 있다. 편리함을 추구한 아라비아 숫자, 지식의 확장성을 일으킨 구텐베르크의 인쇄술, 그리고 보편언어를 보급한 디지털 코드 0과 1이라는 세 차례의 데이터 혁명이 있었기에 가능한 일이다. 사방에 정보가 있고 누구나 거기에 접근하고 생산할 수 있는 오늘날, 데이터는 어떤 가치를 지향하며 새로운 혁명을 일으킬 수 있을까. 우리는 지금 상상할 수 없었던 문명의 진화 단계에 와 있다.

3장 사회과학 통계의 신화와 한계

통계적 사고는 유능한 시민이 되기 위해

읽기와 쓰기 능력과 마찬가지로 반드시 갖추어야 할 능력이다.

• 허버트 조지 웰스Herbert George Wells, 문명비평가

세종대왕의 여론조사

통계statistics는 국가state라는 의미의 라틴어 '스타투스status'에서 유래했다. 어원으로 볼 때 이 말은 고대 국가에서 사회적 상황과 현상에 대해 다양한 자료를 수집하고 분석하는 기술이었을 것이다. 국가가 호적과 토지대장을 만들어 관리하는 것은 오랜 관행이었다. 고대 로마는 세금을 걷고 참전 군인들의 등급을 나누기 위해 '켄수스census'라는 인구 통계조사를 했다. 이는 현재 시행되는 전 국민 인구 통계조사인 센서스census의 기원이기도 하다.

노르만이 잉글랜드를 침공한 뒤, 왕위에 오른 정복왕 윌리엄 1세는

조세 징수의 기초자료로 삼기 위해 『둠스데이 북 The Domesday Book』을 편찬했다. 이 책은 11세기 잉글랜드 사회상과 토지 및 호구 상황을 알 수 있는 중요한 사료로 평가받는다. 13세기 세계를 지배한 몽골제국도 정복 지역을 효율적으로 관리하기 위해 수차례 대규모 호구조사를 실시했다. 인구와 토지 자료를 파악하면서 통치 권력을 강화하기 위해서다.

한글을 창제한 세종대왕은 수학과 과학에도 많은 관심을 기울였다. 과거시험에서 문무 중심의 과목 외에도 잡과를 열어 과학 인재를 등용했다. 취재取才라는 시험제도를 통해 지금의 회계사처럼 계산과 셈을 전문으로 하는 산학 인재를 뽑았다. 흥미로운 것은 세종대왕이 공법貢法이라는 조세제도의 기틀을 마련하기 위해 수십만 세대를 대상으로 호구조사를 했다는 사실이다. 또한 공법의 개선책에 대한 질문을 과거시험 문제로 직접 출제하기도 했다.

세종 이전의 조세정책인 답험손실법踏驗損實法은 농지 1결에 30두라는 기준을 정해 놓고 풍흉에 따라 일정 세액을 감면해 주었다. 하지만 매년 세액을 전주田主나 관리가 임의로 정했기 때문에 그 폐해가 심각했다. 뇌물을 받은 아전들이 세액을 낮게 매기는 등 농간을 부려 국고에 손해를 입히기도 했다. 세종대왕은 이에 조세제도를 바로 세우고자 과학적으로 체계화된 공법을 제정했다. 중앙에서 파견된 조사관이 풍흉의 정도를 보고 세액을 매기는 기존 법을 개편하여 토지의 비옥도(전분6등법)와 매년 지역별 농작의 풍흉(연분9등법)에 따라 차등제(6×9)를 일괄적으로 적용했다.

지역	찬성		반대	
	수령	백성	수령	백성
유휴사(개성)		1,123		71
경기도	29	17,076	5	236
평안도	6	1,326	35	28,474
황해도	17	4,454	17	15,601
충청도	35	6,982	26	14,013
강원도	5	939	10	6,888
함길도	3	75	14	7,387
경상도	55	36,262	16	377
전라도	42	29,505	12	257
	192	97,742	135	73,304
합계	전현직 관료·관찰사 등 찬성 723 포함 총 98,657명		전현직 관료·관찰사 등 반대 710 포함 총 74,149명	

『세종실록』에 실린 1430년 공법 관련 지역별 찬반 여론조사 결과. 세종은 이 조사를 통해 세법을 공론화하고 최종적으로 공법을 시행한다(오기수, 『세종공법』, 2016에 수록된 표를 재정리함).

공법은 운영방식 또한 과학적이었다. 세종대왕은 정책이 성공하려면 표준화된 도량형이 필요하다고 생각했다. 먼저 길이를 재는 기구를 주척周尺으로 통일해 토지 면적을 정확하게 측정했다. 측우기를 발명하여 지역별로 강우량을 기록하며 농사가 풍년일지 흉년일지 예측했다. 표준화된 계량기구인 말과 되를 사용하여 곡물의 수확량도 체계적으로 조사했다.

그런데 주목할 만한 사실이 있다. 공법을 시행하기에 앞서 백성을 대상으로 장기간 여론조사와 분석 과정을 거쳤다는 것이다. 세종대왕의 명을 받고 호조에서 실행한 여론조사의 자료수집 기간은 5개월(1430년 3월 5일~8월 10일) 정도였다. 참여 대상은 노비, 여자, 어린아이를 제외한 대신, 관찰사, 도사, 수령, 품관, 촌민 등 거의 모든 백성으로 17만 2,000여 명에 달했다. 1432년 『세종실록지리지世宗實錄地理志』에 기록된 인구가 약 70만 명이었음을 고려하면 당시 인구의 4분의 1이 조선 최초의 여론조사 투표에 참여했음을 알 수 있다. 관원들이 직접 백성들을 찾아다니며 찬반 여부를 묻는 방식이었는데, 결과는 찬성이 9만 8,657명인 57.1%, 반대가 7만 4,149명인 42.9%였다고 한다. 약 600년 전에 세법을 제정하기 위해 지금의 센서스 같은 전국적인 규모의 투표를 시행한 것이다. 이 여론조사는 세계사적으로도 유래를 찾아보기 힘든 것으로, 민심을 읽고 정책에 반영하고자 한 세종대왕의 애민사상을 잘 보여준다.

사회과학 통계의 시작

자연과학natural science은 자연현상의 객관적 사실과 법칙을 발견하는 학문으로 실험과 관찰, 논증과 증거를 통해 이를 증명한다. 사회과학social science은 자연과학의 방법을 인간 사회의 다양한 문제에 적용하여 연구하는 학문이다. 사회·문화적 현상에서 보편적인 법칙을 찾아내기 위해 가설을 세우고 계측을 통해 검증한다. 사회과학의 가장 대표적인 연구 방법은 바로 통계이다.

학문으로서의 사회통계학은 『팡세Pensees』로 잘 알려진 파스칼 Blaise Pascal(1623~1662)의 연구에서 시작되었다고 할 수 있다. 17세기 후반 프랑스의 상류층에서는 도박을 즐기는 풍조가 만연했다. 파스칼은 돈을 잃지 않고 이길 확률, 즉 승률에 대한 기댓값을 구하는 과정에서 확률 개념을 도입했다. 파스칼의 연구는 확률 이론의 기초로서 현대의 통계학에 지대한 영향을 미쳤다.

18세기 후반, 제1차 산업혁명이 일어나자 사람들이 도시로 몰려와 공동생활을 하면서 '사회'라는 개념이 형성된다. 그런데 근대 산업사회로 이행하면서 예상치 못한 문제들이 발생했고, 사람들은 이를 어떻게 이해하고 해결할지를 고민하게 되었다. 철학자들은 사회의 질서와 변화를 과학적 방법으로 관찰하고 원인과 결과를 밝히려 했다. 콩트August Comte(1798~1857)는 실증주의 철학과 사회학의 창시자이다. 그는 인간과 사회를 형이상학적이고 사변적으로 이해하는 관점을 거부하고 여기에 실증적·과학적인 연구 방법을 도입하려 했다. 뒤르켐Emile Durkheim(1858~1917)은 프랑스와 인근 국가의 자살 통계 자료를 가지고 실증적인 분석을 했다. 그리고 자살의 원인이 신경쇠약이나 우울증 등과 같은 개인적 문제이기도 하지만, 개인과 사회의 관계나 사회 구조상의 문제일 수 있다고 주장했다. 개인이 타인이나 사회와 지나치게 유리되거나 결속되었을 때, 혹은 개인이 사회적 규칙이나 규범의 통제 밖에 있거나 과도하게 지배당할 때 극단적 선택을 한다는 것이다.

19세기 영국의 유전학자이자 우생학의 창시자인 골턴Francis Galton

(1822~1911)은 '상호 연관성과 회귀 이론'을 주장했다. 그는 부모와 자녀의 키 사이에는 선형적인 관계가 있다고 가정하고, 자녀의 키가 특히 커지거나 작아지기보다는 전체 키 평균으로 돌아가려는 경향이 있다고 했다. 영국의 통계학자 피셔 Ronald Fisher(1890~1962)는 추론 통계의 핵심인 유의도 개념을 소개하고 분산 분석 등의 방법을 개발했다. 이후 20세기 후반 컴퓨터 기술과 함께 다양한 분석 프로그램이 개발되면서 사회통계학은 비약적으로 발전했다.

그런데 자연과학의 연구 방법을 사회 현상과 의미 분석에 적용할 때 고민할 지점이 있다. 사회과학 통계분석은 대표성 있는 작은 수의 표본 추출, 기술적 분석, 그리고 추론적 통계를 통해 모집단으로 일반화하는 과정을 거친다. 즉 사회에서 일부 표본을 추출하고 통계 분석을 거쳐 전체 사회의 모습을 그려내는 것이다. 모집단 population 이란 조사하는 대상의 모든 집합, 연구 대상이 되는 사람들의 전체를 말한다. 따라서 모집단을 완벽하게 대표하는 표본을 추출하기도 어렵지만, 표본분석 결과를 모집단으로 추론하면서 어느 정도 표본 오차가 발생할 수밖에 없다.

따라서 표본 오차를 완벽하게 제거하는 방법은 전체 모집단을 분석 대상으로 하는 경우밖에 없다. 그렇기에 표본 오차를 최소한으로 제한해야 하는 연구에서는 전수조사를 하게 된다. 인구 총조사 population census 가 대표적인 전수조사다. 미국은 10년마다 국토 거주민을 대상으로 센서스를 실시한다. 하원의원 수를 조정하고 지역별 예산을 배정하는 등 행정 업무의 기초자료로 활용한다. 우리나라도

1925년에 처음 인구조사를 시작한 이후 지금까지 5년마다 실시한다. 1960년 제9회 조사부터는 주택을 포함하여 '인구 총조사'라는 이름으로 시행하고 있다.

그러나 센서스는 조사 간격이 긴 편이라 급변하는 사회상을 반영하지 못하는 한계를 지닌다. 미국 정부는 지난 2010년 센서스 결과로 향후 10년 미국인들의 생활상을 예측했지만, 다음 조사 직전인 2020년 실제 양상은 상당히 달랐다고 한다. 그렇다고 조사 간격을 줄이거나 더 많은 인원을 투입하는 것은 막대한 비용이 들기에 쉽지 않은 실정이다. 그렇기에 지금도 중요한 여론을 수렴하는 방식은 선택된 표본을 통계 분석하는 것이다.

우리는 거의 날마다 다양한 여론분석 결과를 접한다. 사람들은 통계에 두 가지 신화를 가지고 있는 듯하다. 먼저 자연과학적 방법으로 사회를 연구하고 도출한 결과가 실제 현실을 잘 반영하고 있다고 믿는다. 자연법칙이 지배하는 세계와 인간 세상은 분명 다르지만 말이다. 또한 실증적 통계가 객관적인 결과라고 맹신한다. 통계는 숫자를 통해 어떤 사회·문화적 현상을 계량적으로 보여준다. 우리는 이런 수치를 있는 그대로 믿는다. 수치를 도식화하여 그래프나 도형으로 보여주면 거의 기정사실로 받아들이는 경향이 있다.

대통령 선거철에 언론에서 보도하는 후보자 선호도 여론조사를 생각해보자. 약 1,000~2,000명 정도의 표본 분석결과를 가지고 "A 후보자의 지지도는 40%, B 후보자는 35%"라고 말한다. 표본 오차 범위를 고려해서 누가 당선 확률이 높은지도 예측한다. 그런데 같은 기간에 실시한 여론조사라고 해도 조사기관과 언론사에 따라 결과가 천차만별이다. 유권자들은 설문 과정과 결과에 의문을 제기한다. 여론조사를 두고 자주 언급되는 몇 가지 문제점이 있다. 랜덤 샘플링random sampling, 즉 무작위 표집이 완벽하게 진행되었는가? 분석 과정에서 연구자의 주관성이 최대한 배제되었는가? 추론적 통계로 전체 모집단을 일반화하는 과정에서 마치 전수 분석의 결과인 것처럼 과대 포장하고 있지 않은가?

나 역시 통계의 묘미를 잘 알고 있다. 어떤 연구문제에 대해 수천 명 정도의 무작위 표본을 분석하여 그 결과를 5천만 한국인의 전체 의견처럼 내놓기도 한다. 그러나 설문조사에서 추출한 표본은 완전할 수 없다. 조사자의 주관에 따라 표본 자체가 편향될 수 있기 때문에 의도하지 않더라도 분석 결과가 왜곡될 가능성이 크다.

평균 권하는 사회

통계조사의 방법적 한계에 대한 이해를 구하면서, 우리 사회에서 표준화된 가치를 형성하는 데 결정적인 역할을 해온 '평균'이라는 개념에 대해 이야기하려 한다. '테일러메이드tailor-made'라는 말이 있다. 개인을 위한 맞춤옷을 말한다. 비슷한 스타일이 아닌 나만의 취향을 살려 특별 주문할 때 이 말을 사용한다. 골프를 치는 사람들은 매장에서 장비를 고를 때 자신의 체형과 스윙 파워를 고려해 '테일러메이드'로 맞춤^{fitting}을 한다. 유사한 발음의 테일러메이드^{Taylormade}라는 골프 브랜드가 있는 것도 우연의 일치인지 재미있다. 이전에는 어떤 제품을 불특정 다수의 평균에 맞추어 생산하거나 획일적인 서비스를 제공했다. 이제는 많은 기업이 고객 정보를 바탕으로 개개인을 위한 맞춤형 서비스를 선보이고 있다.

평균은 데이터 분석에서 집단을 대표하는 수치다. 일상의 거의 모든 영역에서 일반화된 개념이다. 우리는 시험 결과가 나오면 평균점수는 얼마인지, 내 등수가 어디쯤인지 확인한다. 직장에서 연봉을 정할 때도 경쟁자와 비교하거나 평균 연봉을 고려한다. 평균은 확률적 가능성과도 밀접한 연관이 있다. 기업에서 투자할 때는 평균 매출을, 스포츠 경기에서 베팅할 때는 평균 승률을 살피면서 위험을 최소화한다. 야구선수들에게 타율이나 방어율은 능력의 평균 수치이지만, 관중에게는 각 선수가 출전할 때 갖게 되는 기대 확률을 의미한다. 따라서 평균은 다양한 미래 가치에 대한 확률적 기대 수준이라고 할 수 있다.

통계학에는 "평균 회귀적 경향"이라는 말이 있다. 키와 몸무게, 소득 수준 같은 다양한 데이터의 분포가 평균값을 중심으로 가운데가 위로 솟은 종 모양의 곡선을 그린다는 것이다. 17세기 스위스의 수학자 자코브 베르누이$^{Jakob\ Bernoulli(1654~1705)}$가 제시한 '정상분포곡선$^{normal\ distribution\ curve}$' 개념이다. 무작위로 추출된 표본의 통계분석 결과를 바탕으로 전체 모집단의 값을 추론할 때 가장 기본적으로 전제하는 개념이기도 하다.

동전을 던졌을 때 앞면과 뒷면이 나올 확률은 반반이다. 그렇다면 100번을 던졌을 때 앞면 50번과 뒷면 50번이 나와야 한다. 하지만 그렇지 않은 경우가 더 많다. 이론적으로는 2분의 1이지만 현실에서는 확률대로 되지 않는다. 그런데 세상 모든 사람이 동시에 동전을 던지거나 아니면 내가 동전 던지기를 무한대로 반복한다면 어떻게 될까? 최종적으로는 이론적 평균 확률에 가까워질 것이다. 그렇기에 통계 이론상의 확률이 현실의 다양한 영역에서 실제로 나타날 수 있다는 가정하에 평가 기준은 대부분 평균을 중심으로 제시된다. 평균 소득, 평균 지출, 평균 가격, 평균 연령, 평균 수명 등의 통계치가 발표되면 우리는 그것을 중심으로 자신의 위치를 판단한다.

평균 개념의 역사적 연결고리

평균의 개념은 일상뿐 아니라 산업 현장에도 다각적으로 도입되었다. 여기에 가장 큰 영향을 미친 사람은 미국의 기업가이자 경영학자인 테일러 Frederick Winslow Taylor(1856~1915)이다. 그는 1874년 필라델피아의 기계공장에서 일하며 노동자의 업무 환경과 태업, 파업 등의 현장을 목격했다. 그리고 기업의 생산성을 높이기 위해서는 업무 환경을 개선하고, 표준 작업량·작업시간·평균 임금을 중심으로 업무량에 따라 성과급을 차별적으로 지급하는 경영 관리 시스템이 필요하다고 생각했다. 그의 발상은 실제 산업 현장에 적용되었다. 바로 제2차 산업혁명 이후 다양한 산업군에서 도입했던 '테일러 시스템'이다. 제조업 위주의 대량 생산체제로 돌입하던 당시 테일러는 근로자의 움직임, 동선, 작업 범위 등을 표준화시켜 생산의 효율성을 극대화하고자 했다. 기업은 표준화된 시스템 공정을 갖추고 근로자들을 이 기준에 맞추도록 했다.

테일러주의는 미국의 공교육 과정에서 표준화된 '평균 인간'을 양성하기 위한 커리큘럼을 도입하는 데도 영향을 미쳤다. 정규 교육의 목표는 특출한 천재를 키우는 것이 아니라 전체 학생들의 평균 수준을 향상시키는 방향으로 설정되었다. 문화비평가 헨리 멩켄Henry L. Mencken은 당시의 이런 교육 시스템을 강하게 비판하면서 다음과 같이 적었다. "공교육의 목표는 계몽화가 아니다. 현재의 공교육은 가능한 한 많은 개개인을 똑같은 안전 수준으로 강등시키고 표준화된 시민을 길러내고 훈련시키면서 반대 의견과 독창성을 억누르고 있을 뿐이다. 이는 미국뿐만 아니라… 세계 전역의 공교육이 내세우는 목표다."

테일러에 앞서 평균 중심주의를 정립한 사람은 근대 통계학의 아버지로 불리는 천문학자이자 수학자 케틀레Adolphe Jacques Quetelet (1796~1874)이다. 그는 영국의 과학자 뉴턴Isaac Newton(1642~1727)으로부터 많은 영향을 받았다. 뉴턴의 저서 『프린키피아: 자연철학의 수학적 원리Principia: Philosophiae Naturalis Principia Mathematica』에 나오는 중력의 법칙 같은 과학의 보편적 원리를 사회 연구에도 어떻게 적용할 수 있을지 고민했다.

평균 개념을 산업 시스템에 도입한 프레더릭 윈즐로 테일러(위)와 19세기 말 공장의 모습. 테일러가 제시한 체계적 관리법은 산업현장뿐만 아니라 공교육 등 사회 전반에 큰 영향을 미쳤다.

뉴턴은 『프린키피아』에서 운동의 3법칙, 즉 관성의 법칙, 가속도의 법칙, 작용과 반작용의 법칙을 밝혀낸다. 이 책은 운동의 법칙을 통해 역학을 정립하고, 고전 물리학이라는 과학의 기초를 세운 역작이었다. 뉴턴이 집필했던 당시 17세기 유럽은 중세 말부터 이어진 흑사병이 다시 대유행하고 있었다. 영국에서도 수많은 이들이 사망하자 뉴턴이 재학 중이던 케임브리지 대학도 임시 휴교를 한다. 뉴턴은 전염병을 피해 고향으로 내려간다. '사회적 거리두기'를 하게 되면서 연구에 집중할 수밖에 없는 환경이 만들어진 것이다.

그는 2년 동안 물체의 운동 역학과 미적분 등 천체학·물리학·광학·수학을 아우르며 집필에 몰두했고 『프린키피아』를 발표한다. 과학 사학자들은 이 시기를 근대 과학 발전에 있어 가장 중요한 '기적의 해'라고 부른다. 『프린키피아』는 역설적으로 흑사병의 위기가 가져다준 선물이었다. 중세시대 사람들은 질병을 신이 내린 형벌이라고 여겼다. 흑사병의 원인이 밝혀지고 치료제가 나온 것은 뉴턴이 살던 시대를 지난 먼 훗날의 이야기다. 하지만 『프린키피아』는 과학적이고 합리적으로 세상을 바라보는 관점을 열어주었고, 이런 사고방식은 전염병을 바라보는 시각에도 차차 적용되었다. 오늘날 인류는 코로나를 겪으며 백신과 치료제를 개발하고 사회적 거리두기를 해오고 있다.

천문학자인 케틀레는 뉴턴의 과학적·수학적 방법을 인간에 대한 연구로 가져와 직접 적용하려 했다. 케틀레는 별을 반복하여 관측하며 얻어낸 측정치들에서 일정한 경향이 있음을 발견한다. 그리고

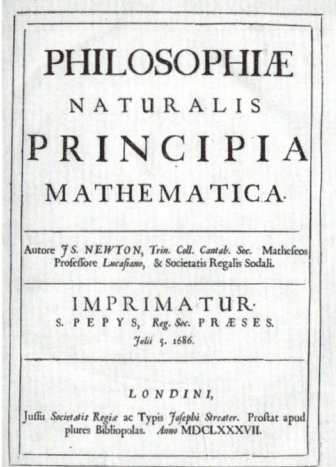

고전역학의 창시자 아이작 뉴턴(왼쪽)과 저서 『프린키피아』(1687). 이 책에서 인과론에 근거한 절대주의 세계관을 제시했고, 인간의 사고체계를 변화시키는 데 결정적인 역할을 했다. 뉴턴의 고전역학은 다른 과학 분야의 근대화에 큰 영향을 미쳤다.

이 현상을 해석하기 위해 통계를 도입한다. 그리고 자연과학의 확률적 사고와 통계의 개념을 인간과 사회 연구에 활용할 수 있다고 생각했다.

그는 인간에 관련된 다방면의 정보를 수집하고 분석하여 「인간의 능력 개발에 관한 논의A treatise on man and the development of his faculties」라는 논문을 발표했다. 이 연구에서 그는 감옥 수감자를 대상으로 글을 읽고 쓸 수 있는 능력을 조사했다. 그리고 사회적 환경이 나쁠수록 문맹이 될 확률이 높다는 사실을 밝혀낸다. 케틀레는 물리학과 수학의 개념을 가지고 인구 통계와 범죄 데이터를 광범위하게 분석해나간다. 그리고 시간·장소·기온·나이·소득·직업 같은 사회적 변수들과 평균 출생률 및 사망률 사이에 연관성이 있음을 밝혀낸다. 복잡하고 무질서해 보이는 데이터 속에서 반복되는 규칙성을 발견한 것이다.

그는 인간의 특징이나 속성을 측정하면 분포곡선이 평균값을 중심으로 좌우대칭인 종 모양을 이루는 것을 보고, 중간값을 기준으로 보통 사람, 즉 '평균 인간'의 개념을 세웠다. 한편 당시에 케틀레의 연구를 비판하는 목소리도 있었다. 자연과학에서는 데이터의 동질성을 전제로 특정 집단을 규정할 수 있지만, 인간 사회에는 추상적이고 형이상학적인 가치가 개입되기에 단순하게 구분할 수는 없다는 것이었다. 이에 케틀레는 인간과 사회에 관한 연구에서 통계가 지닌 유용성에 대해 다음과 같이 적었다. "통계란 숫자들을 모으는 데서 시작하는데, 이 숫자들은 주의 깊고 신중하게 여러 척도에 걸쳐 수집된 것으로 흥미로운 사실들을 알려 주고 물질세계를 지배하는 법칙처럼 도덕적·지적 세계를 지배하는 법칙도 알게 해준다. 자신의 편견을 싫어하는 사람이라면 통계적인 조사 분석을 통하여 많은 도덕적인 현상들을 밝혀낼 수 있을 것이다."

이후 많은 학자들은 인간과 사회를 연구할 때 평균이라는 통계적 개념을 적극적으로 활용했다. 근대 통계학의 시작이었다.

평균의 종말과 함께 변종의 시대가 오다

평균은 정보를 효율적으로 해석할 수 있다는 점에서 분명 유용한 개념이다. 하지만 인간 사회의 다양한 가치를 획일화하고 무엇보다 개인의 개성을 존중하지 않는다. 모든 인간을 평균적인 가치 중심으로 평가 절하할 위험성도 크다.

발달심리학자 토드 로즈Todd Rose(1974~)는 『평균의 종말The End of Average』에서 평균 중심주의가 사회에 가져온 문제점을 신랄하게 비판했다. 그는 책에서 재미있는 사례를 소개했다. 1940년대 말, 미국 공군은 전투기 사고가 자주 일어나자 원인 규명에 나섰다. 그런데 20여 년 전 비행기를 처음 제작할 때 조종석을 조종사들의 평균 신체 치수에 맞게 설계했음을 알고, 이것이 문제가 될 수도 있다고 생각했다. 그리고 복무 중인 현역 조종사 4,000여 명의 키, 가슴둘레, 팔과 다리 길이 등 10개 항목에 걸쳐 신체별 데이터를 재수집하여 '평균 조종사'의 치수를 최종 발표했다. 놀랍게도 각 항목들의 평균 수치와 정확하게 일치하는 사람은 단 한 명도 없었다. 누구에게도 맞지 않는 조종석을 20년 이상 유지해온 것이었다.

당국은 각자의 신체에 맞는 맞춤형 조종석을 다시 제작했고, 이것은 현재 자동차 운전석 자세 메모리 시스템이 나온 계기가 되었다. 토드 로즈는 사회가 '평균적인 재능, 평균적인 지능, 평균적인 성격'을 갖춘 평균 인간을 가정해놓고 개개인을 그 틀에 맞추려 했다고 하며, 평균 인간이란 실재하지도 않고 심지어 잘못된 과학적 상상이

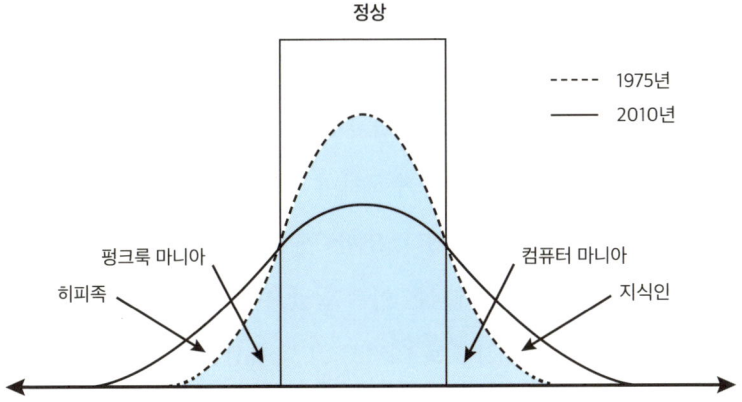

미국인의 행동양식 분포도. 세스 고딘은 1975년과 2010년을 기준으로 미국인들의 행동양식 분포를 각각 비교했는데, 2010년에 정상 범위에서 벗어나는 새로운 변종이 많아졌음을 알 수 있다.

만들어낸 개념이라고 했다.

오늘날은 새로운 시대로 향하는 전환기이고, 평균의 종말은 이런 시대 변화에서 나온 주장이다. 사회 변환기에는 위기라는 말이 자주 따라오는데 여기에는 '위험한 기회'라는 중의적 의미가 있다. 평균의 종말은 기존의 관념이나 접근 방법의 쇠퇴를 의미하는 한편, 새로운 출발이자 기회라는 의미를 담고 있을 것이다. 세계적인 마케팅 전문가 세스 고딘Seth Godin(1960~)은 『이상한 놈들이 온다We are All Weird』에서 '평균의 종말'을 암시하는 흥미로운 분포곡선을 제시했다.

위 그림은 지난 1975년도 미국인의 행동양식이 평균치를 중심으로 어떻게 분포되었는지 보여준다. 평균과 가까이 있는 대다수 사람은 정상분포 범위 안에 있고, 평균에서 떨어져 있는 경우outlier는 '히피족' 혹은 '마니아'라는 변종 범위로 구분되었다. 그런데 2010년 미국인의 행동 양식을 보면 변종의 분포가 바깥으로 더 퍼져나가 있음을 알 수 있다. 세스 고딘은 시간이 갈수록 평균 중심의 정상 범위보다 바깥쪽 변종의 분포 범위가 점차 더 커지고 있다고 했다. 고딘은 이런 아웃라이어outlier 확장에 주목하며 "주류와 유행을 뒤바꾼 변종의 시대"가 왔다고까지 말했다. 또한 "정상인들이 지향하는 평균적인 일반 대중 중심의 마케팅은 이제 끝났으며, 세상은 이제 '이상한 것'을 '이상하지 않은 것'으로 여기고 그 속에서 새로운 기회를 찾아야 한다"고 했다. 그가 이 부분을 강조하는 까닭은 그만큼 지금까지 우리에게 평균값이 익숙한 개념이었지만, 이제 변화된 세상에서는 평균 중심의 사고방식을 탈피할 것을 요구하기 때문이다.

우리 사회를 돌아보자. 대학 입시 제도에서는 여전히 표준화된 국·영·수 과목 위주의 평가를 한다. 기업의 인재 평가에서도 평균 수치로 직원들의 능력을 구분하고 있다. 결혼정보회사에서는 학력·경제력·외모의 평균치로 사람의 등급을 매긴다. 또한 매년 직장인의 평균 소득수준이나 자영업자의 평균 매출액이 발표된다. 우리는 그 수치를 기준으로 자신의 상대적 위치를 파악하고 성취감이나 좌절감을 느낀다. 그런데 그 수치가 정말 절대적인 표준을 의미하고 있을까. 우리는 평균 개념에 사로잡혀 지나치게 안도하거나 불안해하는 것은 아닐까. 하지만 그 단단한 평균 중심의 세상 속에서 세스 고딘이 예견한 변종의 세상이 펼쳐지고 있다.

다양성을 추구하는 오늘날, 이제 인간을 더 이상 획일화된 대중으로 묶을 수 없다. 인간은 개성과 취향을 추구하는 수많은 변종들의 총집합이라고 할 수 있다. 최근 가장 두각을 보이는 분야는 방대한 데이터를 기반으로 개개인의 취향에 따라 큐레이션 서비스를 제공하는 플랫폼 사업이다. 세스 고딘의 분포 곡선은 앞으로 어떤 모양을 그리게 될까. 바깥쪽 변종의 분포 범위가 얼마나 커질지 흥미롭게 지켜볼 일이다.

4장 빅데이터의 딜레마

> 빅데이터는 더 많은 정보를 뜻할 수 있지만,
> 더 잘못된 정보를 뜻하기도 한다.
>
> • 나심 탈레브^{Nassim Taleb}, 『블랙 스완^{The Black Swan}』의 저자

디지털 재앙

빅데이터가 시대의 화두가 된 지 벌써 10여 년이 지났다. 빅데이터는 2011년 매킨지가 발행한 동명의 보고서로 처음 주목을 받았다. 이듬해 다보스 세계경제포럼은 '빅데이터, 빅임팩트'라는 슬로건으로 그 중요성을 강조했다. 이후 빅데이터는 미래의 가장 중요한 성장 동력으로 꼽히며 고도의 컴퓨터 정보처리 기술과 결합하며 디지털 신문명의 핵심 역할을 하고 있다. 일반적으로 빅데이터의 특징을 3V로 정의한다. 용량^{volume}, 다양성^{variety}, 속도^{velocity}를 뜻한다. 여기에 네 번째로 가치^{value}를 더해 4V라고 하기도 한다.

인간이 문자로 기록을 남긴 이후 지난 5,000년 동안 인류의 모든 데이터 가운데 약 90% 이상이 2015년 이후 생산되었다고 한다. 정보통신 분야 컨설팅 기업인 IDC는 지난 2016년 하루에 생성되는 평균 데이터가 약 440억 기가바이트였는데, 2025년에 들어서면 열 배가 넘는 4,630억 기가바이트에 이를 것으로 예측했다. 하루 단위의 이 수치를 1년 단위로 계산하면 약 170제타바이트(10의 21제곱)가 된다. 2015년의 10제타바이트와 비교했을 때 17배로 증가한 수준이다. 데이터 증가속도는 시간이 지날수록 기하급수적으로 늘어날 것이다.

페이스북 창업자이자 메타의 CEO 마크 저커버그^{Mark Zuckerberg (1984~)}는 반도체 집적회로의 성능이 24개월마다 2배로 증가한다는 무어의 법칙^{Moore's Law}을 인용하며, 소셜미디어에서 공유되는 콘텐츠의 양은 이보다 더 빨리 매년 2배씩 증가하고, 10년 후에는 데이터 용량이 지금보다 1,000배나 많아질 것이라고 말했다.

영국 포츠머스 대학의 멜빈 밥슨^{Melvin Vopson} 교수는 2020년 미국 물리연구소 연구간행물인 AIP^{American Institute of Physics}에서 디지털 데이터가 현재 속도로 증가하면 지구상의 원자보다 비트 수가 더 많아지는 시기가 곧 도래할 수 있다고 예측했다. 디지털 비트의 스토리지는 서버의 하드 드라이브와 같은 실제 공간이 필요하다. 그는 현재 고성능 데이터 메모리에서 1비트가 약 25제곱 나노미터를 차지한다고 가정하면 약 150년에서 200년 후에는 디지털 데이터의 양이 지구 전체보다 더 많은 공간을 차지하게 된다고 계산했다. 밥슨

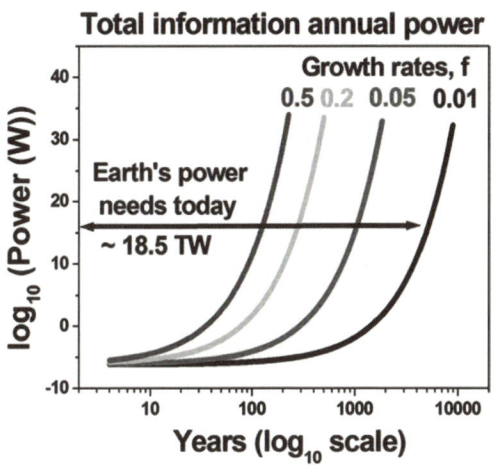

멜빈 밥슨이 그린 디지털 재앙 도표. 미래 연도별 디지털 비트의 증가 속도와 디지털 재앙이 일어나는 시기를 예측하고 있다. © Melvin Vopson

은 "미래 기술 진보가 비트의 크기를 원자 자체의 크기에 가깝게 만든다고 가정하더라도, 디지털 정보의 규모는 지구 전체의 크기 이상을 차지할 것이며, 우리가 디지털 정보 대재앙digital catastrophe이라고 정의하는 사태가 발생할 것"이라고 경고했다.

디지털 기기와 플랫폼이 발전하면 데이터의 양이 증가하고 형태도 다양해진다. 초기 디지털 데이터는 주로 숫자와 문서였고, 인터넷과 디지털카메라를 사용하면서 사진과 오디오, 웹 데이터가 생성되었다. 현재 사용자들이 스마트폰, 유튜브, 넷플릭스 등을 주로 이용하면서 소셜미디어와 스트리밍 서비스에서 모바일 데이터와 정보가 쏟아지고 있다. 이제는 피트니스 밴드, 스마트 서모스탯, 커넥티드 카 등의 사물인터넷Internet of Things, IoT 장치들이 또 다른 데이터를 생성하고 있다. 현시점에서 정확한 데이터양을 측정하기란 사실 불가능하다. 그런 면에서 세계적 기업들에게 빅데이터 활용은 선택의 문제가 아니라 생존 경쟁에서 살아남기 위한 필수적인 전략이 되었다.

소셜미디어 이용자 조사기관인 스타티스타의 최근 보고를 보면 2018년 말 기준으로 페이스북(메타) 사용자는 전 세계 가입자가 10억 명을 넘어섰고, 매일 15억 명 이상이 이용하며, 월 이용자의 수는 최대 22억 3,000만 명이라고 한다. 유튜브는 월 이용자 수가 19억 명을 넘어섰다. 인스타그램은 매일 4억 명 이상이 이용하고 있으며, 월간 이용자 수가 10억 명을 넘어섰다. 인터넷 접속자 수만 하더라도 2014년 24억 명 정도였던 것이 2017년에는 38억 명으로 늘어났고, 2021년 기준으로 약 50억 명에 이른다. 불과 7년 만에 두 배로 증가한 것이다.

역사적으로 새로운 기술이 나타났을 때 초기 이용자가 5,000만 명에 이르는 데 걸린 시간을 살펴보자. 라디오는 38년, TV는 13년, 인터넷은 4년 정도였다고 한다. 현재 소셜미디어의 이용자 증가세는 기존 미디어와 비교하지 않아도 금방 알 수 있을 것이다. 데이터를 수집하고 분석, 처리하는 기술이 개인과 기업 모두의 경쟁력이 된 지금, 실시간 생성되는 엄청난 데이터를 어떻게 활용할 수 있을까.

핫데이터 vs 쿨데이터

데이터를 제대로 활용하기 위해서는 먼저 데이터의 유형을 알아야 한다. 데이터는 정형 데이터와 비정형 데이터로 나뉜다. 정형 데이터는 정해진 기준과 규칙에 따라 수집하는 데이터로 대부분 숫자로 표시된다. 주민등록번호 같은 개인정보나 금리·수출입 물가지수 등의 경제 지표 등을 말한다. 반면 비정형 데이터는 말 그대로 표준화된 기준이 없는 데이터이다. 우리가 매일 생산하는 텍스트, 오디오, 사진, 동영상 같은 일상적인 정보들을 말한다.

정형 데이터는 그 값의 의미를 파악하기도 쉽고 컴퓨터 프로그램이나 알고리즘으로 분석하기도 용이하다. 비정형 데이터는 정형화된 구조가 없어서 자료 수집과 분석 과정이 까다롭고 복잡하다. 이들을 활용하려면 먼저 데이터의 특징들을 파악하고 분석 가능한 데이터로 변환하는 전처리 과정을 거쳐야 한다. 자연어 처리기법과 데이터 마이닝이 대표적인 기술이다.

자연어 처리기법은 컴퓨터가 비정형 데이터인 사람들의 언어(자연어)를 이해하여 디지털화하는 기술이다. 구체적으로 자연어 이해, 분석, 생성 등이 있다. 인터넷 쇼핑을 하고 물건을 기다리다 배송이 언제 되는지 궁금하면 '판매자톡'을 보낸다. 대화창에서 입점 판매자와 1대 1로 상시 소통을 하는데, 여기서 나에게 답변을 하는 이는 실제 판매자가 아니라 대화형 AI 챗봇이다. 자연어 처리기법이 적용된 이 인공지능은 고객이 입력한 텍스트를 스스로 분석하고 응대할 수 있다.

데이터 마이닝은 대규모의 데이터를 분석하여 그 속에 담긴 규칙과 패턴을 찾아내는 기술이다. 마케팅, 금융, 미디어에 이르기까지 데이터 처리가 필요한 산업 전 분야에 활용된다. 데이터는 분석자가 설정한 다양한 필터 명령을 따라 데이터를 선별, 통합, 변환하여 최종적으로 의미 있는 패턴의 형태를 보여준다. 이렇게 추출한 데이터는 목적에 맞게 유용한 자료로 활용된다.

그러나 데이터의 속성이 변환되는 과정에서 노이즈noise가 생기거나 왜곡될 수도 있다. 데이터 분석가의 주관성이 개입되기도 한다. 비정형 데이터는 음식을 만들기 위한 재료와 같다. 대부분의 자연어와 이미지 데이터에는 인간의 감정과 정서가 들어 있게 마련이다. 어쩌면 앞으로는 인간의 감성 비정형 데이터를 어떻게 처리할 수 있느냐에 따라 인공지능의 기계학습이나 딥러닝의 완성도가 달라질 수 있다는 생각도 든다.

20세기 가장 영향력 있는 미디어 이론가이자 문화비평가인 마셜 맥루한은 인류 역사에서 기술의 발달을 "인간의 신체와 감각 능력을 확장하는 과정"이라고 했다. 그는 "의복은 피부의 확장이고, 자동차나 비행기와 같은 운송 수단은 다리의 확장이며, 책은 눈의 연장이고, 라디오는 귀의 확장이며, 전기는 중추신경의 연장이고, 그리고 컴퓨터나 인터넷과 같은 디지털 기술은 인간의 지각능력과 함께 뇌의 확장"이라고 했다. 기술은 우리가 세상과 교류하는 방식을 결정한다. 컴퓨터, 인터넷, 인공지능과 메타버스 기술이 미치는 영향력을

마셜 맥루한의 『미디어의 이해』(1964).
이 책에서 맥루한은 "미디어는 메시지다" "미디어는 인간의 확장"이라고 했다. 그리고 근대에 구텐베르크의 인쇄술 혁명과 20세기에 텔레비전 등의 전자미디어가 인간 사회에 미친 영향을 강조하면서 향후 정보화시대가 도래하리라고 내다보았다.

생각하면 맥루한의 말에 더욱 동의하게 된다.

맥루한은 『미디어의 이해Understanding Media』에서 '핫미디어hot-media'와 '쿨미디어cool-media'라는 흥미로운 개념을 제시했다. 미디어가 제공하는 정보량을 뜻하는 정세도definition와 정보를 이용하는 사람들의 지각적 참여도participation라는 두 가지 개념으로 그 차이를 구분했다. 정세도는 어떤 메시지에 대해 감각이 받아들이는 정보량이다. 데이터의 충실도와 관련이 있다. 예를 들어 사진은 만화보다 시각적으로 정세도가 높다. 정보가 더 정밀하고 충실하며 구체적이기 때문이다. 참여도는 수용자가 메시지의 의미를 재구성하는 데 필요한 지각과 감각적인 활동의 정도를 말한다. 데이터를 처리하기 위해 요구되는 뇌의 활동 정도를 뜻하기도 한다. 맥루한은 정세도가 높지만high definition, 참여도를 별로 요구하지 않는low participation 경우를 '핫미디어'라고 했다. 반면에 감각의 참여도가 높으면서 정세도가 낮은 경우를 '쿨미디어'라고 했다.

신문과 텔레비전을 비교해보자. 신문 정치면은 눈으로 읽기 때문에 감각의 참여도는 낮지만 정보량이 많아서 정세도는 높다. 반면 텔레비전 예능프로그램을 볼 때는 눈과 귀를 동시에 사용한다. 마치 뇌가 작동을 멈춘 듯 '아무 생각 없이' 시청하는 경우가 많다. 신문은 핫미디어의 성격이, 텔레비전은 쿨미디어의 성격이 강하다. 맥루한은 새로운 미디어가 출현하면 상황에 따라서 상대적으로 구분이 달라질 수 있다고도 했다. 가령 텔레비전은 신문과 비교하면 쿨미디어의 성격이 강하지만, VR 기술로 좀 더 다양한 감각 경험을 할 수 있는 메타버스보다는 핫미디어에 가까울 수도 있다.

나는 마셜 맥루한의 미디어에 대한 개념 구분을 데이터의 속성에 적용해보려 한다. 우선 '쿨데이터cool-data'는 숫자로 처리된 대부분의 정형 데이터를 포함한다. 별도의 전처리 과정 없이 쉽게 분석할 수 있다. 학습데이터로 사용할 수 있는 대부분의 정량적 자료들이다. 영어에서 'cool'에는 '좋다'라는 의미도 있다. 다양한 분석에 쉽게 이용할 수 있어서 연구자로서는 다루기 '좋은' 데이터이니 그렇게 불러도 괜찮지 않을까 싶다. '핫데이터hot-data'는 구조화되지 않은 문서나 오디오, 이미지와 동영상 같은 비정형 데이터를 말한다. 대부분 감각기관을 통해 생성되는 가공하기 전의 감성 데이터들이다. 두뇌의 정보 처리 영역에서 우뇌는 주로 예술적이고 감성적인 것들을, 좌뇌는 수와 논리적인 것들을 담당한다. 맥루한의 개념으로 보면 쿨데이터는 핫미디어와, 핫데이터는 쿨미디어와 관련된다고 할 수 있다.

인류는 수학과 물리학 등 쿨데이터 기반의 학문을 통해서 과학을 발전시켰다. 초창기 AI가 주로 학습하는 것도 연구자들이 구조화한 정형 데이터였다. 디지털 코드인 0과 1의 조합도 가장 단순화된 정형 데이터의 하나다. 그러나 우리가 만들어내는 텍스트와 이미지, 동영상들은 정형 데이터와는 다르다. 사람들은 매일 4,000만 개 이상의 동영상을 유튜브에 올리고, 3억 건 이상의 트윗을 하며, 구글에서 35억 건 이상을 검색한다. 이들 대부분은 빅데이터의 특징인 '지저분messy하며 정돈되지 않은 자연스러운natural' 데이터다. 이제 인공지능, 디지털 트윈, 메타버스 같은 디지털 기술들이 인간 친화적인 핫데이터를 얼마나 잘 수집·분석·처리할 수 있는지에 주목해야 한다. 데이터 기반 미래사회의 생존이 달린 문제이기 때문이다.

빅데이터의 가치

오늘날 빅데이터의 가치는 무엇인가? 빅데이터는 어떤 세상을 만들고 있는가? 분명한 점은 그것이 미래를 여는 다양한 기술의 '원천재료'라는 사실이다. 빅데이터는 인공지능 알고리즘을 구현하기 위한 재료이다. 인공지능이 딥러닝 기술을 통해 스스로 진화하는 과정에서 끝없이 의존하며 정보를 산출하는 자양분이기도 하다.

그래서 데이터 자체가 산업이 되고 있다. 현재 국내 시장 규모는 19조 원이지만 2025년까지 40조 원 이상으로 두 배 정도 커지리라 전망한다. 2020년에 정부는 한국판 디지털 뉴딜 종합계획을 발표하면서 49조 원 규모의 재원을 투자하겠다고 했다. 이 계획의 핵심 키워드가 바로 빅데이터다. 주요 사업 중 하나는 데이터 산업의 생태계를 강화하는 '데이터 댐' 구축 프로젝트이다. 댐에서 방류된 물이 농업용수와 공업용수, 식수로 다양하게 사용되듯이 데이터 댐에 저장한 데이터를 모든 산업 영역에 활용한다는 계획이다. 구체적으로 2025년까지 AI 학습용 데이터 1,300종과 분야별 빅데이터 플랫폼 31개를 구축할 예정이다.

빅데이터는 산업은 물론 의료, 보건, 교육, 환경 등 제반 분야에서 그 가치를 입증하고 있다. 구글은 2009년부터 검색 기록을 분석하여 세계보건기구WHO보다 앞서 독감과 신종플루 예측 지역을 알려주는 감기 지도flu-map 서비스를 제공하고 있다. 볼보와 토요타는 센서와 정보 수집 장치가 부착된 자사의 자동차를 소유한 고객들의 운전정보를 바탕으로 사고 위험을 경고하거나 다양한 교통 서비스를 제공한다. 또한 고객들의 운전 패턴을 분석하여 만족도가 더 높은 차량을 설계하는 데도 이용하고 있다. 아마존은 회원들의 구매 내역을 분석하여 신제품이 나올 때마다 맞춤형 알림 서비스를 제공해서 매출에도 큰 효과를 거두고 있다. 넷플릭스의 '시네매치cinematch' 추천 서비스는 이용자들의 재구매율이 75%에 달한다고 한다.

빅데이터는 기업의 서비스를 넘어 사회의 각 분야에서 활용되기 시작했다. 국내의 몇몇 병원에서는 환자 정보를 관리하면서 극단적 선택을 할 가능성이 큰 환자를 특별히 주의하여 보호 관찰하고 있다. 질병 관리청은 빅데이터를 통해 코로나 환자의 동선과 전염 경로를 파악한다. 빅데이터는 주식시장을 전망하는 데도 효율적으로 활용된다. 미국의 다우지수와 인터넷 검색어의 연관성을 분석해보니, '빚' '가게' '날씨' 같은 말이 많이 검색되면 그날은 주식시장 또한 위축된다고 한다. 사람들이 검색하는 일상적인 단어 속에서 미래를 예측하는 정보가 담겨 있다는 뜻이다. 모두 빅데이터의 가치라고 할 수 있다.

나는 대학에서 미디어학을 가르치고 있다. 장차 언론사에서 일할 예비 기자에게 필요한 자질을 교육한다. 그 가운데 '데이터 사이언스'는 졸업 전에 반드시 수강해야 하는 필수 과목이다. 이제 기자는 현장 취재를 통해 기사를 작성하는 일 writing news 뿐만 아니라 데이터를 분석하여 독자들의 관심을 끌 수 있는 뉴스를 만드는 일 making news 도 해야 한다. 현재 대부분의 언론사에서 역점을 두고 데이터 저널리즘을 추진하는 이유다.

현장에 직접 나가지 않고 컴퓨터 앞에 앉아 인터넷 검색만으로 연구하는 학문도 있다. 인터넷 internet 과 생태학 ecology 의 합성어인 인터넷 생태학 Ecology 이 대표적인 예이다. 인터넷 생태학은 전 세계인이 인터넷에 올리는 정보를 바탕으로 접근하는 집단지성 기반의 학문이다. 2020년 인터넷 생태학을 처음 제안한 체코 과학원의 이반 야리치 Ivan Jaric 박사는 "인터넷의 문자, 이미지, 영상, 소리 등을 이용해서 생태학의 연구 주제인 생물발생과 생물특성, 식물성장, 동물 행동 등의 생태계와 그 변화 과정을 연구할 수 있다"라고 말했다. 그는 연구실에 앉아 유튜브와 인스타그램에 올라온 식물 사진만을 보고서도 분포지역을 알 수 있다고 했다. 가을철 단풍 사진을 보며 지역별 단풍의 절정 시기와 가을 산의 생태계를 파악할 수 있다는 것이다. 빅데이터를 통해 기존의 접근 방식에 변화가 일어나기 시작한 것이다.

파레토 법칙에서 롱테일 법칙으로

2021년 6월, 미국 마이애미 해변에서 오래된 아파트가 붕괴하는 사고가 있었다. 그런데 사고 직전에도 이 아파트 주민들의 불만 민원이 많았다는 뉴스를 보았다. 담당 책임자가 안전에 대한 경각심을 가졌다면 이런 산업재해는 미리 막을 수 있지 않았을까 싶다.

미국의 한 여행보험사에서 통계 분석가로 일하던 허버트 하인리히Herbert Heinrich(1885~1962)는 보험금이 많이 지출된 사건의 자료를 살펴보다가 거기에 일정한 패턴이 있음을 발견한다. 그는 분석결과를 바탕으로 『산업재해 예방Industrial Accident Prevention』이라는 보고서를 발표했다. 여기서 그는 한 번의 대형 사상사건이 일어났다면 그전에 29건의 작은 재해가 발생했고 또 그전에 300번의 경미한 사고나 징후가 일어났다고 보고했다. 그리고 큰 재앙과 작은 재해, 그리고 사

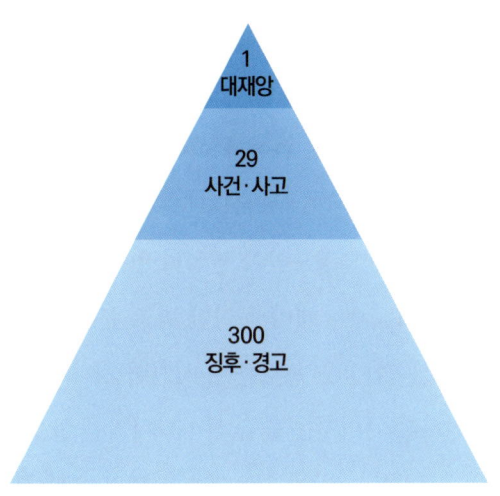

1 : 29 : 300의 하인리히 법칙. 1회의 대재앙을 예고하는 29회의 사건·사고와 300회의 징후·경고를 의미한다.

소한 사고의 발생 비율이 1 : 29 : 300이라는 '하인리히 법칙Heinrich's law'을 제시했다. 사고 발생의 단계를 이해하고 그 징후를 주의 깊게 관찰한다면 큰 사고를 사전에 방지할 수 있다는 것이다.

하인리히 법칙은 국가뿐만 아니라 기업과 조직에서 대형사건을 방지하기 위한 지침을 준다. 건강이나 인간관계에도 의미 있는 통찰력을 준다. 빅데이터의 시대가 가속화되면서 하인리히의 법칙은 미래에 닥칠 위험을 예측하기 위한 유용한 분석의 틀이 될 것이다. 빅데이터는 산업 분야에서도 소비와 생산, 마케팅에 새로운 관점을 가져다주었다. 특히 소비 주체이자 마케팅 대상으로서 고객의 존재를 다시 생각하게 해주었다. 파레토의 법칙과 롱테일 법칙은 이런 변화를 잘 보여준다.

이탈리아의 경제학자 파레토Vilfredo Pareto(1848~1923)는 20세기 초, 유럽 각국의 인구 20%가 국가 전체 부의 80%를 차지하고 있는 부의 불평등 현상을 발견한다. 나아가 이런 패턴이 인간 사회뿐만 아니라 동식물의 생태계에서도 나타난다는 사실을 알게 된다. 그는 개미들을 관찰했는데 20% 정도만이 열심히 일하고 나머지 80%는 움직임이 많지 않았다. 20% 개미 무리만 따로 분리해서 살펴보던 그는 또다시 재미있는 현상을 목격한다. 시간이 지나자 이 집단에서도 20% 정도만 일하고 나머지는 슬슬 돌아다니기만 할 뿐이었다. 식물계도 비슷했다. 파레토는 밭에 완두콩을 심었고 수확 결과를 산출한 결과 20%의 콩깍지에서 전체 수확량 80%가 생산되었다.

'파레토 법칙Pareto Principle'은 20:80 혹은 2:8의 법칙이라고도 불린다. 미국의 경영학자이자 품질경영 전문인인 조셉 주란Joseph Juran (1904~2008)이 제시한 개념이다. 그는 파레토의 법칙을 경영학으로 가져와 기업의 매출과 고객 관리에 적용했고, 기업의 성과에서 소수의 엘리트가 전체 매출의 대부분을 책임진다고 주장했다. 파레토 법칙은 최근까지도 다음과 같이 사회의 다양한 분야에서 적용되어 왔다.

- 20%의 고객이 백화점 전체 매출의 80%를 차지한다.
- 즐겨 입는 옷의 80%는 옷장에 걸린 옷의 20%에 불과하다.
- 전체 주가 상승률의 80%는 상승 기간의 20%의 기간에서 발생한다.
- 20%의 범죄자가 80%의 범죄를 저지른다.
- 성과의 80%는 근무시간 중 집중력을 발휘한 20%의 시간에 이루어진다.

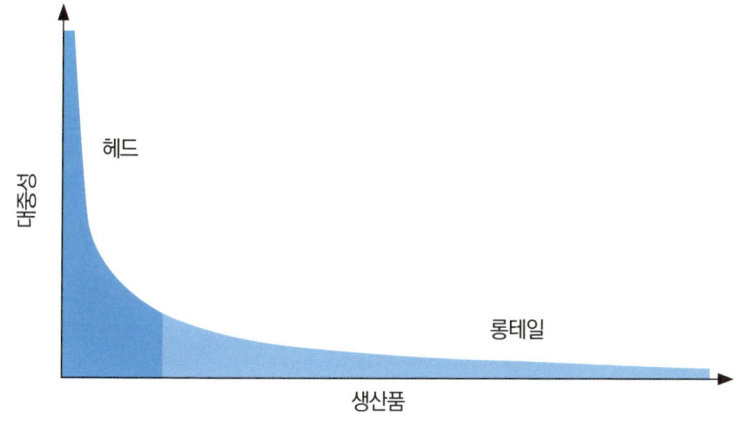

롱테일 법칙. 헤드는 인기 신상품 20%를, 롱테일은 다수의 비인기 상품 80%를 가리킨다. 크리스 앤더슨은 빅데이터를 활용한 롱테일 마케팅 전략을 통해 매출 확대를 강조했다.

- 우수한 20%의 인재가 80%의 문제를 해결한다.
- 운동선수 중 20%가 전체 상금 80%를 가져간다.

기업에서 고객에 대한 빅데이터를 구축하면서 파레토 법칙이 아닌 '롱테일 법칙long tail theory'이 주목받기 시작한다. 2004년 미국의 IT 전문 경제지 『와이어드Wired』의 편집장이었던 크리스 앤더슨Chris Anderson이 지면에 이 개념을 처음 소개했다. 롱테일은 파레토 법칙을 그래프에 나타냈을 때 꼬리처럼 길게 형성되는 80%의 부분을 말한다. 그는 이 내용을 『롱테일 경제학The Long Tail』에서 자세히 다룬다.

크리스 앤더슨은 아마존의 영업 데이터를 분석하면서 1년에 소량만 팔리는 비인기 서적의 매출 총액이 소수의 베스트셀러 매출 총액

보다 더 많다는 사실을 발견한다. 그리고 빅데이터를 활용하면 그동안 주목하지 않았던 독자들의 기호를 파악하여 잘 알려지지 않은 구간이나 막 출간된 신간을 추천하여 전체 매출을 더 늘릴 수 있다는 확신을 갖게 된다. 아마존은 이러한 롱테일 마케팅 전략을 펼쳤고 매출을 크게 올렸다. 기업은 그동안 마케팅 전략에서 20%의 VIP에 집중했는데, 이제는 빅데이터를 활용하여 80%의 긴 꼬리 부분을 차지하는 일반 고객에 주목하고 있다.

유발 하라리와 데이터교

빅데이터가 만드는 미래사회에 대해 매우 대담한 주장을 한 미래학자가 있다. 유발 하라리Yuval N. Harari(1976~)는 인류의 과거와 현재, 미래의 빅 히스토리를 담은 책으로 세계적인 주목을 받았다. 『사피엔스Sapiens: A Brief History of Humankind』에서 그는 인류의 생존 방식과 진화의 여정을 추적하며 인간을 통제하는 신, 국가, 돈에 대한 지배적 신화를 규명한다. 그리고 인류가 과학기술과 '인본주의' 패러다임을 통해 세상에 어떻게 군림해왔는지 살펴본다.

『호모 데우스Homo Deus』에서는 미래에 대한 통찰력 있는 화두를 던진다. 미래사회에서 인간은 인공지능 신기술을 통해 신이 되려고 하며 '데이터교'라는 신흥 종교를 신봉하리라고 예견했다. 그에 따르면 인본주의는 현대의 종교이다. 과학혁명으로 문명의 중심에 선 인간은 방향을 잃었을 때 신에게 묻지 않고 '자신의 경험과 감수성'을 근거로 길을 찾아왔다. 유발 하라리는 인류가 이제 '기술 인본주의'를 시도하고 있다고 말한다. 자본주의와 자유주의, 과학기술의 총합으로 출현한 인공지능과 생명공학을 통해 불멸을 추구하며 신의 영역을 넘보면서 기술적으로 한 단계 더 진화하기 시작했다는 것이다. 데이터교는 이런 흐름 속에서 출현하게 된다.

유발 하라리는 데이터교 최고의 가치가 정보의 흐름이며 여기서 숭배의 대상이 신도 인간도 아닌 데이터라고 강조한다. 데이터 기반의 기술 종교 시대에서 인간은 "그저 만물을 창조하는 도구"이다. 유발 하라리는 장차 세상은 인간의 욕망과 경험에 따라 돌아가지 않으리라고 하며 이렇게 말했다. "만물 인터넷은 결국 지구에서부터 은하 전체를 아우르고 나아가 우주 전체로까지 확장될 것이다. 이런 우주적 규모의 데이터 처리 시스템은 마치 신과 같을 것이다. 이런 시스템은 어디에나 존재하며 모든 것을 통제할 것이고, 인간은 그 안으로 흡수될 것이다."

유발 하라리가 데이터를 미래의 종교라고 한 것은 여전히 무모하리만큼 종교의 지배를 받으며 살아가는 현대인들에게 경종을 울리기 위함이 아니었을까 싶다. 지금도 신앙의 이름으로 세계 곳곳에서 전쟁이 일어나고 있다. 종교적 신념이 지나치면 이데올로기가 된다. 하지만 종교는 역사 속에서 이성과 과학으로 해결해줄 수 없는 실존의 문제, 즉 삶과 죽음, 초월성, 인간 존엄성에 대한 질문에 응답해왔다. 반면 유발 하라리는 종교를 인간의 가치관이나 태도의 차원이 아니라 사회 현상이라는 측면에서 보고 있다. 그는 인류가 역사 이래 인본주의를 추구해왔다고 했는데 어느 시대든 종교가 언제나 그 역할을 해왔다. 오늘날에도 절대다수가 종교를 가지고 있다. 경험과 실증의 세계를 탐구하는 과학자 중에서도 종교인의 비율은 높다. 그러므로 미래 AI 시대에 인류가 '데이터교'만 추앙하거나, 빅데이터 기반의 인공지능 '알고리즘'이 사회를 움직일 것이라고 쉽게 말할 수는 없다.

유발 하라리의 주장은 미래사회를 예측하는 과정에서 환원주의가 가정하는 단순화의 오류를 범하고 있다는 지적을 받기도 한다. 데이터교와 알고리즘이 인간 사회에 획기적인 변화를 가져오리라는 전망에는 어느 정도 동의하지만, 그 영향의 정도에 대해서 무조건 수용하기는 어렵다. 이에 많은 종교학자도 "데이터가 종교가 된다는 주장"에 반기를 들었다. 서울대 과학철학자 장대익 교수는 한 일간지에 미래사회에 대한 유발 하라리의 '대담한 결론'에 의문을 표하기도 했다. "문제는 이 인본주의가 과학기술의 획기적 발전으로 고삐가 풀리기 시작했다는 사실이다. 브레이크도 없다. 급기야 불멸, 행복, 신성神性을 21세기 인류의 중심 의제로 만들어 버렸다. 결국, 인류를 초인간superman으로 만들려는 공장 플랜이 가동된 것이다. 그런데 자연 선택에 의해 진화된 인류의 몸과 마음을 감히 어떻게 불멸과 행복을 위해 재설계하겠다는 말인가?"(조선일보, 2017. 5. 20)

유발 하라리가 미래사회에 대해 환원주의적인 시각으로 선형적인 진단을 내리고 있다고 지적하는 것이다. 선형적 관계는 원인과 결과가 아주 직접적인 영향을 주고받는 것을 말한다. 부분을 합친 것이 전체의 총합과 같다는 중첩성을 지닌다. 그래서 선형적 관계는 현재의 상태를 정확히 알고 있다면 미래의 상태 또한 어느 정도 예측 가능하다고 전제한다. 그러나 역사의 발전 과정은 단순하지 않고 선형적으로 진화하지도 않는다. 현재 기술의 발전 속도로 볼 때 사회가 어떻게 되어갈지 정확하게 예측하기는 더더욱 어렵다.

빅데이터의 양면성

지금까지 빅데이터의 긍정적 측면을 주로 살펴보았지만 동전의 양면처럼 부정적 요소도 있게 마련이다. 주변을 살펴보자. 다양한 영역에서 빅데이터 기반이 조성되고 이를 활용한 인공지능 추천 서비스가 마치 만병통치약인 것처럼 소개되고 있다. 우리 사회도 이 약이 얼마나 효과가 좋은지에만 관심이 있는 듯하다. 오랫동안 빅데이터를 연구해온 사람으로서 느끼는 딜레마를 간략하게 정리해보면 다음과 같다.

> 양은 많지만 질 좋은 데이터는 많지 않고, 전수도 아니고 대표성도 없고, 다양한 데이터가 다 중요하지만 주로 정형 데이터 위주로 수집·처리되고, 중요한 감성형 데이터는 분석하기 어렵고, 데이터의 표준화 작업은 쉽지 않고, 빠른 속도로 분석하여 반영하지만, 여전

히 데이터 생성 주체와 분석자 사이의 실시간 상호작용은 요원하고, 현실의 인간이 만들어내는 데이터이기에 인간이 가진 기존의 선입견과 편향성은 강화되고, 빅데이터라는 말이 나온 지 10년이 넘었는데 아직 많은 사람들이 잘 모르고, 실생활과 별로 관계도 없는 것 같고, 이를 활용한 다양한 디지털 기술들은 아직도 데이터를 신뢰하지 못하는 듯하다.

지금까지 빅데이터 기술은 주로 정형 데이터나 처리하기에 깔끔한 비정형 데이터를 기반으로 발전해왔다. 바꾸어 말하자면 치료제를 개발할 때 필요한 재료를 다 넣은 것이 아니라 구하기 쉽고 조제가 편한 것만 넣었다는 말이다. 그런데 재료인 데이터에 문제가 있으면 이를 기반으로 운용되는 디지털 기술들에 부작용이 발생하게 마련이다. 인공지능 알고리즘에 한번 학습된 데이터는 좀처럼 사라지지 않기 때문에 이로 인해 윤리적 문제가 생길 수도 있다. 우리는 보통 많은 정보와 선택권이 있다면 합리적인 판단을 할 수 있을 것이라고 생각한다. 하지만 백화점에 갔다가 물건이 너무 많아서, 뷔페에 갔다가 음식 종류가 너무 많아서 오히려 만족감이 떨어질 때가 있다. 선택하느라 시간을 들이고 감정을 소모하기가 귀찮아서 때로는 대충 타협하며 '아무거나'라고 말한다. '선택의 역설the paradox of choice'이다.

사회 심리학자 배리 슈워츠Barry Schwartz(1938~2021)는 일상을 갉아먹는 요인 중 하나는 우리가 소비하는 것들을 하나부터 열까지 모두

다 선택해야 하기 때문이라고 말한다. 그는 선택지가 전혀 없으면 삶을 견디기 힘들겠지만, "개인적 자유의 상징인 선택권이 오히려 사람들을 무력하게 만들고 좌절하게 한다"고 했다. 정보의 과부하로 불만이 커지고 비합리적인 선택을 강요받을 수도 있다는 것이다.

미국의 시민운동가이자 저술가 피트 데이비스Pete Davis는 『전념Dedicated』에서 우리는 과잉 선택을 요구받는 빅데이터 시대를 살아가며 무한 탐색 모드에 갇혀 있다고 말한다. 그리고 '결정 마비decision paralysis'라는 사회 현상을 지적하며 다음과 같이 적었다.

> 아마도 이런 경험이 있을 것이다. 늦은 밤, 볼거리를 찾아 넷플릭스를 뒤적이기 시작한다. 스크롤을 올렸다 내렸다 하면서 제목도 훑어보고, 예고편도 몇 개 보고, 후기까지 찾아서 읽어보지만, 영화 한 편을 딱 골라서 진득하게 보기가 쉽지 않다. 순식간에 30분이 흘렀으나 아직도 탐색 모드에서 벗어나지 못한 채 하염없이 스크롤만 내리다가 결국 TV를 끈다. 이제 와서 뭔가를 보기엔 너무 피곤했기에 더 늦기 전에 이만 잠자리에 든다. 여러 선택지를 열어두는 것, 나는 이것이 지금 세대를 정의하는 특징이라고 생각한다.

AI 추천 시스템은 맞춤 상품과 유용한 서비스 정보를 제공해준다. 이용해보면 똑똑한 소비를 한 것 같은 기분이 든다. 편리하고 효율성이 높으며 중독성도 강해서 계속 이용하지 않을 수가 없다. 그런데 여기에도 역효과가 일어난다. 누구나 이런 경험을 해보았을 것이다. 주말에 요즘 유행인 근처의 초대형 베이커리 카페에 가보려고 한다. 검색어를 입력했더니 관련 포스팅과 스폰서 광고가 뜬다. 모처럼의 나들이라 몇 군데 비교해보다가 괜찮아 보이는 카페로 정한다. 그런데 막상 가보니 사람이 많아 북적거린다. 너도나도 인공지능 큐레이션 서비스를 받고 비슷한 선택을 한 것이다. 내가 원하던 답이 아니었다.

금융 분야에서도 사용자의 신용한도를 정하는 알고리즘에 대한 문제가 제기되기도 했다. 2019년, 애플이 골드만삭스와 손잡고 선보인 애플카드가 남녀 차별 논란에 휩싸인 일이 있었다. 애플카드가 여성보다 남성에게 더 높은 신용한도를 주는 것 같다는 의혹이 제기된 것이다. 루비 기반 오픈 소스 프레임워크인 '루비 온 레일즈Ruby on Rails'의 개발자 데이비드 핸슨은 애플카드에 성차별적인 측면이 있다고 말했다. 그들 부부는 오랜 결혼생활을 해왔고 세금 신고도 공동명의로 해왔지만 자신과 아내의 애플카드 신용한도가 약 20배 정도 차이가 난다고 했다. 핸슨을 비롯한 IT업계의 몇몇 주요 인사들도 비슷한 경험을 했다고 밝혔다. 심지어 한 트위터 이용자는 아내의 신용등급이 더 높은데도 자신의 신용한도가 5배 더 높다고 했다. 이런 논란에 대해 애플은 "신용한도 결정은 소비자의 신용가치에 의해 결정된다"면서 "성별, 인종, 나이, 성적 정체성 등의 요소로 정해지지 않는다"고 답변했다. 하지만 AI 알고리즘이 어떤 데이터로 신용한도를 정하는지, 동일한 조건의 남성과 여성인데 신용한도가 왜 달라지는지 의문이 해소되지는 않았다.

이처럼 빅데이터의 가능성과 문제점을 모두 경험하고 있는 지금, 그 활용가치를 어떻게 극대화할 수 있을까? 이를 위해 어떤 접근이 필요할까? 어려운 질문이지만 미래 지향적인 관점에서 몇 가지 방법을 제안하고 싶다.

융합과 통섭의 접근

빅데이터 솔루션은 사회의 여러 분야에서 대량으로 축적되고, 매우 복잡한 매커니즘에서 작동하는 데이터를 시각화하고 분석해주는 운영시스템을 말한다. 따라서 다양한 영역 간의 경계를 허물기 위한 노력이 먼저 이루어져야 한다. 학문에서도 이런 시대 변화를 반영하며 융합convergence과 통섭consilience을 강조하고 있다. 통섭은 19세기의 자연철학자 윌리엄 휴웰William Whewell(1794~1866)이 처음 사용한 용어다. 그는 학문의 분야를 넘나들며 사실과 이론을 연결하여 지식을 통합할 수 있다고 했다. 에드워드 윌슨Edward Osborne Wilson(1927~2021)은 『통섭consilience』에서 통섭은 탐구자들이 각 학문의 세세한 부분을 체계화시키는 데서 나아가, 세상의 숨겨진 질서를 발견하고 이를 간단한 자연법칙들로 설명하는 것이라고 했다. 인문학과 공학이 결합된 인지공학과 교육공학, 경제학과 심리학이 결합된 행동경제학, 과학과 철학이 결합된 과학철학 분야가 주목받고 있다. 산업에서도 IT 업계를 중심으로 다양한 업계와 협업이 이루어지고 있다.

융합과 통섭은 기술개발의 한계를 극복하려는 생존 전략이기도 하다. 기술은 많은 것을 가능하게 하지만 기계적 사고만으로는 그 이상의 부가가치를 창출할 수는 없다. 빅데이터 산업에서 실제로 데이터를 수집하고 분류, 분석하는 과정에 심리학, 사회학, 언어학 등 인문학 분야의 인재들이 활약하고 있다. 구글은 2011년부터 매년 신입사원 6,000여 명 중에서 4,000~5,000명을 인문학 전공자로 채용하고 있다. IBM 역시 자연과학, 공학 전공자 이외에 인문학자로 구성된 전담부서를 별도로 운영하고 있다. 빅데이터가 어떤 문제를 해결하기 위해서는 인간의 통찰력과 판단이 필요하다는 믿음 때문이다. 데이터로부터 가치를 끌어내는 것은 분명 분석가의 몫이다. 21세기의 원유라고 일컬어지는 빅데이터는 분석가가 어떻게 점유하는지에 따라 그 가치가 달라질 것이다.

그런데 빅데이터가 기존 방법으로는 얻기 어려운 해답을 내놓을 수 있지만 유일한 해법이 아니라는 사실을 알아야 한다. 빅데이터 분석가 쉰버거Viktor Mayer Schonberger와 저널리스트 쿠키어Kenneth Cukier가 『빅데이터가 만드는 세상Bic Data』에서 말한 '인과론의 포기, 상관성의 부활'이라는 개념은 숙고할 만하다. 그들은 빅데이터가 어떤 문제에 대해 원인과 결과를 밝히는 인과론적인 해결책을 주지는 않지만 그 현상에 두고 큰 그림을 그릴 수 있게 하고 여러 요인들 사이의 개연성을 보여준다고 했다. 빅데이터는 문제 해결의 '대체' 기술이 아니라 '보완' 기술의 역할을 충분히 할 수 있다는 이야기다.

또한 수집한 데이터가 대용량이라고 해도 이를 전수全數라고 할 수는 없다. 선거 기간에 후보자들에 대한 관심도를 소셜 빅데이터로 분석한다고 하자. 그런데 전체 유권자가 트위터를 사용하거나 댓글과 해시태그를 달지는 않는다. 수집된 데이터가 모두 조사 기간에 생성되었다고 장담할 수도 없다. 특히 소셜미디어 사용 정도는 나이와 성별에 따라 다르다. 트위터는 20~30대가 가장 많이 이용하는데, 트위터를 분석하여 후보별 지지율을 예측한다면 치명적인 오류를 가져올 수 있다. 포털에서 특정 인물이나 이슈에 대한 댓글을 모두 수집하여 분석한다고 하자. 이때는 포털 이용자 전체가 모수가 된다. 그런데 댓글을 가장 많이 올리는 그룹은 15세 미만의 초등학생과 중학생이라는 조사 결과도 있다. 이런 속성상 빅데이터 분석 결과가 정확하다고 단정지어서는 안 된다. 빅데이터에는 측정할 수 있고 셀 수 있는 정량적 속성과 감정이나 논리처럼 계량화하기 어려운 정성적 속성이 있다. 빅데이터 분석은 경우에 따라 두 가지 속성을 함께 고려해야 한다.

　빅데이터와 기존 사회과학 통계를 융합하여 동시에 활용할 수 있는 방법은 없을까? 한 가지 제안을 해본다. 먼저 빅데이터로 수집한 전체 모수에서 대표성 있는 표본을 추출한다. 그리고 알고리즘만으로 정밀하게 답하기 어려운 정성적 속성의 문제를 추가적으로 분석한다. 이후 추론적 통계 기법을 활용하여 그 결과를 전체 빅데이터로 일반화한다. 통계적 해석이 없다면 빅데이터는 그저 큰 big 상태로 존재할 뿐이다. 즉 알고리즘 기반의 컴퓨터 연산능력에 집중하는 기존 방식에서 나아가 표본을 추출해 정성적인 분석을 더하고 추론적 통계를 적용하면 빅데이터의 활용 가치를 더 높일 수 있다.

빅데이터 분석은 분명 사회과학 통계에서 나타난 한계점을 어느 정도 보완해줄 것이다. 무엇보다 빅데이터는 대용량 표본을 확보할 수 있다는 장점이 있다. 이것은 연구할 문제의 성격에 따라서 전수조사에 가까운 효과를 낼 수 있다는 뜻이다. 또한 구조화된 정형 데이터 외에도 다양한 비정형 데이터를 분석할 수 있는 장점도 있다. 대표적으로 소셜 빅데이터 분석의 재료는 주로 비정형 데이터이다. 연구자가 응답자들에게 설문을 통해 답을 얻는 방식이 아니다. 연구자의 주관성을 최소화하고, 있는 그대로의 답을 얻을 가능성이 크다. 때로는 연구자가 인지하지 못한 현상이나 개념을 끌어낼 수도 있다. 고객들의 숨겨진 기호를 찾아 새로운 상품이나 서비스를 개발하려는 기업들이 빅데이터 분석에 주목하는 이유다.

한편, 빅데이터는 새로운 가치와 효과를 창출하고 있지만 '정보인권 침해'라는 문제를 일으키기도 한다. 2013년 국가인권위원회는 "정보인권이란 정보통신 기술에 의하여 디지털화된 정보가 수집·가공·유통·활용되는 과정과 그 결과로 얻어진 정보 가치에 따라 인간의 존엄성이 훼손되지 않고 자유롭고 차별 없이 이용할 수 있는 기본적 권리"라고 정의했다. 누구나 스마트폰을 가지고 다니기 때문에 위치나 인터넷 이용 내역 등이 자동으로 정보가 된다. 최근 문제가 되는 혐오 표현의 경우, 과거와는 달리 인터넷에서 쉽게 복제·유포될 수 있다. 또한 그 발언이 혐오 표현인지, 표현의 자유인지 논란의 여지가 있다. 정보인권이 보호를 받으려면 각각의 이슈에 대해 사회적 공감대를 형성하고 입법 절차라는 긴 과정을 거쳐야 한다. 우리는 자신의 정보인권을 지켜야 할 뿐만 아니라 타인의 정보인권도 보호해주어야 한다. 새로운 산업은 새로운 가치와 함께 부정적인 영향도 일으키게 마련이다. 빅데이터 관련 산업과 개인정보 관련 정책에 대한 개인과 관련 종사자, 정책 관료 모두의 균형 잡힌 인식이 필요한 이유다.

5장 인포그래픽과 데이터텔링

> 좋은 첫인상을 남길 기회란 결코 두 번 다시 오지 않는다.
>
> • 시어도어 루빈Theodore Rubin, 정신분석학자

첫인상이 오래 남는 이유

우리는 종종 무언가에 강한 자극을 받고 짧은 시간에 중요한 판단을 한다. 여행하며 창밖을 보다가, 책을 읽다가 어떤 한 장면에 심장이 멎는 듯한 느낌을 받는다. 그야말로 찰나의 순간이다. 사랑하는 사람을 처음 만났을 때를 기억해보자. 그때 받은 첫인상은 긴 여운을 남긴다. 쉽게 바뀌거나 사라지지 않는다.

제인 오스틴Jane Austen(1775~1817)이 쓴 『오만과 편견Pride and Prejudice』의 가제가 '첫인상First Impressions'이라는 사실을 아는 사람은 많지 않다. 여주인공인 엘리자베스는 무도회에서 대토지를 소유한 청년 다아시를 처음 만났다. 그녀는 우연히 다아시가 친구와 하는 말을 들

고 '오만하다'는 인상을 받는다. 이야기는 두 사람이 결혼하며 해피엔딩으로 끝나지만, 첫인상의 편견이 얼마나 오래갈 수 있는지를 잘 보여준다.

첫인상은 관계와 소통의 시작이다. 소개팅에서 상대를 처음 만날 때나 백화점에서 찾고 있던 물건을 처음 봤을 때 뇌는 곧바로 작동한다. 그리고 '좋다' '별로다' 같은 첫인상을 갖게 된다. 미국의 뇌과학자이자 심리학자인 폴 왈렌Paul J. Whalen(1962~)의 연구에 따르면, 뇌에 새로운 정보가 입력되고, 감정 처리를 하는 편도체amygdala가 시각적으로 입력된 정보를 바탕으로 첫인상을 느끼는 시간은 불과 0.017초, 즉 0.1초도 안 되는 짧은 시간이라고 한다.

세계적인 비평 작가인 맬컴 글래드웰Malcolm Gladwell(1963~)은 『블링크: 운명을 가르는 첫 2초의 비밀Blink』에서 눈 한 번 깜박이는 순간인 첫 2초에 작동하는 직관에 대해 강조했다. 사람들은 모든 정보를 다 검토할 시간이 없을 때 극소량의 초기 정보를 가지고 민첩한 결정을 내린다고 한다. 그는 의식의 표면 아래서 작동하는 이 무의식적인 본능을 '적응 무의식'이라고 했다. 마치 첫인상의 직관적 느낌 같은 것이다.

2015년 마이크로소프트사는 디지털 기술이 미국인의 삶을 어떻게 변화시켰는지를 분석하면서 "미국인들이 평균 집중할 수 있는 시간은 금붕어보다도 짧은 단 8초이다The average American's attention span is only 8 seconds— less than a goldfish"라는 재미있는 결과를 발표했다. 이 수치는 10년 전의 유사한 조사에서 나온 평균 집중시간 12초보다 크게 줄어든 것이었다. 스마트폰 같은 디지털 기기로 인해 현대인의 일상은 더 바빠졌고, 무언가에 잠시라도 집중하기가 더욱 어려워졌기 때문이라고 했다.

세계적인 컨설턴트 폴 헬먼Paul Hellman은 『상대의 마음을 바꾸는 기적의 8초You've Got 8 Seconds』에서 커뮤니케이션에 성공하려면 사람들이 가장 집중하는 첫 8초에 마음을 얻어야 한다고 했다. 입사 면접을 볼 때도 8초 안에 강한 인상을 주어야 한다. 옷 가게는 감각적인 디스플레이로 8초 안에 고객들의 시선을 잡아야 한다. 짧은 순간에 매력적인 메시지를 전달하는 것이 중요하다. 국내 의류 브랜드인 '에잇세컨즈8 Seconds'는 고객의 마음을 훔치는 8초라는 의미로 붙여진 이름이 아닌가 싶다. 심리학에 초두 효과primary effect라는 개념이 있다. 처음 얻은 정보가 나중에 얻은 정보보다 평가 과정에서 더 강한 영향력을 발휘한다는 것이다. 우리 뇌는 본능적으로 한순간에 상대방에 대한 호감 여부를 결정한다. 한번 판단하면 쉽게 바꾸지 않으려고 하는 경향도 있다. 심리학자 솔로몬 애쉬Solomon Asch(1962~1996)는 이 경향성을 검증하기 위해 흥미로운 실험을 했다. 그는 A와 B 두 인물에 대한 정보를 실험 참가자들에게 다음과 같은 순서로 제시했다.

- A는 똑똑하다. 근면하다. 충동적이다. 비판적이다. 고집스럽다. 질투심이 많다.
- B는 질투심이 많다. 고집스럽다. 비판적이다. 충동적이다. 근면하다. 똑똑하다.

그런 다음 참가자들에게 두 사람을 각각 평가해보라고 했다. 위에서 보듯 A와 B에 대한 정보는 제시된 순서만 다를 뿐 내용은 똑같다. 그런데 사람들은 A에게 더 많은 호감을 느꼈다고 한다. 초두 효과 때문에 긍정적인 정보를 먼저 제시한 A에게 더 좋은 평가를 한 것이다. 뇌가 처음 받아들인 정보를 일관성 있게 유지하려 하기 때문이다. 한편 부정적 첫인상은 더 강렬하게 더 오랫동안 기억에 남는다. 좋지 않은 인상이 편도체에 남았다면 이를 만회하기 위해서는 추가로 200배의 긍정적 정보량이나 60번 이상의 좋은 만남이 필요하다는 보고도 있다.

천 마디 말보다 그림 한 장이 낫다

우리는 이른바 정보의 홍수 시대에 살고 있다. 콘텐츠가 넘치다 보니 시각적으로 눈에 확 띄는 정보에 쉽게 손이 간다. 정보의 내용도 중요하지만, 이제는 정보를 전달하는 방식이 더 중요해졌음을 알 수 있다. 각종 통계조사, 국가별 기대수명이나 연도별 가계 부채 추이 같은 지표에서 사용하는 그래프를 생각해보자. 그것은 우리가 일상적으로 사용하는 단순한 기호가 아니다. 멋지게 가공되고 해석된, 직관적으로 인식될 수 있게 잘 포장된 정보들이다.

기존의 정보는 주로 문자 위주로 만들어졌는데, 이제 사람들은 이미지와 동영상으로 만든 시각적 정보를 더 선호하는 것 같다. 아이러니하게도 요즘은 출판사에서 신간을 홍보할 때 긴 문장을 인용하지 않는다. 소셜미디어에 책 표지 사진이나 좋은 구절을 담은 이미지 컷을 올린다. 정보 처리에 대한 뇌공학 연구에 따르면 인간의 대뇌에서 이성적이고 논리적 정보를 담당하는 좌뇌의 기능은 약화되는 반면에 이미지와 감성적 정보를 처리하는 우뇌의 기능은 점점 더 활성화되고 있다고 한다.

실제로 신문 보도에서도 기사의 문장이 점점 짧아지고 카드 뉴스 같은 이미지 컷 사용이 늘어나는 추세다. 뉴스 자료화면에 나오는 각종 도표나 주식 시세표를 보면 하나의 이미지에 많은 정보를 담아내는 인포그래픽 기법을 사용하고 있다. 정보information와 그래픽graphics의 합성어인 인포그래픽infographics은 스토리나 콘텐츠를 시각적 디자인으로 표현하는 대표적인 기술이다. 일러스트, 사진, 도형, 그래프, 표 등을 활용하여 정보를 이해하기 쉽고 설득력 있게 전달한다. 이것은 전통적인 문자 기반의 스토리텔링 기술이 아니라, 이미지를 이용한 데이터텔링 기술이다.

"천 마디 말보다 그림 한 장이 낫다One picture is worth a thousand words"라는 미국 속담이 있다. 글로 설명하기에 길고 복잡한 내용을 하나의 이미지로 간단명료하게 전달하는 것의 중요성을 말한다. 이미지는 글보다 보는 이의 흥미를 더 자극한다. 정보처리 과정에서도 유리하다. 공유하기도 쉽고 기억에도 더 오래 남는다.

인포그래픽은 단순히 시각적 효과만으로 눈길을 끄는 기술이 아니다. 목적에 따라 데이터를 이미지로 표현하고, 때로는 그 자체가 하나의 메시지로 가치를 드러낸다. 선거철이 되면 후보자들은 인포그래픽으로 수많은 공약을 간단명료하게 전달한다. 유권자들의 한 표를 얻으려면 정책이 한눈에 들어와야 한다. 코로나 확진자 현황 그래프는 시각적 효과를 통해 개인 위생을 철저히 지켜야 한다는 경각심을 준다. 각 지자체의 동네 책방 지도는 우리가 책이라는 문화적 환경 속에 둘러싸여 있음을 알려주고 간접적으로 책 읽기를 권하고 있다.

나는 데이터 기반의 정보 전달 방식을 '데이터텔링'으로 부르려 한다. 인포그래픽은 한 컷의 이미지로 정보와 가치, 감동도 줄 수 있다. 인포그래픽은 데이터 시대에 중요한 경쟁력 중의 하나다. 이는 컴퓨터 그래픽 기술이 발달하며 생긴 개념이지만 한 컷의 이미지에 수많은 메시지를 담는 방식은 이미 역사가 깊다. 데이터텔링이라는 측면에서 새롭게 보이는 역사 속의 몇 가지 이미지들이 있다.

나는 대학 시절에 교양과목으로 서양철학사 강의를 들었다. 그때 보았던 라파엘로Raffaello Sanzio da Urbino(1483~1520)의 「아테네 학당Scuola di Atene」은 수십 년이 지난 지금도 선명하게 기억에 남아 있다. 라파엘로는 고대의 사상가들이 한자리에 모여 있는 그림을 그렸다. 소크라테스, 헤라클레이토스, 피타고라스, 디오게네스 같은 서양철학의 기틀을 세운 사상가들이 등장한다. 그림 속의 얼굴은 화가 자신을 포함한 르네상스 시대의 천재들을 모델로 삼았다고 한다.

54명의 철학자와 수학자들이 탁 트인 회랑에서 무리 지어 토론하고 있다. 그림 중앙에 플라톤Plato(BC 428?~348?)과 제자 아리스토텔레스

라파엘로의 「아테네 학당」(1511). 하나의 그림 속에서 플라톤과 아리스토텔레스의 세계관이 어떻게 다른지를 보여주는 동시에 두 세계관이 조화를 이루는 모습을 담아냈다. 바티칸 박물관 소장.

Aristotle(BC 384~322)가 대화를 나누며 걸어 들어오고 있다. 왼쪽의 플라톤은 우주와 인간의 탄생에 대한 대화편인 저서 『티마이오스Timaios』를 든 채 오른손으로 하늘을 가리키고 있다. 이는 그가 하늘 위 이상적 세계관인 이데아를 추구하고 있음을 보여준다. 오른쪽의 아리스토텔레스는 도덕적 세계관과 인간이 궁극적으로 추구해야 할 윤리를 다룬 『에티카The Etica』를 들고 있다. 그는 땅을 향해 손가락을 펼치고 있다. 이는 우리가 발 딛고 선 현실 속에서 진리를 추구하고 있음을 암시한다. 이 장면은 두 철학자의 대조적인 모습이기도 하지만 서양철학사에서 반복된 관념론과 경험론의 논쟁을 상징하고 있다. 철학사의 양대 흐름을 수백 페이지의 글이 아닌 하나의 장면으로 강렬하게 담아낸 것이다.

19세기의 인포그래픽

근대로 접어들면서 인류는 흑사병 같은 전염병과 전쟁으로 큰 어려움을 겪는다. 그런 위기 속에서 사람들에게 의미심장한 메시지를 전달해준 인포그래픽들이 있었다. 인류가 처한 재난을 어떻게 헤쳐 나갈지 보여준 역사적인 데이터 분석자료이다.

제국주의가 팽배했던 19세기 초, 인도에서 발병한 콜레라는 영국의 해군 함대를 통해 유럽과 북아메리카, 중동, 아프리카로 퍼져나갔다. 특히 유럽의 피해가 막심했다. 1831년에 영국을 중심으로 역병이 다시 유행하면서 30여 년간 수많은 사람들이 죽어갔다. 당시는 콜레라의 원인이 더러운 공기와 악취 때문이라는 견해가 우세했다. 위생 관념이 없는 열악한 환경에서 사는 저소득층과 극빈층이 악취를 풍기고, 공기로 퍼지면서 콜레라에 걸린다는 것이었다.

그러던 중에 1854년 런던 브로드 거리Broad Street에 인접한 소호 지역에도 콜레라가 급속도로 확산되었다. 빅토리아 여왕의 담당 의사였던 존 스노John Snow(1813~1858)는 해당 지역 콜레라 상황을 한눈에 알 수 있는 감염 지도를 작성했다. 그는 이동 경로를 알아내기 위해 지도에 콜레라가 발생한 집과 사망자 위치를 검은 점으로 표시했다. 그런 다음 놀라운 사실을 발견한다. 브로드 거리에 있는 물 펌프에 가까울수록 사망자 수가 더 많았던 것이다.

19세기 런던 상하수도는 최악의 시설이었다. 상수도와 하수도를 함께 사용해 정화되지 않은 하수가 상수도로 허다하게 범람했다. 더

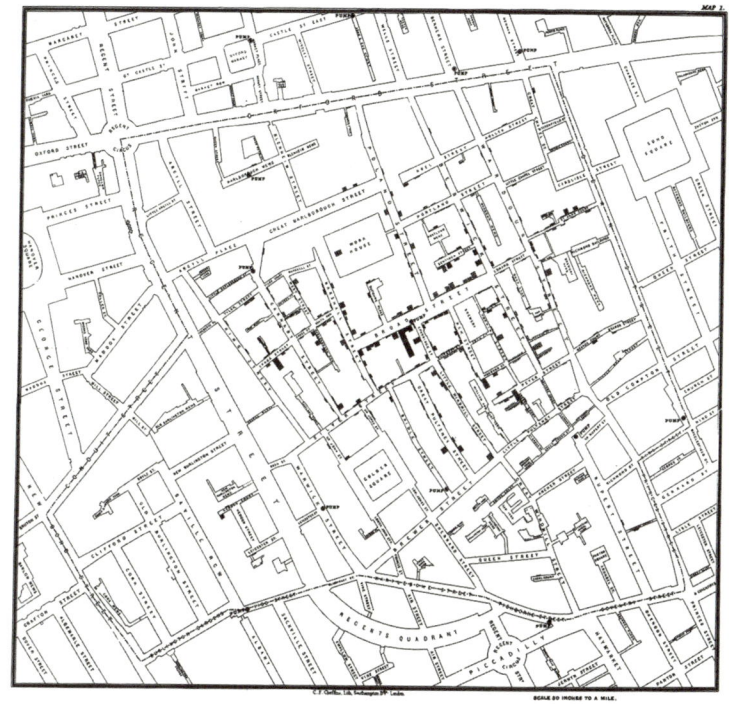

존 스노의 콜레라 감염 지도(1854). 검은 점은 그 주소에서 발생한 사망자의 수를 나타낸다. 지도 가운데 브로드 거리가 있고 중앙에 콜레라 발생의 원천인 펌프를 표시했다.

구나 비가 많이 오는 탓에 수인성 전염병이 창궐할 수밖에 없었다. 존 스노는 콜레라 발생 위치를 그리면서 전염병의 원인이 공기가 아니라 식수원 오염이었음을 밝혀냈다. 당국은 콜레라 전염병의 원천인 물 펌프를 폐쇄하고, 대대적인 수질 정화 작업을 시행해 수많은 생명을 구했다.

그는 현장 조사와 사망자에 대한 데이터 분석을 통해 수세기 동안 유럽 전역을 괴롭혀왔던 콜레라의 원인을 입증한 것이다. 그의 콜레라 감염 지도는 공중보건학 역사에서 선구적인 업적으로 평가받고 있다. 최근 코로나19 팬데믹 중에도 빅데이터를 활용하여 인포그래픽을 제작해 전파 과정을 추적 관리, 공유하고 있다. 존 스노는 이런 역학 방법을 최초로 고안했던 것이다. 그가 '공중보건학의 아버지'라고 불리게 된 이유다.

백의의 천사 플로렌스 나이팅게일Florence Nightingale(1820~1910)은 간호사이자 의료제도 개혁의 선구자이다. 그녀는 또한 유명한 통계학자이기도 했다. 나이팅게일은 한 장의 통계 도표로 수많은 군인의 생명을 살리게 된다. 1853년 크림전쟁이 일어나고 그 이듬해 나이팅게일은 38명의 간호사와 함께 영국군 야전병원으로 자원한다. 그녀가 목격한 전장의 의료 환경은 처참했다. 보급품과 의약품도 제대로 공급되지 않았고 부상병들은 방치된 채 죽어가고 있었다. 그녀는 당시 상황을 본 후 이런 기록을 남겼다. "나는 유럽 대도시에서 가장 가난한 지역의 집들이 어떤지 잘 알고 있지만, 이곳 막사 병원과 비교할 수 있는 곳을 가본 적은 없다." 부상자와 사망자에 대한 기록조차 없음을 알게 된 그녀는 입원, 부상, 질병, 사망 등을 매일 상세히 기록하기 시작했다. 그리고 이 자료를 한 장의 그래픽 다이어그램으로 만들어서 각 기관에 보냈다.

이 그래픽 통계자료는 전쟁터에서 부상으로 죽는 병사들보다 부상을 치료하는 과정에서 감염으로 죽는 병사의 수가 더 많다는 사실을 보여준다. 이를 통해 나이팅게일은 야전병원의 위생 개선을 강

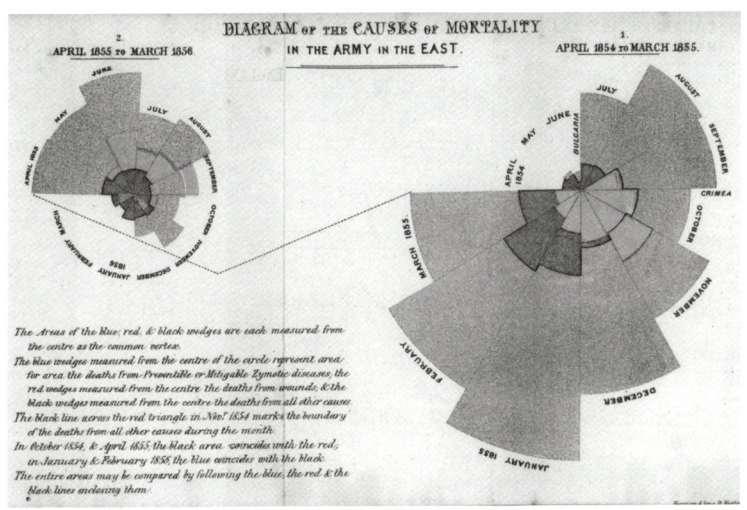

나이팅게일의 로즈 다이어그램(1858). 나이팅게일은 야전병원 상황을 기록·측정하고, 축적된 데이터 분석을 통해 문제를 도출하여 의료 환경 개선이라는 성과를 달성했다.

력하게 촉구했다. 전시 상황과 야전병원의 실태를 한눈에 파악할 수 있는 이 그래프는 결국 정부 관료와 의원들을 설득시켰다. 병원에 환기구가 설치되고 위생과 의료 비품이 제대로 공급되기 시작했다. 부상병들의 사망률은 한 달 만에 기존의 42%에서 2%로 감소하는 기적을 보이게 된다.

그녀는 1년을 열두 달로 나누어 원 모양의 그래프로 만들고, 그 위에 매달 전사자들의 사망 원인과 사망자 수를 표시했다. 원의 중심에서부터 세 개가 겹쳐진 모양인데 그려진 부채꼴의 넓이는 월별 사망자 수를 나타낸다. 파란색 부채꼴은 질병으로 죽은 사람이다. 빨간색 부채꼴은 부상으로 죽은 사람, 검은색 부채꼴은 기타 이유로 사망자를 나타낸다. 그래프의 모양이 장미꽃과 비슷하다고 해서 로즈 다이어그램$^{Rose\ Diagram}$이라고 부른다.

미국의 과학 사학자 버나드 코헨$^{Bernard\ Cohen(1914~2003)}$은 『수의 승리$^{The\ Triumph\ of\ Numbers}$』에서 "나이팅게일은 통계 정보를 잘 전달하기 위해 사용되는 도해를 자유자재로 활용한 점에서 개척자나 마찬가지였다. 플로렌스 나이팅게일의 통계를 향한 열정은 진실로 숫자의 승리를 보여주는 사건이었다"라고 적었다. 나이팅게일은 정보가 필요한 곳(의회)에 정확한 정보(야전병원 실태)를 이해하기 쉬운 방식(로즈 다이어그램)으로 전달하면서 국정 운영자들도 통계 활용법을 반드시 배워야 한다고 주장하기도 했다. 데이터 시대인 지금 돌아보면 대단한 혜안이 아닐 수 없다.

나이팅게일과 비슷한 시기에 프랑스의 통계학자이자 도시공학자인 샤를 미나르$^{Charles\ J.\ Minard(1781~1870)}$도 놀라운 그래픽 차트를 만들었다. 그는 1812~1823년 나폴레옹의 러시아 원정 중에 약 42만 명의 프랑스 군인들이 사망하고 약 1만 명만 생환하는 과정을 한 장의 통계 그래픽으로 정리했다. 도표는 기상정보, 시간대별 군대의 이동과 위치, 사망자 증가에 따른 병력 감소 등의 데이터 분석결과를 일목요연하게 나타내고 있다. 내용을 살펴보면 모스크바에 도착했을 당시 나폴레옹 군대가 얼마나 약화되었는지, 러시아의 강추위가 군인들을 얼마나 죽음으로 내몰았는지 알 수 있다. 시간 경과에 따르는 프랑스 군인의 사망자와 생존자 변화 양상도 한눈에 파악할 수

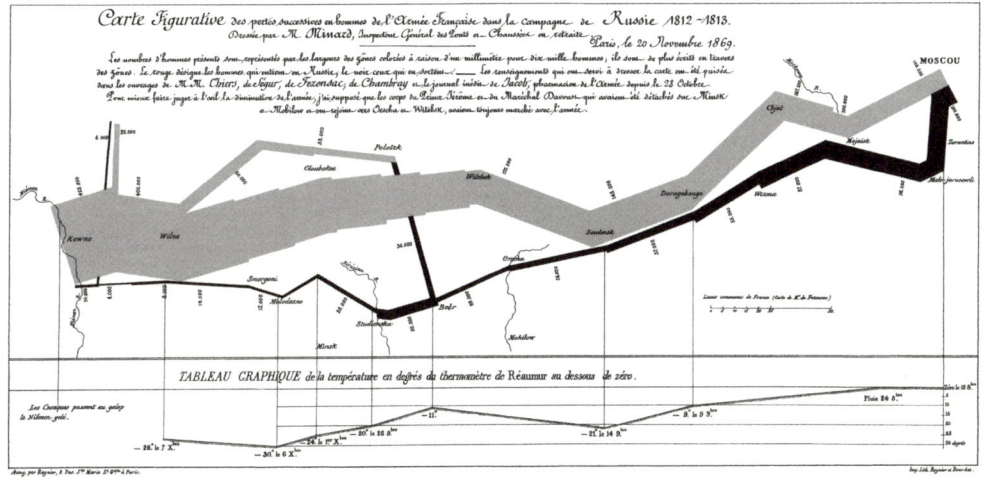

샤를 미나르의 나폴레옹 행군 흐름도(1861). 선의 굵기는 병력의 규모 변화를 나타낸다(위의 선은 생존자, 아래의 선은 사망자). 바탕에 지명을 표시한 지도를 그리고, 하단에는 후퇴할 당시 기온의 변화를 그래프로 그렸다.

있다.

지금으로 보면 뉴스에서 전쟁 상황을 생생하게 현장 중계하는 것 같은 느낌이다. 실제로 미나르는 전쟁의 위험성을 알리고자 이 도표를 만들었다고 한다. 충실한 정보, 시각적으로 잘 표현된 디자인, 가치를 모두 담아낸 샤를 미나르의 나폴레옹 행군 흐름도는 오늘날에도 최고의 통계 그래픽으로 손꼽히고 있다.

데이터텔링의 시대

세계적인 권위의 퓰리처상을 제정한 미국의 언론인 조셉 퓰리처 Joseph Pulitzer(1847~1911)는 다음과 같이 말했다. "짧게 써라. 그러면 읽힐 것이다. 명료하게 써라. 그러면 이해될 것이다. 그림같이 써라. 그러면 기억 속에 머물 것이다." 오늘날에 더 와 닿는 명언이다. 그는 오래전에 '데이터 저널리즘' 시대가 오리라는 사실을 알고 있었던 듯하다.

2010년 이후 공공데이터 개방과 빅데이터에 대한 관심이 높아지면서 언론사들은 적극적으로 데이터 저널리즘을 추진하고 있다. 정부와 산업계 등 거의 모든 영역에서 데이터가 공개되고 있다. 이제 기자는 오픈된 빅데이터를 가지고 기사를 작성할 수 있다. 데이터 저널리즘의 시대가 온 것이다. WWW의 창시자 팀 버너스 리Tim Berners Lee(1955~)는 "데이터 분석은 저널리즘의 미래"라고 언급했다. 신문사들은 빅데이터를 분석하여 특집기사나 기획기사를 싣는다. 이런 기사에서 인포그래픽은 설문 조사나 현장 실태를 시각화하는 유용한 도구가 된다. 사람들은 뉴스를 소셜미디어에 공유하면서 뉴스의 생산과 전파에도 관여하고 있다. 그러다 보니 뉴스를 더 쉽게 이해할 수 있는 시각적 요소가 부각되었고, 인포그래픽은 데이터 저널리즘의 핵심 기술로 자리잡는다.

미국의 인포그래픽 디자이너인 토미 매콜Tommy McCall은 「좋은 그래픽의 단순한 특징The Simple Genius of a Good Graphic」이라는 TED 강연에서 "그래픽은 우리가 더 빨리 사고하도록 도와주는데, 때로는 단순한 점 하나가 정보를 제공하기도 하고, 한 권의 책이 가지고 있는 정보를 그래픽 한 장으로도 보여줄 수 있다…. 그리고 사람들에게 그래픽을 읽고 쓰는 도해력graphicacy과 우리 안에 있는 GPUgraphic processing unit, 그래픽 처리장치를 동력으로 사용하여 산더미 같은 데이터를 처리하고 그 안에 숨어 있는 금맥을 발견하게 한다"며 이미지 그래픽의 중요성을 강조했다.

미래학자 대니얼 핑크Daniel Pink(1964~)는『새로운 미래가 온다A Whole New Mind』에서 앞으로 아름다움과 즐거움을 끌어내며 다른 사람과의 공감을 강조하는 '하이터치high-touch'가 중요해진다고 했다. 변화의 패턴과 기회를 감지하고 새로운 개념이나 스토리를 창출해 낼 수 있는 '하이콘셉트high-concept'가 주도할 것이라고 덧붙였다. 그리고 미래의 인재가 갖추어야 할 6가지 조건으로 스토리, 디자인, 놀이, 공감, 의미, 조화를 꼽았다. 이런 조건을 갖추려면 기존에 강조되었던 지적 능력에서 감성 능력으로 그 관심을 전환해야 한다고 했다.

이제 사람들은 익숙한 삶의 공식들을 벗어나려 한다. 저마다의 개성과 취향을 드러내며 삶 그 자체의 의미와 즐거움을 찾으려 한다. 대니얼 핑크가 사람들이 좋아하고 공감할 수 있는 스토리를 시각적인 디자인으로 표현할 수 있는 능력을 미래 경쟁력으로 뽑은 이유다. 비단 그래픽 디자이너에게만 해당하는 이야기가 아니다. 이 시대를 살아가는 우리 모두는 데이터텔러이다. SNS는 이미지를 기반으로 정보를 공유하고 있고, SNS에 올리는 사진이나 영상은 그 사람의 커리어는 물론 인간적인 매력을 보여줄 수 있는 중요한 요소이다. 그 이미지 속에 말을 뛰어넘는 가치를 담고 있다면 더욱 좋을 것이다.

제2부

데이터로 읽는 현대사회

양은 많지만 질 좋은 데이터는 적고, 전수도 아니고 대표성도 없고, 주로 정형 데이터 위주로 수집·처리되고, 감성형 데이터는 분석하기 어렵고, 데이터의 표준화 작업은 쉽지 않고, 빠른 속도로 분석하여 반영하지만 여전히 데이터 생성 주체와 분석자 사이의 실시간 상호작용은 요원하다.

6장 집단지성과 집단야성 : 별점 시스템 다시 보기

> 감정은 사회적 실재다….
> 우리는 저마다 감정의 사전을 갖고 있다.
>
> • 리사 펠드먼 배럿 Lisa Feldman Barrett, 신경과학자

집단 사고와 침묵의 나선

하나의 실험을 상상해보자. 모르는 사람들을 두 집단으로 나누고, 각각 파란색과 빨간색 번호표를 나누어 준다. 사람들은 번호표를 쥔 채 낯선 이들이 자신을 잡아주기를 기대하며 똑바로 서 있다가 몸을 뒤로 넘어뜨린다. 서로에 대한 신뢰를 테스트하는 이른바 '트러스트 폴 trust fall' 게임이다. 어떤 결과가 나올까?

그런데 게임을 할 때 다른 색 번호표를 가진 사람보다 같은 색 번호표를 가진 사람을 더 적극적으로 붙잡아주는 결과가 나왔다고 한다. 같은 팀 구성원에게 더 신뢰감을 갖는다는 것이다. 사전에 아무

설명 없이 무작위로 번호표를 나누어주었음에도 참가자들은 본능적으로 같은 색깔이 자기편이라는 집단의식을 형성했다. 같은 편끼리 정서적으로 결집하는 집단사고가 작동한 것이다.

집단사고groupthink는 사회 심리학자인 어빙 재니스Irving Janis(1918~1990)가 제시한 개념이다. 그는 집단사고를 "응집력이 강한 집단의 성원들이 어떤 현실적인 판단을 내릴 때 만장일치를 이루려고 하는 사고의 경향"이라고 정의했다. 『집단사고의 희생자들Victims of Groupthink』에서 그는 어떤 집단이 강하게 결집하여 집단 안팎으로 다른 의견들을 묵살하고, 획일적이고 비합리적인 의사결정을 한 역사의 몇 가지 사례를 소개하고 있다. 한국전쟁도 여기에 포함된다. 당시 트루먼 대통령과 참모들은 잘못된 집단사고로 한국전쟁에 중공군이 개입하지 않을 것이라고 판단했다. 하지만 중공군은 30만 병력으로 인해전술을 펼쳤고 전쟁은 교착 상태에 빠졌다. 잘못된 집단사고로 돌이킬 수 없는 오판을 한 것이다.

혁명이나 전쟁 같은 사회적 변혁기에는 이런 집단사고가 더 빈번하게 작동한다. 여기에 감정적 요소가 더해지며 '집단야성'을 일으키고 전쟁 같은 극단적인 상황으로 치닫곤 한다. 대표적인 경우가 히틀러가 일으킨 제2차 세계대전이다. 웅변에 능했던 히틀러는 집단감정을 이용해 군중을 선동했다. 그는 유대인들이 언론과 금융자본을 장악해 세계를 지배하고 있으니 그들을 몰살시켜야 한다는 군중심리를 조장했다. 제1차 세계대전에서 패망한 이후 경제난과 패배감에 허덕이던 독일 국민은 히틀러에게 열광했다. 그들은 히틀러를 따라 노래의 후크hook처럼 반복되는 '승리 만세Sieg Heil' 구호를 외쳤다. 집단사고에서 나아가 집단야성이 일어난 것이다.

우리는 타인이나 집단으로부터 쉽게 자유로워질 수 없다. 나만 다르게 생각하거나 행동했을 때 혼자 동떨어질지도 모른다는 두려움 때문이다. 제2차 세계대전 전후의 독일의 상황을 직접 목격한 정치 커뮤니케이션 학자가 있었다. 엘리자베스 노엘레-노이만Elisabeth Noelle-Neumann(1916~2010)은 여론형성 과정에서 자신의 의견이 다수의 입장과 같다고 느끼면 적극적으로 동조하고 표현하지만, 소수의 의견이라고 판단하면 타인에게 나쁜 평가를 받거나 집단에서 고립될까 두려워 침묵하는 현상이 반복되어 나타난다고 했다.

노이만은 여론을 '사회적 피부'에 비유했다. 인간은 집단이나 사회적 분위기에 저항하는 것을 부담스러워하며, 자신이 소수파라고 생각하면 의견을 말하려다가도 다수파에게 무시당하리라고 미리 짐작해서 침묵을 선택한다고 했다. 바로 유명한 침묵의 나선 이론the spiral of silence theory이다. 이것은 사람들이 여론의 동향을 살피며 침묵하는 양상이 마치 소라껍데기 같은 나선 형태를 만들며 증폭되는 현상을 말한다. 대중이 여론의 흐름을 제대로 읽었을 때는 큰 문제가 되지 않지만, 히틀러 시대처럼 언론을 통제하고 나치 정부의 입장을 대다수 독일 국민의 생각처럼 호도하면 이야기가 다르다. 침묵의 나선 이론은 잘못된 소수의 집단사고가 전체의 의견인 양 변해가는 과정을 보여준다. 매스미디어가 특정 사안에 대해 사람들에게 어떤 영향을 미치는지를 잘 보여준다.

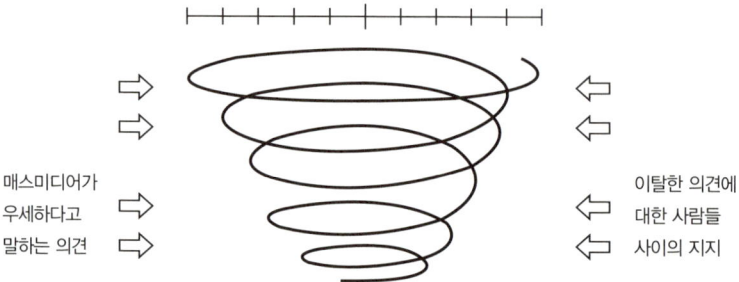

이탈한 의견을 공공연히 말하지 않고 이탈한 의견에서
우세한 의견으로 바뀐 사람들의 수

노엘레-노이만의 침묵의 나선 모형. 소수 집단의 사고가 전체 의견처럼 받아들여지고, 다수가 여론의 동향에 민감하게 반응하면서 침묵하는 양상을 보여준다.

이처럼 집단사고, 즉 다수결의 생각에는 양면성이 있다. 집단사고는 소수의 의견을 묵살한 그릇된 판단일 수도 있다. 때로는 집단감정으로 연결되어 군중을 광기에 사로잡히게 한다. 각 개인에게 고립될지 모른다는 두려움을 주면서 다른 소수의 선동적 의견에 침묵하게 만든다.

오늘날 집단사고의 또 다른 이름은 바로 집단지성이 아닐까. 우리는 대중이 협력하여 축적한 집단지성은 객관적이고 합리적일 것이라고 여긴다. 집단지성이 인공지능 알고리즘으로 온라인상에서 형성되기에 더더욱 그런 경향이 있다. 하지만 이것은 자기 의견을 적극 표현하는 사람들만의 생각을 총합한 것이다. 말하지 않는 대다수 사람들의 의견은 포함되어 있지 않다. 집단지성을 과연 신뢰해도 좋을까? 여기에 대한 해답을 한번 찾아보려 한다.

별점제도의 위험성

집단지성은 빅데이터나 인공지능 같은 디지털 기술에서 주로 많이 전제로 하는 개념이다. 집단지성을 구체적으로 개념화한 사람은 프랑스의 미디어 철학자 피에르 레비Pierre Levy(1956~)이다. 그는 집단지성에 대해 "어디에나 분포하며, 지속해서 가치가 부여되고, 실시간으로 조정되며, 역량의 실제적 동원에 이르는 것"이라고 정의했다. 레비는 모든 것을 알고 있는 사람은 없지만, 누구나 무엇인가는 알고 있으므로 완전한 지식은 전 인류적으로 퍼져 있다고 보았다. 그리고 개개인에게 분포된 지성들이 모여 보다 완벽한 지식을 구축할 수 있다고 했다. 즉 최근의 디지털 기술 문명사회에서 갖는 집단지성의 중요성을 강조한 것이다.

모든 사람은 각자 어떤 생각을 갖고 있다. 집단지성은 개별적 능력을 결합할 때 그 총합은 산술적 합보다 더 커질 수 있다는 인식에서 출발한다. 레비는 지속적으로 가치가 부여되고 재평가되며 실시간으로 조정되는 지식의 공간에서 구성원들이 유동적으로 맺는 관계에 집단지성의 요체가 있다고 보았다. 잘 알고 있듯이 인터넷 카페에서 회원들이 어떤 이슈에 의견을 공유하거나, 위키피디아에 정보를 추가하는 것 등은 모두 집단지성이 형성되는 과정이다.

이제는 소수 집단이 독점했던 정보의 생산과 유통의 진입 장벽이 낮아졌다. 누구나 자신의 일상이나 정보를 올리고 공유한다. 일반 대중이 지성을 발휘할 수 있는 환경이 열렸다. 사람들이 공개 글과 동영상에 댓글을 달고 리트윗하는 동안 정보는 수정·보완되면서 객관성을 더욱 확보할 수 있다.

지난 정부에 국민청원에 대한 뉴스가 자주 등장했다. 사회적 이슈나 억울한 피해 사실에 대해 국민청원 게시판에 글을 올리면 언론이나 소셜미디어를 통해 널리 알려지게 되고 사람들의 관심을 받으면 여론을 형성한다. 때로는 정부가 나서 문제를 해결하기도 했다. 예전에는 상상도 할 수 없었던 일이다.

집단지성은 보통 참여자 수가 많아지면서 특정 정보의 사실성을 검증받는 형태로 발전하기도 한다. 하지만 가짜 뉴스fake news나 출처 없는 정보들이 파급력을 가지고 잘못된 집단지성이나 집단정서를 형성하는 경우도 많다. 특히 인터넷과 소셜미디어의 초연결망 시대에 이런 일은 매우 흔하다. 온라인상에서 한번 퍼진 정보를 다시 주워 담는 일은 사실상 불가능하기에 더욱 위험하다.

그런 면에서 별점평가는 흥미롭다. 별점 제도는 대중의 평가들이 모여 집단지성으로 작동한다. 관심도 많고 실용적이라 활용도가 높은 반면 부작용도 많다. 사람들은 맛집과 카페에 다녀오거나 웹툰이나 영화를 본 뒤 후기를 남긴다. 기업에서는 업무 평가를, 대학에서는 강의 평가를 한다. 이때 '별점' 같은 평가 시스템이 자주 이용된다. 우리나라는 물론 다른 나라도 대부분 별점으로 이용 후기를 남긴다. 비대면이 일상화된 코로나 팬데믹 중에는 온라인 쇼핑이 대폭 늘어나서 별점을 더 많이 참고하게 되었다.

별점제도는 생각보다 역사가 깊다. 프랑스 언론인 피에르 제르마

Pierre Germa는 사물의 기원에 대한 일종의 백과사전인 『세상을 바꾼 최초들DEPUIS QUAND?』을 출간했다. 여기서 1820년경 영국의 마리아나 스타크가 펴낸 『유럽대륙여행 가이드』를 언급했는데, 이것은 유럽 관광 명소들을 평가하기 위해 최초로 별점을 이용한 책이었다. 가장 널리 알려진 별점 시스템은 미슐랭이 발간하는 「미슐랭 가이드」다. 타이어 회사가 더 많은 사람들이 차를 사고 여행 다니기를 바라는 상업적인 목적에서 만들었다. 운전자들에게 프랑스 여러 지역의 맛집 정보를 알려주기 위해 1900년부터 발간하기 시작했다. 100년이 넘은 지금은 전 세계 음식점을 평가하는 대표적인 지표가 되었다. 신뢰도에 대한 비판도 있지만, 미식가들은 여전히 미슐랭 가이드를 바이블처럼 여긴다.

별점은 말 그대로 별 개수로 매겨지는 점수이다. 구매나 서비스 이용 여부를 판단할 때 도움을 주는 길잡이 역할을 한다. 별 5개를 받으면 만점을 의미한다. 이용자는 별점을 매기고 리뷰를 할 수 있다. 이는 판매자와 구매자 모두에게 제품이나 서비스에 대한 평가와 피드백의 기능을 해준다.

물론 별점제도에도 문제는 있다. 이것이 매출에 영향을 미치자 일부 영업주나 배달앱에서 사람을 고용해 별점을 조작하기도 한다. 이런 행위는 경쟁업체는 물론 소비자에게도 피해를 준다. 경제학적으로 '기회 비용' 차원에서 보면 눈에 보이지 않는 더 큰 비용을 치르게 한다. 때로는 감정적인 소수의 사람이 무분별하게 별점 테러를 가하기도 한다. 이것은 인간이 가진 야성적 충동animal spirit의 발로인 듯하다. 몇몇 뉴스 기사의 제목들을 보면 별점 테러의 폐해를 짐작할 수 있다.

- "별점으로 길들이기? …배달앱만 배불리는 별점 시스템"(MBC 뉴스, 2021년 3월 18일).
- "별점 1개 테러에 자영업 폐업도 늘어난다" "평점 높으면 대박, 낮으면 쪽박, 별' 하나에 울고 웃는다"(『중앙선데이』 2021년 1월 2일)
- "실종 의대생 친구 A 父 병원 별점 테러"(『머니투데이』 2021년 5월 11일)

감정에 치우친 평가는 자칫 사람들의 '집단감정'을 일으키고 업주나 소비자들에게 큰 피해를 가져온다. 악성 리뷰를 신고하는 제도도 있지만 절차와 처리 기간이 있다. 무조건 삭제되는 것도 아니어서 경우에 따라 전문업체를 찾아가야 할 수도 있다.

별점 시스템의 원리

2016년 마이클 루카Michael Luca 교수가 이끄는 하버드 경영대학원 연구팀은 워싱턴주의 레스토랑 수익과 맛집 평가앱인 옐프Yelp에 나타난 별점의 상관관계를 분석했다. 조사 결과에 따르면 영업장의 별점 평점이 1점 오르면 매출액이 5~9% 정도 상승했다고 한다. 생산업자나 자영업자에게 별점 시스템이 매력적일 수밖에 없는 이유다.

별도의 마케팅 비용이 없이도 소비자들이 자발적으로 남긴 호의적인 후기 댓글이나 별점이 다른 소비자들의 구매를 자극한다는 것이다.

글로벌 시장조사 기관인 닐슨Nielsen이 지난 2012년 56개국 약 28,000여 명의 일반 소비자들을 대상으로 "물건을 구매할 때 가장 신뢰할 만한 정보원이 무엇인가"라고 물었다. 첫 번째로 '친구와 가족의 추천'을, 두 번째로 구매 후기 같은 '온라인 플랫폼의 평가'를 꼽았다. 4년이 지난 2016년에 같은 질문으로 다시 조사했는데, 그 전과 순위가 바뀌었다. '온라인 플랫폼의 평가'라는 응답률이 15% 증가하면서 가장 중요한 정보원이 된 것이다.

그렇다면 별점은 왜 5점 만점의 별 다섯 개로 측정되는지 궁금해진다. 1930년대 초, 미국의 사회 심리학자인 렌시스 리커트Rensis Likert 연구팀은 사회과학에서 실증적으로 측정하기 어려운 인간의 심리와 감정, 태도를 평가하는 '리커트 척도Likert-scale'를 개발했다. 별점 평가도 리커트 척도의 한 종류이다. 단일선상에 기재된 '매우 싫다-싫다-보통이다-좋다-매우 좋다'와 같은 다섯 개의 선택 포인트 중 하나를 선택하는 측정 기법이다. 간단한 방식으로 사람들이 쉽게 답할 수도 있고, 분석하기도 편해 많은 영역의 설문 문항에서 리커트 척도가 사용되고 있다.

내가 가르치는 대학에서도 매년 학기 말이면 학생들이 교수와 강사를 대상으로 강의 평가를 한다. 별점과 같은 5점 척도다. 수강생들이 내 강의를 어떻게 생각하는지 알 수 있는 정보다. 그렇지만 이러한 강의 평가 정보가 도움이 되기 위해서는 몇 가지 전제가 있어야 한다. 먼저 본인의 평가 점수는 물론 다른 교수와 강사의 강의 평가도 같이 제공되어야 한다. 예를 들어 내 점수가 5점 만점에 '4'가 나왔다고 하자. 이 점수를 보고 학생들이 내 강의에 대해 만족하는 편이라고 생각할 수도 있다. 그런데 다른 교수들의 평균 평가 점수가 '4.5'로 나왔다면 내 강의에 대해 상대적으로 만족하지 못했다는 뜻이다. 즉 절대적인 수치가 아니라 상대적인 수치가 중요하다는 것이다.

보통 강의 평가는 수강생의 수와 강의 때 사용하는 언어가 한국어인지 영어인지에 따라 편차가 심한 편이다. 그래서 학교에서는 전체 교수의 평균, 강의의 성격, 사용 언어 등을 고려해서 비교 집단을 구분한 뒤 각각의 강의 평가 평균점수를 같이 제공해준다. 강의 평가를 보면 내 점수가 다른 교수들과 비교했을 때 어느 정도 높은지 혹은 낮은지 한눈에 알 수 있다. 개방형 질문항에 적은 수강 후기는 다음 학기 수업을 준비하는 데에 참고가 된다. 학생들은 강의에 대한 다양한 후기를 공유한다. 특정 교수의 강의와 관련한 후기를 '대나무숲' '에브리타임' 같은 온라인 커뮤니티나 공유앱에 올린다. 이는 향후 다른 학생들이 이 과목의 수강 신청 여부를 판단할 때 영향을 미칠 것이다.

그런데 강의 평가에서 극단적으로 나쁜 점수를 주는 아웃라이어 outlier(평균에서 멀리 떨어진 측정치)를 발견하게 된다. 이는 개인적인 악감정을 담은 별점 테러와 유사하다. 객관적인 강의 평가를 위해 문항을 세심하게 설계해도 아웃라이어가 돌출하는 것을 막을 수는 없다. 별점제도 자체는 분명 나쁜 것이 아니다. 단순한 별 모양의 상징과 숫자만으로도 많은 정보를 전달할 수 있기 때문이다. 다만 이 시스템을 악용하여 왜곡된 정보를 양산할 때 문제가 생기는 것이다.

동네 맛집을 찾는다고 가정해보자. 검색창 상단에 노출된 A집의 별점은 거의 4.5점 이상일 것이다. 5점 만점에 그 정도면 괜찮은 점수이다. 그런데 두 번째 노출된 B집의 별점이 4.3점 정도라면 어떨까? A집이 B집보다 더 맛집이라고 판단할 가능성이 크다. 그런데 사실 별점은 개개인의 주관적인 리뷰가 아닌가. 그런데도 우리 대부분은 방문 여부를 결정하는 데 별점을 참고하고 있다. 그러면서도 정작 별점을 도출하는 알고리즘을 자세히 알지 못한다. 최소한 다음 사항을 안다면 별점이 의미하는 정확한 정보를 파악할 수 있을 것이다.

- 참여자들은 몇 명인가?(표본의 크기)
- 별점 분포는 어떤 경향을 보이는가?(평균과 점수 분포)
- 한식·일식·중식 등 메뉴에 따라 별점 분포에 차이가 있는가?(세부 항목의 차이)
- 아웃라이어가 어느 정도인가?(습관적으로 별점을 후하게 주거나 나쁘게 주는 사람들의 범위)

우리가 보통 시험 결과를 받았을 때 100점 만점에 각자가 받은 점수를 원점수라고 한다. 90점이라면 좋은 점수이다. 그러나 대부분이 100점 만점을 받았다면 90점은 상대적으로 좋지 않은 점수이다.

그렇기에 전체 응시자의 점수 분포를 고려해야 한다. 그래야만 각자의 상대적 위치를 보여주는 표준점수가 더 효율적인 평가 기준이 된다. 대입 수학능력시험에서 등급의 결정 기준이 원점수가 아닌 표준점수인 이유다.

별점도 마찬가지다. "이 집의 별점은 몇 개이고, 유사한 맛집 평균이 어떠한데 이 집 점수의 상대적 위치는 이 정도구나"라는 정보까지 얻어야 올바른 판단을 할 수 있게 된다. 우리가 이용하는 별점 지수는 표준점수가 아니라 원점수이다. 맛집이라고 해서 찾아갔는데 실망하는 경우가 많다. 어떤 맛집의 별점이 전체 분포상에서 차지하는 상대적인 위치를 고려하지 않고 단순히 점수가 높다고 해서 그 집을 찾아갔을 때 실망할 확률도 높아지는 것이다.

별점과 함께 후기 댓글도 소비자 선택에 중요한 정보원이 된다. 수천 개의 댓글을 다 읽어볼 수는 없다. 그래서 조회수가 높은 최근 댓글이 먼저 노출된다. 여기에도 문제가 있다. 후기 댓글은 실제 이용자들이 남기는데, 참여 제한의 조건을 두지 않는 경우가 많다. 이용자들은 자발적으로 솔직한 후기를 남기기도 하지만 상업적인 용도로 참여하기도 한다. 인증 사진을 찍어 SNS에 올리면 음식값을 할인해주는 판촉 이벤트도 많고 별점을 가지고 업체와 불법 거래가 이루어지기도 한다.

소셜미디어 이용자와 댓글 작성자의 속성에 대해 이런 말도 있다. "SNS상에서는 1%의 콘텐츠 생산자가 있고, 이 콘텐츠를 열성적으로 전달하는 9%의 댓글러가 있으며, 나머지 90%는 관망자다." 즉 별점이나 댓글에 참여하는 사람들의 범위가 전체 소비자를 대표하지 않는다. 별점 평가가 매우 적극적인 10%의 의견일 수도 있다는 말이다.

통계학에서 분석한 표본의 결과를 전체 모집단population으로 확대하여 해석하는 것을 일반화generalization라고 한다. 여기에는 한 가지 전제 조건이 있다. 바로 표본이 모집단에서 무작위로 추출된 경우여야 한다. 표본을 분석하고 그 결과를 모수母數(모집단의 특성을 나타내는 값)로 확대할 때, 데이터의 분포가 평균을 중심으로 정상 분포 곡선에 가깝다고 가정한다. 그런 다음 각자의 점수가 상대적으로 어느 위치에 있는지에 따라서 통계적으로 유의미함을 검증한다.

그런데 별점 참여자는 전체 이용자를 대표하는 그룹에서 뽑은 무작위 표본도 아니다. 그 결과는 이용한 모든 사람의 평가도 아니다. 그러기에 별점과 후기 댓글에 참여할 수 있는 조건은 무엇인지, 평가에 참여한 사람은 몇 명인지, 비교 대상이 될 수 있는 평균 별점은 어떤지 등을 지금의 별점 시스템으로 다 알기는 어렵다.

예로, 보통은 별점이 5점 척도이니 대략 평균이 3점 정도일 테고 이 집의 별점이 4.5점이니까 맛집일 거라고 생각한다. 그런데 다음 두 가지 상황을 가정해보자. 먼저 5점 척도의 중간값인 3점 근처에 가장 많은 평가자가 있고 양극단인 1점과 5점에 상대적으로 적은 수가 별점을 주었다면 이는 일반적인 정상분포 곡선에 가깝다. 그러나 같은 3점이라도 상황이 다를 수 있다. 이용자의 호불호가 뚜렷해서 별점이 중간값인 3점 근처에는 거의 없고 대부분이 양극단으로

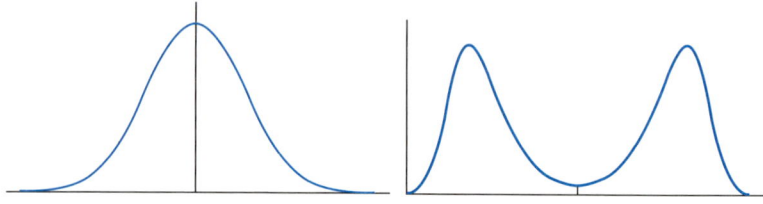

정상분포 곡선과 M자형 분포 곡선. 두 그림은 평균값이 같지만 왼쪽은 가운데 평균 주변에 가장 많이 분포한 반면, 오른쪽은 대부분의 값이 양극단에 분포하며 M자 형태를 보인다. 별점 분포에서 호불호가 확실한 경우 이런 패턴이 나타난다.

치우칠 수도 있다. 이런 경우 정상분포 곡선과 정반대인 M자형 분포 곡선을 보인다. 그러나 이런 분포 상황을 알지 못한다면 사용자는 이 집의 별점 평균이 '중간 정도'라고 생각하게 된다. 그리고 이와 같은 잘못된 추론은 잘못된 선택으로 이어질 가능성이 커진다.

별점의 딜레마를 경제학적 측면으로도 생각해보자. 한 국가의 경제발전과 규모를 평가할 때 'GNP gross national product' 'GDP gross domestic product' 같은 데이터를 사용한다. 마찬가지로 별점 시스템을 통해 우리 사회가 얻을 수 있는 이익을 GSB gross social benefit, 이로 인해 발생하는 폐해나 비용을 GSC gross social cost로 가정하고 이 시스템이 사회에 어떤 영향을 주는지 포괄적으로 살펴볼 필요가 있다. "매우 유익할 것 같아 만들었고 사람들이 많이 이용하게 되었는데, 여기저기 부작용이 생기니 폐지하고 다른 방법을 찾자"라는 말이 아니다. 'GSB' 혹은 'GSC' 중에서 어느 쪽이 더 큰지 논의하여 최적의 해결책을 마련해야 한다.

다수의 지성이 소수 전문가의 식견보다 월등하다

퀴즈대회에서 난해한 문제를 풀어야 할 때, 가장 똑똑한 친구한테 전화를 걸 수 있거나 현장에 있는 100명의 관객들에게 물어볼 수 있다고 가정해보자. 당신은 어느 쪽을 택하겠는가? 제임스 서로위키 James Surowiecki(1967~)는 『대중의 지혜 The Wisdom of Crowds』에서 영국의 퀴즈대회인 백만장자 퀴즈쇼 Who wants to be a millionaire의 예를 들면서 참가자들이 사용한 두 가지 찬스의 통계 결과를 비교 분석했다. 한 명의 똑똑한 지인이 답을 맞힌 확률은 65% 정도였던 반면, 다수의 관객이 정답을 맞힌 확률은 90%가 넘었다.

미국의 곤충학자 윌리엄 모턴 휠러 William Morton Wheeler(1865~1937)는 『개미에 관한 관찰 보고서 Ants: Their Structure, Development and Behavior』에서 개미가 공동체로 협력하여 거대한 개미집을 만드는 것을 관찰했다. 그리고 개미는 개체로서는 미미하지만, 군집 활동에서는 높은 지능체계를 형성한다고 설명했다.

1907년 영국의 과학자이자 통계학자인 프랜시스 골턴은 여행 중 시골의 가축 품평회에 들렀다가 흥미로운 광경을 목격했다. 큰 황소의 몸무게를 알아맞히는 대회가 열리고 있었다. 참가비를 낸 사람들이 무게를 적어내면 가장 근접하게 쓴 사람에게 소를 상품으로 주는 행사였다. 정확히 맞힌 사람은 아무도 없었다. 그런데 흥미로운 사실 하나를 발견한다. 총 787장의 표에 적힌 추정치로 평균값을 계산했

실제 황소의 몸무게 1,198 파운드

787명이 추정한 몸무게 1,197파운드

대중의 지혜. 황소의 무게를 알아맞히는 사람에게 상금을 주는 내기가 열렸는데, 참가자들이 적어낸 숫자의 평균은 정답에서 1파운드 모자라는 1,197파운드였다.

는데 1,197파운드였다. 그런데 실제 측정한 소의 무게는 1,198파운드였다고 한다. 바로 집단지성의 힘을 보여준 사례이다. 골턴은 다수의 개체가 협력하여 통합한 지성이 소수 전문가의 능력보다 올바른 결론에 가깝다고 했다.

마찬가지로 별점제도는 집단지성 메커니즘을 전제로 작동한다. 이것은 이용자들이 서로 소통하며 만들어낸 집합적인 지능 정보의 결과이다. 나는 이 글을 쓰며 스마트폰으로 가장 활발히 물건을 사고 정보 검색을 하는 젊은 세대들이 별점 시스템을 어떻게 이용하고 있는지 알아보고 싶었다. 이를 위해 121명의 20~30대 대학생과 대학원생들을 대상으로 7점 척도로 다섯 개 문항의 간단한 조사를 실시했다.

서비스나 업종에 따르는 별점 이용 정도에 대한 문항에서 응답은 배달 서비스(6.08), 맛집·레스토랑(6.07), 신상 브랜드(5.80), 숙박 장소(5.73), 영화·공연(5.36) 등의 순으로 나타났다. 일상생활을 하며 여러 선택을 할 때 별점을 많이 이용하고 있었다. 신제품이나 서비스 구매 결정을 하기 전에 "별점을 참고한다"는 응답은 5.8점이었지만, "가족이나 친구의 의견을 먼저 듣는다"는 5.6점이 나왔다. 거의 비슷한 양상을 보이는 가운데 별점 정보를 좀 더 우선시하고 있었다.

'별점이나 후기 댓글 작성' 참여 여부에 대해서는 다수의 응답자가 경험이 있다고 답했다(5.23점). 별점이 어떻게 계산되는지 "방법적 알고리즘을 아는가"라는 질문에는 3.6점으로 낮게 나타났다. "별점 제도에 문제가 많다고 생각하는가"라는 문항에서는 예상과 달리 '4.2'로 높지 않은 점수가 나왔다. 이 결과는 별점 시스템의 작동원리와 그 부작용에 대해 무감하다는 것을 간접적으로 보여주고 있다.

마지막으로 "앞으로도 계속 별점과 후기 댓글을 이용할 것인가"라는 질문에는 6.1로 매우 높은 결과치가 나왔다. 별점제도의 폐해가 있지만 계속 사용할 생각이 있다는 뜻이다. 요약하면 20~30대 젊은 세대의 경우 제품이나 서비스를 구매하기 전에 별점 정보를 많이 이용하는 반면, 제반 문제를 심각하게 고민하지 않는 상태에서 향후 서비스를 이용할 의향을 보인다는 것이다.

이런 결과를 볼 때 보다 정확한 별점 시스템을 만들고, 별점 테러나 조작 같은 문제를 해결하기 위한 다각적인 노력이 필요하다는 생

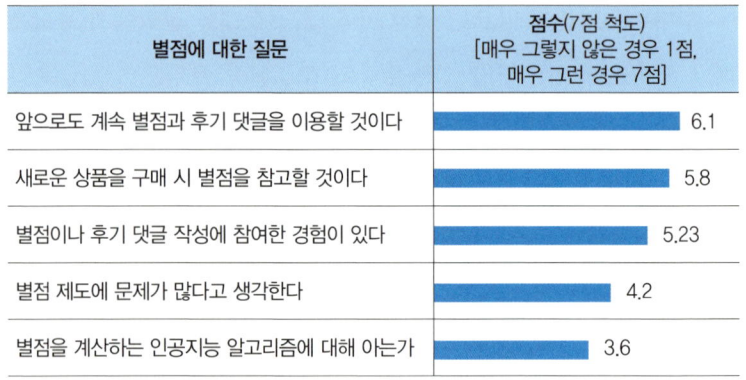

별점 시스템과 후기 댓글 이용에 대한 20~30대 서베이 결과(설문 참여 121명). 대다수가 별점제도의 문제는 알고 있지만 계속 사용할 의사가 있다고 응답했다.

각이 든다. 이 시스템을 무작정 없애기보다는 문제점을 최소화하는 방향으로 개선해야 할 것이다.

최근 넷플릭스는 5점 별점 시스템을 폐지하는 대신 간단하게 엄지 아이콘을 이용한 '좋아요/별로예요' 추천 시스템을 도입했다. '좋아요'는 콘텐츠가 마음에 드니 비슷한 콘텐츠를 추천받고 싶다는 의미다. '별로예요'는 그와는 정반대의 메시지다. 사람들은 '좋아요' 숫자를 보며 콘텐츠에 대한 평가를 참고한다. 이 방법은 별점과 같은 점수 평가가 아니라서 평점 테러나 조작 같은 문제는 줄어들 여지가 있다. 넷플릭스가 추천제로 시스템으로 바꾼 뒤 이용자들의 평가 참여율은 별점 때보다 200%나 증가했다고 한다. 넷플릭스는 각 콘텐츠 옆에 개인 맞춤형 '% 일치' 점수를 표시하기 시작했는데, 이 수치는 '좋아요' 관련 데이터를 추가 분석한 뒤 도출한 해당 이용자의 콘텐츠 선호도 예상치이다.

네이버는 2021년 4월, 허위 댓글이나 악의적인 별점 테러 등을 필터링하는 AI 기술을 적용하여 자사 서비스의 오용을 막고 시스템을 개선해 나갈 것이라고 발표했다. 또한 해당 업체의 영수증을 인증하고 리뷰를 남기면 포인트를 지급하는 '마이 플레이스'의 경우, 이용 가이드라인을 통해 서비스 심사를 더 강화한다고 했다. 편법이나 허위 리뷰 참여자 등을 필터링해 평가 결과의 신뢰성을 높이려는 방안이다.

집단지성이 제대로 작동하려면

제임스 서로위키는 집단지성이 제대로 작동하려면 다음 4가지 조건이 필요하다고 했다. 첫째, 다양한 종류의 다양한 성질을 지닌 사람들이 제한 없이 참여할 수 있어야 한다. 둘째, 개인이 타인과 주변에 영향을 받지 않고 판단하고 의견을 낼 수 있는 독립성이 있어야 한다. 셋째, 의견 조율 과정에서 각각의 고유한 지식을 지닌 개인들이 함께 문제를 풀어가는 분산화가 이루어져야 한다. 마지막으로 개개인의 의견이 쉽게 통합될 수 있는 기술적·제도적 장치를 구축해야 한다. 그런데 실제로 이런 조건들이 완벽하게 갖춰지기는 어렵다. 집단지성이 이상적으로 작동할 수 없는 것이 현실이기에 추가적인 보완책이 필요하다.

나는 별점 시스템의 자료 수집과 분석 과정에서 몇 가지 제안을 하고 싶다. 첫째, 참여하는 이용자 수가 최소한의 기준을 넘어서는 경우에만 별점을 표시해야 한다. 결과가 정확하려면 데이터는 신뢰할 만한 것이어야 하고, 분석 과정은 엄밀해야 한다. 이는 집단지성의 기본 전제이다. 극소수의 이용자가 작성한 허위 리뷰나 극단적인 평가로 전체 별점이 결정되어서는 안 된다. 또한 참여자의 수를 공개하지 않는 별점 시스템이 여전히 많은데, 별점 결과가 몇 명의 이용자 의견을 바탕으로 나왔는지 쉽게 알 수 있게 해야 한다. 선거철에 여론조사 보도를 할 때 표본의 크기나 표본 오차를 밝힌다는 세부 규칙이 있다. 별점의 파급력을 고려할 때 보다 객관적 지표로 삼기 위해 최소한의 지침이 필요하다.

둘째, 포털과 플랫폼에서 자사가 보유한 다양한 업종이나 서비스의 별점 그리고 리뷰 관련 빅데이터를 잘 활용하여 소비자들이 올바르게 판단할 수 있도록 추가적인 정보를 제공해야 한다. 예를 들면 비슷한 업종의 전체 별점과 비교해서 현재 관심 있는 업체의 별점 순위가 상대적으로 어디쯤인지 알려주는 것이다.

셋째, 별점 평가에서 극단적 평가를 다수 발견하면 이를 제외하거나 교정하기 위한 추가적인 노력이 필요하다. 텔레비전 오디션 프로그램을 보면 심사위원들의 평가 중에서 가장 높은 점수와 가장 낮은 점수를 제외하는데, 이것과 비슷한 이치다. 최근 업체 이용 후기 작성자의 아이디를 클릭하면 과거의 댓글 수와 해당 업소를 이용한 횟수 같은 정보가 공개된다. 이런 정보를 소비자들이 좀 더 쉽게 볼 수 있게 시각화한다면 지금보다 훨씬 활용도가 높아질 것이다. 작성자의 이용 후기 글에서 자주 사용하는 표현이나 키워드를 정리해주는 방법도 있다.

마지막으로 불법적인 리뷰를 줄일 수 있는 제도적 장치도 마련해야 한다. 소비자 평가 데이터를 필터링하거나 분석하는 기술도 발전하고 있다. 하지만 AI 기반 시스템은 여전히 인간의 모든 언어적 표현, 특히 중의적인 단어와 신조어, 은어까지 분석해내지는 못한다. 또한 문제 있는 별점 평가나 리뷰라 해도 현재의 방송통신법상 저작물에 해당하기에 작성자의 동의 없이 포털이나 플랫폼 사업자가 임의로 삭제할 수 없다. 그런 점에서 작성자의 자격 조건을 더 명확하게 제시해야 한다. 허위나 테러에 가까운 표현을 걸러내는 필터링 기술도 더 정교화해야 한다. 별점과 후기 댓글로 오가는 불법적인 금전 거래를 근절하는 제도적 장치 또한 마련해야 할 것이다.

미국에서는 2016년부터 이에 대한 법안을 논의하고 있다. '소비자 리뷰 공정화에 관한 법안'을 상정하여 악의적인 리뷰를 시장 교란 행위로 규정하여 강력히 처벌하고 있다. 영국도 포털이나 플랫폼 운영자들이 별점과 리뷰를 어떻게 모니터링하고 관리해야 하는지 가이드라인을 만들었다. 별점 시스템을 많이 이용하는 우리나라도 상대적으로 늦은 행보이기는 하지만 문제점과 개선책을 논의하기 시작했다.

별점제도는 이미 폐지할 수 없는 영역으로 넘어간 것이 아닐까. 좋고 나쁨을 따지기 전에 하나의 문화가 되었다. 별점제도는 사용

방법이 쉽고 편리하며, 소통하는 즐거움이 있다. 다른 사람의 의견을 한눈에 파악할 수 있고, 나의 의견을 더하면서 흐름을 만들어간다. 크고 작은 문제 속에도 우리는 오늘도 별점을 사용하고 있다. 참여자들의 솔직한 평가가 만들어내는 집단지성을 향한 믿음 때문이다.

7장 AI 알고리즘의 야누스적 얼굴

> 기술은 인간의 잠재력을 증폭시키는가,
> 아니면 우리를 기분 좋게 죽이는가?
> • 트리스탄 해리스Tristan Harris, 전 구글 디자인 윤리학자

알고리즘의 기원

알고리즘algorism의 사전적 정의는 "어떤 문제를 해결하기 위한 절차, 방법, 명령어들의 집합"이다. 수학과 컴퓨터 과학, 언어학 또는 관련 분야에서 주어진 문제를 풀기 위해 도출된 일련의 절차나 방법을 공식화한 것이다. 계산을 실행하기 위한 단계적 절차를 의미하기도 하며, 인공지능이 등장한 최근에는 기계학습이나 딥러닝을 위한 프로그래밍을 가리키기도 한다.

알고리즘이라고 하면 보통 컴퓨터 프로그램을 떠올리지만 알고리즘 자체는 고대 그리스 시대에 이미 존재했다. "기하학에는 왕도

가 없다"라는 말을 남긴 유클리드Euclid(BC 325~265)는 자명한 수학적 공리, 즉 비례와 비율 그리고 3차원 기하학적 공간의 개념으로 자연과 인간의 문제를 해결하려고 했다. 그는 『원론Stoicheia』에서 자신이 창안한 유클리드 호제법에 대해 언급했다. 이는 2개 자연수의 최대공약수를 구하는 공식인데, 기록으로 남아 있는 가장 오래된 알고리즘이다.

알고리즘이라는 용어는 9세기 페르시아의 수학자 알콰리즈미의 이름에서 유래했다. 그는 최초로 사칙연산을 만들었고 수 계산에서 0과 위칫값 개념을 사용했다. 그리고 『완성과 균형에 의한 계산개론al-jabr wa al-muqabala』에서 1, 2차 방정식의 해법을 소개하며 대수학의 기초를 세웠다. 대수학을 뜻하는 영어 단어 알지브라Algebra는 이 책의 제목에서 나왔다고 한다. 그가 쓴 『인도의 수의 계산방법Algoritmi de Numero Indorum』은 번역되어 유럽으로 전파되었고, 아라비아 숫자 체계가 뿌리내리는 데도 큰 역할을 했다.

현대적인 의미의 알고리즘의 개념은 1920년대부터 컴퓨터 연산 기술이 본격적으로 발달하기 시작하면서 자리를 잡는다. 영국의 수학자이자 암호학자인 앨런 튜링Alan M. Turing(1912~1954)은 현대 컴퓨터 과학을 정립한 인물로 꼽힌다. 그는 제2차 세계대전 중에 나치 독일군의 에니그마 암호를 해독하여 연합국의 승리에 공헌했다. 종전 후에는 초기 디지털 컴퓨터인 '맨체스터 마크 1'의 개발에 참여했다. 또한 프로그램 내장형 컴퓨터 구조에 관해서도 연구를 했다.

1950년, 앨런 튜링은 인공지능에 대한 논문 「계산 기계와 지능

앨런 튜링이 제2차 세계대전 당시 발명한 초창기 컴퓨터 봄베(1939). 봄베는 연합군의 작전 수행을 돕는 암호해독기로 정해진 로직에 따라 연산을 하며 독일군이 사용하는 암호체계를 해독했다. 영국 국립컴퓨터박물관 소장.

Computing machinery and intelligence」을 발표했다. 그는 이 논문에서 "기계가 생각할 수 있을까? Can machines think?"라는 질문을 던지며, '튜링 테스트'라고 불리는 실험을 제안한다. 인간과 기계가 다른 공간에 있고, 실험 참가자는 그들과 각각 문장으로 대화를 나눈다. 만약 참가자가 기계와 인간을 구분하지 못한다면 기계가 인간의 지능을 가졌다고 판단하는 방법이다. 튜링 테스트는 기계학습이나 알고리즘 등 인공지능의 주요 기능들에 대한 대표적인 평가 기준이다. 오늘날의 컴퓨터와 AI는 앨런 튜링의 '생각하는 기계'를 구현한 것이다.

인간처럼 생각하는 기계

우리가 물건을 살 때를 생각해보자. 편의점에서 음료수를 사는 것과 백화점에서 노트북을 사는 것은 다르다. 상대적으로 저렴한 물건에 비해 고가의 제품일 때는 아무래도 포털에서 정보를 찾고 이용후기도 읽어보며 사용 중인 친구에게도 물어본다. 비슷한 가격대의 여러 제품과 기능이나 가격 면에서 차이를 비교한다. 그리고 디자인까지 종합적으로 고려해서 노트북을 선택한다. 소비자 심리학으로 보면 저관여 제품과 고관여 제품의 구매 패턴의 차이를 말한다. 즉 고가의 물건일수록 구매 결정 과정에서 여러 가지 조건 정보가 관여한다는 의미다. 물건이 아니라 인생의 중요한 문제를 결정할 때는 어떨까? 대학 입학원서를 쓸 때나 직장을 정할 때, 배우자를 택할 때 더할 나위 없이 신중해진다.

그렇다면 기계도 사람처럼 생각하면서 사람이 하는 일을 대신할 수 있을까? 이런 문제의식을 가지고 인간의 복잡하고 심층적인 정보처리 메커니즘을 그대로 인공지능에 적용한 것이 '딥러닝 deep learning' 기술이다. 인간 뇌의 작동 시스템을 기계에 적용해서 '인공 신경망 artificial neural network'이라고 불린다. 다시 말해 인공 신경망 구조의 인공지능 알고리즘은 인간의 뇌가 외부 자극에 대응하는 방식을 모방한 딥러닝 기술이다. 뇌에서 뉴런 neuron이라고 불리는 신경세포가 작동하는 시스템을 인공적으로 구현한 것이다. 우리 몸은 감각기관을 통해 자극을 받으면 뇌에서 이를 종합하여 판단하고 반응한다. 먼저 정보가 입력되는 입력층이 있고 정보를 처리하는 중간층이 있다. 마지막으로 결과를 내보내는 출력층이 있다. 이 모든 과정은 뉴런을 통해 일어난다.

우리는 어떤 일을 "깊이 생각했다"라고 말할 때가 있다. 결정하기 전에 여러 상황과 변수를 고려했다는 뜻이다. 마찬가지로 인공지능도 입력층과 출력층 사이에 있는 중간층에서 심층적인 단계layer의 정보 처리를 하면 더 깊게 사고할 수 있다. 이 과정에서 더 많은 데이터와 학습 과정이 쌓이면 시스템의 지능도 높아지고 문제 해결 능력도 향상된다.

일반적으로 기계학습은 지도학습supervised learning과 비지도학습unsupervised learning으로 나뉜다. 지도학습은 정답이 있는 데이터들을 학습시키는 것이다. 이 방식을 설명할 때 흔히 개와 고양이의 사진 분류를 예로 들곤 한다. 먼저 수많은 개와 고양이 사진들을 모아서 개인지 고양이인지 각각 정답label을 만든다. 그런 다음 데이터들을 트레이닝 용도와 테스트 용도로 분류한다. 그리고 기계에 트레이닝 용도로 분류한 사진들을 입력해 특정 이미지를 인지하도록 반복하여 학습시킨다. 이를 통해 기계가 지능을 갖게 하고, 문제에 대한 정답을 예측할 수 있게 만든다. 그런 다음 기계에 테스트용 사진을 입력하면 기계는 예측값prediction을 통해 미리 만들어 놓은 답을 맞춘다. 이 과정을 반복하면서 인공지능 알고리즘의 예측력을 높여가는 방법이다.

반면에 비지도학습은 정답을 주지 않고 데이터를 학습시킨다. 현재 대부분의 인공지능은 이 방법을 활용한다. 수많은 사진과 동영상을 입력한 뒤 기계가 스스로 이미지의 유사성과 패턴 등을 분석하여 추론하게 만든다. 정답을 찾기 어려운 문제나 데이터가 너무 광범위하여 학습시키기 어려울 때 인공지능이 스스로 인지하고 판단하는 능력을 키우는 것이다.

다음으로 시스템 차원에서 알고리즘의 구현 방식도 살펴보자. 먼저 순차 알고리즘은 직렬 컴퓨터의 설계 시스템과 비슷하다. 한 번에 하나의 명령만을 수행하는 것이다. 가장 단순한 구조로 하나의 명령 공식에 따라 간단한 해답을 찾을 때 사용된다. 병렬 알고리즘과 분산 알고리즘은 중간층을 좀 더 심층적으로 설계한 것이다. 복잡하고 정밀한 해답을 찾을 때 사용된다. 병렬 알고리즘은 다중 프로세서가 동시에 작동하여 문제를 해결하는 것으로 적용 범위가 넓은 컴퓨터 아키텍처를 설계하는 데 효과적이다. 분산 알고리즘은 여러 시스템이 컴퓨터 네트워크로 연결된 환경에서 구현된다. 어떤 문제에 필요한 정보가 네트워크상에 분산되어 있을 때, 서로 정보를 교환하면서 해결해나가는 구조이다.

뛰어난 성능을 보이는 대부분의 인공지능 기술은 입력된 데이터를 바탕으로 어떤 특성과 패턴을 찾아내는 것을 넘어 발생하는 문제들에 대한 최적의 솔루션을 스스로 추론해낸다. 메타버스, AI 영상분석, 의료기기, 자율주행 자동차 등 대부분의 제4차 산업은 고도화된 인공지능 딥러닝 기술을 기반으로 한다. 인공지능이 인간처럼 생각할 수 있는 지능을 갖기 시작한 것이다.

2020년, 『사이언스』에 생명의 기원에 대한 문제를 딥러닝 기술을 통해 규명한 논문이 발표되어 화제를 모았다. 폴란드 과학 아카데미 연구팀은 "물과 질소 등 기본 분자에서 어떻게 생명과 같은 복잡한 분자가 태어난 것인가?"라고 질문하며 이를 수학적 알고리즘으로 구현하고자 했다. 그동안 지구의 초기 환경에서 다양한 유기 반응이 일어날 수 있다는 것은 일반적인 정설이었지만 생명의 기원은 여전히 수수께끼였다. 생명을 탄생시킬 수 있는 요인이 너무 많아서 어떤 분자가 가장 중요한지를 특정하기 어려웠던 것이다.

연구팀은 초기 지구에서 가장 흔했던 물, 사이안화 수소, 암모니아, 황화 수소, 질소, 메탄 등 6가지 물질을 결합하는 딥러닝 기술 기반의 시뮬레이션을 수행한 결과, 생명의 탄생 가능성이 있는 분자 약 3만 5,000여 개를 발견한다. 그리고 그중에서 여러 세대를 거쳐 생명의 기원으로 이어질 수 있는 분자 조합 50여 가지를 최종적으로 찾았다. 딥러닝 알고리즘으로 생명의 기원까지도 탐색할 가능성을 연 것이다.

알고리즘에 대한 유토피아적 기대만 있는 것은 아니다. 유발 하라리는 인간이 알고리즘을 이용해 기술과 문명을 발전시켰지만 반대로 인간이 뛰어난 인공지능 알고리즘에 지배당하게 될 수도 있다고 주장하기도 했다. 그는 『호모 데우스』에서 과학과 알고리즘이 불확실한 사회와 인간의 지성으로 정복할 수 없는 의식 세계, 예측할 수 없는 인간 내면의 세계가 교차하며 만드는 복잡계를 설명할 수도 있다고 주장했다. 그러면서 미래는 의식은 없지만, 지능이 매우 높은 알고리즘들이 우리보다 우리 자신을 더 잘 알게 될 것이라고 했다.

물론 인간의 의식을 어떻게 정의하느냐에 따라서 그 답은 달라질 것이다. 현재로서는 인공지능이 인간의 뇌를 완벽하게 구현하는 것은 거의 불가능하다. 다만 초보적인 수준에서 스스로 사고하는 딥러닝 기반의 인공지능이나, 역시 그 수준에서 인간의 감정을 읽고 느끼는 정도의 로봇은 출시되고 있다. 유발 하라리가 말한 대로 AI 알고리즘이 인간의 의식까지도 대체하는 순간이 올지, 온다면 언제가 될지는 여전히 미지수다.

AI도 인종차별을 한다

데이터는 분명 미래사회의 성장 동력으로서 무한한 가능성이 있다. AI 알고리즘이 그 가능성을 현실로 만들어 줄 가장 중요한 기술이라는 사실도 의심의 여지가 없다. 하지만 인간 사회의 문제들을 다 해결해 줄 수 있을까?

우리는 매일 인공지능 알고리즘을 적용한 큐레이션 서비스를 이용한다. 넷플릭스와 티빙 같은 OTT 서비스는 회원들의 이용 내역을 파악하여 좋아할 만한 콘텐츠를 추천한다. 드라마, 액션, 스릴러 등 장르는 물론, 배우와 감독, 스토리까지 사용자의 취향을 분석하고 조합하여 초기 추천 화면에 배열한다. 유튜브와 인스타그램도 이용자의 조회 내역을 중심으로 관심도가 높은 콘텐츠나 광고를 제공한다. 이때 사용자의 특성에 따라 다른 광고가 나타난다.

이처럼 딥러닝 기반의 인공지능이 일상의 거의 모든 곳에 자리잡고 있다. 아마존, 넷플릭스, 네이버, 카카오가 나보다 나를 더 잘 알고 있을지도 모른다. 그러다가 우리는 좋아하는 것만 찾고, 보고 싶은 것만 보며, 믿고 싶은 것만 믿게 되지 않을까 걱정도 든다.

산이 많은 곳에 길을 놓으려면 터널을 뚫어야 한다. 쭉 뻗은 고속도로 구간을 달리면 시간도 단축되고 운전하기도 편하다. 오래전 동해로 가려면 미시령과 한계령을 넘어야 했다. 산길을 따라 운전했던 기억이 선하다. 굽이굽이 고갯길을 타는 재미가 있었다. 경치가 좋아서 가던 길을 멈추고 쉬었다 가기도 했다. 지금은 미시령에 터널이 생겨서 통과하면 금방 바다가 나오는데 편해서 좋은 한편, 아쉽기도 하다. 도착 시간은 빨라졌지만 주변의 작은 것들을 놓친 것만 같다.

알고리즘 추천 시스템도 이와 비슷한 느낌을 준다. 내가 검색하기도 전에 SNS에 이런저런 정보들이 도착해 있다. 속도와 편리함에 길들여져 정말 중요한 정보들을 놓치고 있는 건 아닐까. 그런데 그 정보가 단순한 상품의 구매나 취미, 여가와 관련된 것이 아니라 매일 접하는 뉴스라면 어떨까? 취향의 차원을 넘어서 각자의 사고와 세계관에도 영향을 미칠 수 있게 되는 것이다.

수집한 데이터에 편향성이 있으면 그대로 알고리즘에 전이된다. 2015년 구글 포토Google Photo에 흑인 남성이 자신의 친구인 흑인 여성 사진을 올렸는데 '고릴라'라는 해시태그가 붙은 사건이 발생했다.

논란이 커지자 구글 측에서 사과를 하며 이런 일이 재발하지 않도록 원인을 찾겠다고 했다. 인공지능 사진 분류 서비스를 개선했다고는 하지만 아직 완벽하지는 않다.

2021년에도 비슷한 사건이 다시 일어났다. 페이스북의 인공지능이 흑인 남성이 나오는 동영상을 '영장류Primates'로 분류했다. 한 신문사에서 흑인 남성과 백인 경찰이 말다툼하는 동영상을 올렸는데, AI가 사용자에게 다음과 같은 문구를 띄웠다. "영장류에 관한 동영상을 계속 보시겠습니까? Keep Seeing videos about Primates?" 개발자의 윤리성을 강조하고 데이터를 검증하기 위한 연구가 이루어지고 있지만, 인공지능의 인종차별 문제는 끊이지 않는다.

사회학자 사피야 우모자 노블 Safiya U. Noble은 『구글은 어떻게 여성을 차별하는가 Algorithms Of Oppression』에서 객관적이고 중립적이라고 여겨지는 디지털 알고리즘이 인종차별과 혐오를 조장한다고 했다. 잘못된 데이터로 학습된 인공지능 추천 시스템이 차별적 편향성을 은밀하게 드러낸다는 것이다. 그녀는 딸과 사촌 조카들이 좋아할 만한 놀잇감을 찾으러 구글에 접속했는데, 검색창에 '흑인 소녀'라고 입력한 순간 경악하고 만다. 상단에 노출된 것은 흑인 소녀들이 나오는 음란 포르노 사이트였다. 그리고 흑인 여성을 왜곡된 성적 대상으로 묘사한 게시물들이 줄지어 이어졌다. '포르노'라는 단어를 같이 검색하지도 않았는데, '흑인 여성은 성적 대상'이라는 차별적 메시지를 지닌 정보들에게 일방적으로 노출된 것이다.

이를 계기로 구글 검색 엔진의 편향성에 관심을 갖게 된 그녀는 추가 연구에서 '여성'이 주어인 문장을 입력하고 뒤에 어떤 자동 완성 문구가 나오는지를 보았다. 검색창에 '백인 여성은 왜 그토록'이라고 입력하면 '아름다운가' '인색한가' '쉬운가' '불안한가' '말랐는가' 등의 문구가 나왔다. 반면에 '흑인 여성은 왜 그토록'을 입력하자 '화를 내는가' '목소리가 큰가' '인색한가' '게으른가' 등의 문구가 검색되었다. 노블은 흑인 여성을 향한 차별적 시선에 대해 다음과 같이 말했다.

> 데이터를 왜곡하는 이들은 글로벌 경제는 물론 사회적 불평등까지 사적 이익으로 수렴시키는 기업 엘리트나 권력자들에게 우호적인 의사결정 프로토콜을 만들어 검색 알고리즘에 포함시킨다. 인간의 생각과 행위를 모사하는 알고리즘을 사용하는 딥 머신러닝 또한 특정 부류의 사람들이 가진 가치관을 강화한다. 그 특정 부류란 우리 사회의 가장 권력 있는 단체의 가장 상층부에서 모든 것을 통제하는 사람들이다…. 구글은 대중에게 올바른 정보를 제공해주기 위해 설립된 공익기관이 아니다. 광고로 운영되는 개인 회사일 뿐이다.

인간이 생성한 데이터로 학습한 AI 알고리즘은 인간의 편견도 답습할 수 있다. 물론 '의도치 않은' 결과일 수 있다. 그러므로 AI 알고리즘은 객관적이고 공정하다고 맹신해서는 안 될 것이다. 데이터를 조작하여 '의도적인' 차별과 편향성을 조장해 사회 분열을 일으킬 수도 있다. 잘못된 가치관과 편견을 학습한 AI는 인간과 달리 스스로 오류를 수정할 능력이 상대적으로 부족하기에 더 많은 고민이 필요하다.

에코 체임버와 필터 버블

미국의 법학자 캐스 선스타인Cass Sunstein(1954~)은 자신과 유사한 생각을 가진 사람하고만 소통하면서 편향된 사고를 갖게 되는 현상을 에코 체임버echo chamber라고 했다. 반향실反響室 효과라고도 한다. 인공적인 메아리를 만드는 밀폐된 공간에서 자신의 소리만 증폭되어 들리는 현상에서 비롯된 말이다. 사용자는 자신이 좋아하는 콘텐츠만 소비하고, 알고리즘도 그가 선호하는 콘텐츠 위주로 추천을 한다. 다른 의견은 듣지 않고 자기 생각에만 빠져 있다 보니 편향성이 점점 강화될 수밖에 없다.

알고리즘 뉴스 큐레이션의 확증 편향성을 가리키는 또 다른 개념으로 '필터 버블'이 있다. 미국의 시민단체 무브온의 이사장 엘리 프레이저Eli Pariser(1980~)가 『생각 조종자들The Filter Bubble』에서 제시한 용어다. 사용자에게 맞게 필터링된 정보가 진공의 거품처럼 사람들을 가둬버리는 현상을 뜻한다. 프레이저는 테드TED 강연에서 필터 버블의 한 사례를 들려주었다.

나는 진보적 정치 성향을 가지고 있습니다…. 하지만 늘 보수적 성

필터 버블. 알고리즘은 개인의 취향을 분석하여 정보를 선별·제공해주는데, 이 과정에서 필터 버블에 갇히게 될 수 있다. 우리는 세상을 있는 그대로 보는 걸까, 보이는 대로 보는 걸까.

향의 사람들과 만나기 위해 노력합니다. 나는 그들의 생각을 경청하기 좋아합니다…. 그런데 어느 날 보수주의자들이 내 페이스북 피드에서 사라졌다는 것을 알았을 때 깜짝 놀랐습니다. 페이스북이 내가 어떤 링크를 클릭하는지 살펴보고 있었고, 그것은 실제로 내가 보수적 성향의 친구들보다 진보적 성향을 가진 친구들의 링크를 더 많이 클릭했음을 말해주는 것이었죠. 그리고 페이스북은 내 의견을 묻지도 않고 그것을 편집해버렸습니다.

페이스북과 구글이 제공하는 맞춤형 콘텐츠가 유용하다는 사실은 분명하다. 하지만 프레이저의 말처럼 다양한 목소리에 귀를 막은 채 필터 버블에 갇혀 자신의 편견을 더 강화할 수 있으며, 시간이 지나면서 무의식적인 생각까지도 바뀔 수 있음을 알아야 할 것이다.

고대 철학자 플라톤은 동굴의 비유를 통해 이데아와 현실의 관계를 밝혔다. 그는 사람들이 동굴 안에 갇혀 결박된 채 벽에 일렁이는 그림자를 보며 그것이 현실 세계라고 믿는다고 했다. 동굴 밖으로 고개를 돌리면 참된 세계 이데아가 있는데도 동굴 벽만 보고 있다. 플라톤은 실제와 다른 그림자를 현실이라고 믿는 사람들의 닫힌 의식의 세계를 동굴에 빗댄 것이다.

근대에 와서 동굴의 비유는 다시 소환된다. 경험주의 철학자 프랜시스 베이컨Francis Bacon(1561~1626)은 진리를 발견하는 데 있어 오류를 범할 수 있는 네 가지 우상idol을 들었다. 종족의 우상, 동굴의 우상, 시장의 우상 그리고 극장의 우상이 그것이다. 그중에서 동굴의 우상은 각 개인이 갖는 의식의 차이가 만드는 오류이다. 각자의 경험이나 생각에 사로잡혀 사실을 보다 객관적으로 보지 못하는 경향을 말한다. 그는 모든 사람은 자신만의 고유한 동굴을 가지고 있다고 한다. 지지하는 당파가 다르고 읽는 책이 다르며 취미도 각양각색이다. 이 모든 것들이 편향된다면 고정관념에 사로잡혀 사실을 왜곡된 눈으로 볼 수밖에 없다는 것이다. 베이컨은 이를 극복하기 위해서는 자신의 동굴에서 빠져나와 타인의 의견을 듣고 바깥세상과 소통하면서 사회적 가치를 공유해야 한다고 했다.

프레임 씌우기와 버블 터뜨리기

철학자 장 보드리야르Jean Baudrillard(1929~2007)는 『시뮬라크르와 시뮬라시옹Simulacres et Simulation』에서 "가상과 실재의 구분이 사라졌다"라고 하며, '시뮬라시옹'이라는 개념을 제시했다. 이것은 실제가 아닌 것이 더 실제 같아서 가상과 현실이 뒤바뀌는 현상을 의미한다. 특히 그는 현대 미디어가 만드는 정보들이 사람들이 직접 경험하는 현실보다 더 실제처럼 느껴지는데, 이를 '하이퍼 리얼리티hyper reality'라고 했다.

AI 추천 알고리즘이 제공하는 뉴스 피드나 정보 큐레이션은 현실에서 사람들이 느끼는 방식보다 훨씬 더 정교하게 사용자의 심리와 소비 패턴을 파악하고 나아가 그들의 생각을 조종한다. 또한 개인이 가장 선호하는 정보만을 우선 제공하여 결국 인식 구조도 바꿔 버린다. 하이퍼 리얼리티가 실제 세계의 리얼리티를 넘어선다는 이야기다. 플라톤이 말한 것처럼 동굴 속에서 사람들은 '시뮬라크르simulacre'라는 그림자가 현실일 거라고 더 굳게 믿게 된다. 우리가 인공지능 추천 알고리즘에 많이 의존할수록 이런 악순환은 반복될 것이다.

미국의 사회학자 어빙 고프먼Erving Goffman(1922~1982)은 세상을 바라보는 생각과 마음의 틀을 프레이밍framing 개념으로 설명했다. 그는 사람마다 세상을 이해하고 해석할 때 사용하는 준거 틀이 다르며 자신의 가치와 관점을 중심으로 판단한다고 했다. 그가 언급한 뉴스

카메라 앵글과 프레이밍. 길에서 강도를 만난 상황이다. 전체가 아닌 검은 부분만 화면에 넣었더니 사실이 뒤바뀌어 있다. 이 그림은 언론의 뉴스가 카메라 앵글에 따라 사실을 어떻게 왜곡할 수 있는지를 보여준다.

프레이밍은 미디어가 어떤 사건이나 이슈를 다룰 때 특정한 프레임에 맞춰 보도하는 것을 말한다. 뉴스에는 어떤 이슈에 대해 시청자의 판단에 영향을 미칠 수 있는 멘트나 카메라 앵글 같은 요소들이 개입될 수 있다.

언론사가 뉴스를 만들어내고, AI 기반의 알고리즘 서비스가 추천 뉴스들을 선정하는 과정에 이미 프레이밍 효과가 일어난다. 미디어 사회학자 파멜라 슈메이커 Pamela J. Shoemaker(1950~)는 뉴스 보도에 게이트키핑 gate-keeping이 개입될 수밖에 없다고 말했다. 게이트키핑이란 신문사나 방송국에서 기사를 내보낼 때 편집자나 기자 등 결정권자가 뉴스를 취사 선택하는 것을 말한다. 뉴스는 사건 발생부터 기사가 송출될 때까지 여러 관문을 통과하는데 이 과정에서 어떤 뉴스는 선택되고 어떤 뉴스는 탈락한다. 대중은 언론사의 취사 선택에 따라 정보 편식이 더 심해질 수밖에 없다. 더욱이 견고한 필터 버블에 갇힌 상태라면 자신과 생각이 다른 뉴스는 접하지도 않고 다른 사람과는 대화를 나누려 하지도 않게 된다.

코로나 팬데믹으로 이런 현상은 더욱 심화된 것으로 보인다.「길어지는 '집콕'에 커지는 '필터 버블' 알고리즘에 지배당하는 소비자들?」(한국경제, 2021. 2. 15)이라는 기사를 보면 팬데믹에 사람들이 여가의 상당 시간을 OTT 시청으로 보내고 있다고 한다. 기사는 알고리즘 추천 정보에 대한 반응과 전망을 다루며 한국콘텐츠진흥원의 조사를 인용했다. 코로나19 이후 가입자들이 영상 콘텐츠 플랫폼에 지출하는 비용이 6,650원에서 1만 3,119원으로 두 배가량 증가했는데, 자칫 필터 버블에 갇힐 가능성 있다고 하며 다음과 같이 적었다.

> 사용자는 자신이 평소에 좋아하는 것, 관심 있는 것을 선택한다. 이를 바탕으로 인공지능은 사용자의 취향을 학습하고 좋아할 만한 것을 추천한다. 물론 사용자는 그 추천을 받아들일 수도, 받아들이지 않고 다른 것을 택할 수도 있다. 이런 '선택-추천'의 과정이 누적될수록 인공지능은 사용자가 정확히 원하는 콘텐츠에 대한 부가적인 이해도를 쌓아간다. 누적된 데이터로 추천한 콘텐츠는 사용자에게 수용될 가능성이 높아진다.

더 심각한 문제는 이해관계에 따라 제공되는 특정 정보나 맞춤형 뉴스이다. 서비스 운영자들이 비즈니스 전략에 따라 특정 콘텐츠를 지속해서 상단에 노출한다면 결국 그 피해는 소비자들에게 돌아온다.

필터 버블을 주장한 엘리 프레이저 또한 이런 문제가 앞으로 더 중요해질 것이며, 결국에는 비민주적인 사회를 불러올 수도 있다고 경고한다. 그는 "궁극적으로 시민들이 편협한 자기 이해관계를 넘어 생각할 수 있을 때 민주주의는 비로소 작동한다. 그러나 그렇게 하려면 우리는 서로 세상에 대한 시각을 공유해야 한다. 우리는 다른 생활 방식과 다른 욕구를 가진 사람들과 서로 살을 맞대야 한다"고 말하며 문제를 해결하기 위해 소통하고 공통 가치를 공유해야 한다고 했다.

그렇다면 필터 버블에서 벗어날 수 있는 구체적인 방법은 없을까? 정보의 편향성을 극복하고 사회 분열을 막는 방법은 없을까? 이 질문에 대한 몇 가지 대안들이 모색되고 있다. 트위터는 MIT 미디어랩에서 개발한 플립피드Flipfeed 프로그램을 실행하고 있다. 이 프로그램은 사용자에게 자신이 치우친 정보에 노출되어 있음을 자각하게 하고, 반대쪽 정보를 습득하도록 설계되었다. 사용자의 뉴스 피드에 정치적으로 정반대 성향의 피드와 콘텐츠를 노출하는 방법으로 편향성 문제를 해결하고 있다. 페이스북도 반대 성향의 의견을 볼 수 있도록 추가적인 뉴스를 삽입하는 프로그램을 실행하고 있다.

한편 국내에서도 AI 알고리즘이 제공하는 뉴스의 편향성에 대한 논의가 있어 왔다. 2022년 1월, 네이버 뉴스 알고리즘의 편향성을 평가하는 토론회가 열렸다. 한국언론학회에서 추천한 전문가들로 구성된 검토위원회는 몇 가지 문제점과 대안을 제시했다. 현재 알고리즘의 설계상 뉴스 추천에 의도적인 편향이 있다고 보기는 어렵지만, 보수적인 성향의 대형 언론사의 뉴스가 상대적으로 더 많이 노출되고 있다고 했다. 온라인 대응 역량을 갖춘 대형 언론사들이 어떤 이슈가 있으면 기사를 대량으로 송고하고, 그것이 자연스럽게 추천 뉴스가 되어 높은 조회수를 기록한다는 것이다. 따라서 "이용자 경험 차원에서는 특정 성향 언론사 노출 비중이 상대적으로 높을 수밖에 없다"고 지적했다. 그리고 언론 환경과 포털의 사회적 책무 차원에서 심층 기획기사나 대안 매체, 지역 언론사의 뉴스가 잘 노출될 수 있도록 하는 정부 차원의 대책이 필요하다고 강조했다.

상품과 뉴스 추천 서비스는 이미 일상이 되었다. '선택의 역설'이 주는 불편함을 겪더라도 그 편리함을 누리는 만큼 추천 서비스를 이용할 수밖에 없다. 누구나 '프레이밍 이미지'에 둘러싸여 '에코 체임버'가 만드는 주장을 듣고, 각자의 '필터 버블' 속에서 살아갈 수밖에 없다. 하지만 우리는 인권을 가진 개인이면서 또한 사회를 움직이는 구성원이기도 하다. 당면한 사회 문제를 함께 논의하고 최적의 해결 방안을 찾아 나가야 한다. 필터 버블을 터뜨리기 위해서 정부나 관련 기업의 책임 있는 자세가 필요하다. 하지만 그게 전부는 아니다. 우리가 저마다의 편향성을 인정하면서 자신을 둘러싼 버블을 터뜨릴 때, 나와 의견이 다른 사람과 대화가 시작될 것이다. 우리 각자의 노력도 필요한 시기다.

8장 가상현실의 시공간 : 『신곡』에서 메타버스까지

> 훌륭한 과학소설이라면 자동차를 예측하는 것이 아니라,
> 그로 인해 발생할 교통체증을 예측할 수 있어야 한다.
>
> • 프레더릭 폴Frederik Pohl, 과학소설 작가

인간은 세 가지 시간을 살아간다

인류의 역사를 한마디로 무엇이라 말하면 좋을까? 분야에 따라 다양한 관점에서 이야기할 것 같다. 철학자들은 인간의 본질을 탐구하는 지적 여정으로, 과학자들은 지식의 발견과 기술의 발달 과정으로, 사회학자는 인간 사회의 변화와 발전 과정으로 설명할 것이다. 앞서 우리는 역사를 제1~4차 산업혁명과 데이터 혁명으로 간략히 살펴보기도 했다. 그렇다면 시간과 공간이라는 관점에서 역사를 생각해보면 어떨까?

역사 속에서 인간은 토지나 국가 영토 등 공간을 확장하는 동시

에 이동 시간을 단축하고자 노력하면서 문명을 이루어왔다. 시간과 공간은 개인과 사회에게 주어진 유한한 자원이며 도전과 욕망의 대상이다. 특히 디지털 시대에 사는 현대인에게 시간은 거의 분초 단위로 쪼개면서 관리하는 재화다. 즉 시간은 돈이다. 개인의 성취나 기업의 성과는 얼마나 빠른 시간에 일을 해내느냐에 따라 달라지기 때문이다.

기술이 발전하면서 시간의 개념 또한 달라지고 있다. 휴대폰이 없던 시절에는 누군가를 만나려면 정해진 시간에 약속 장소에 가서 상대방이 올 때까지 기다려야만 했다. 급한 일이 생겨도 늦어진다고 연락을 하기가 어려웠다. 그래서 기다리는 사람이나 늦게 가는 사람 모두 시간에 대해 약간의 여유를 가질 수 있었다. 지금은 사정이 다르다. 약속 장소로 이동하면서 휴대폰을 들고 거의 실시간으로 연락을 한다. 5분만 늦어도 바로 메시지를 보낸다. 휴대폰이 없던 예전보다 기다리는 시간이 더 지루하게 느껴진다. 모두 시간적인 여유가 없어진 바쁜 현대인의 모습이다. 이는 디지털 기술에 따르는 시간에 대한 인식의 변화를 보여준다. 시간은 물리적 정보이기도 하지만 내면적인 인식이기 때문이다. 그렇다면 인간에게 시간은 무엇일까? 인류는 언제부터 시간을 본격적으로 고민했고, 역사의 흐름 속에서 어떻게 달리 정의했을까?

고대 그리스인들은 시간을 아이온Aion, 크로니쿠스Chronicus, 카이로스Kairos로 구분하여 사용했다. 아이온은 삶의 기한, 나이를 뜻한다. 1년은 365일, 하루는 24시간처럼 누구에게나 동시에 주어지는 시간에 대한 개념이다. 크로니쿠스는 과거에서 현재, 그리고 미래로 이어지는 시간이다. 우리가 역사라고 말하는 시간도 이 개념에 속한다. 즉 현재를 중심으로 과거와 미래를 구분하며, 인간이 시간을 날과 달, 계절은 단위로 계산할 수 있게 해준다. 카이로스는 지속적인 시간의 흐름 속에서 발견하는 특정한 순간을 가리킨다. 인간의 행동과 결합한 시간의 개념이다. 카이로스는 상황적인 시간이다. 어떤 사건의 기승전결 같은 질적인 시간 구분인데, 역사 속 특정 사건의 상황을 설명할 때 이 개념을 사용한다. 시간을 정의할 때 보통 크로니쿠스의 개념을 많이 떠올리지만 우리는 세 가지의 시간 속에서 살아간다고 할 수 있다.

시간에 대한 양자론적 철학서인 『시간은 흐르지 않는다L'ordine del tempo』의 저자인 이탈리아의 물리학자인 카를로 로벨리Carlo Rovelli(1956~)는 인류가 오랫동안 지녀온 크로니쿠스적인 시간 인식의 한계를 지적하며 다음과 같이 적었다.

> 시간이란 미세한 규모의 차원에서 일련의 과정을 거쳐 만들어지지만 보다 큰 규모, 즉 거시적인 차원에서만 드러나는 창발현상이라는 것이다. 다르게 표현하자면 시간은 이 세상의 세부 요소를 인식하지 못하는 데서 오는 '무지의 효과'라고 볼 수 있다.

그는 시간이 모든 사람에게 똑같은 기준으로 주어지는 게 아니라, 시간의 개념과 단위를 인간이 만들었기에 각자에게 다른 의미로 인식될 수 있음을 강조한다. '시간은 흐른다'는 개념도 절대적이지 않다는 것이다. 그는 우리가 너무 선형적인 시간에 얽매인 삶을 살 필요가 없다고 넌지시 말해주는 듯하다.

시간이라는 통제 기술

인류는 어떤 방식으로 시간을 측정하여 삶에 적용해왔을까? 고대 이집트와 그리스, 중국 등지에는 막대기를 세우고 태양이 운동하며 만드는 그림자에 따라 시간을 측정하는 해시계가 있었다. 이후 흐린 날과 밤에 사용할 수 없는 해시계의 단점을 보완하여 물시계를 발명했다. 눈금이 새겨지고 바닥에 작은 구멍이 뚫린 그릇에 물을 채워 흐르는 물의 양을 기준으로 시간을 측정한 것이다. 인류는 천체의 운동을 헤아려 달력을 만들었고, 계절의 변화를 따라 연도의 개념을 구상했다.

유럽에서 기계식 시계가 처음 발명된 것은 14세기경이다. 이탈리아 북부를 시작으로 시계탑 건설이 유행했다. 당시에는 시계에 숫자판이 없고 시곗바늘이 하나만 있어서 지금처럼 구체적인 시간을 알기 어려웠다. 그래서 거리에 세워진 시계탑이 타종을 하여 시간을 알려주었다고 한다. 라틴어로 종이라는 의미의 클로카 clocca는 시계 clock의 어원이다. 15세기 말에 태엽을 발명하고 휴대용 탁상시계를 제작하면서 보다 정교하게 시간을 측정할 수 있게 되었다.

체코 프라하 구 시청사에 설치된 천문시계(1410).
천동설을 믿었던 15세기의 시계답게 지구를 중심으로 달과 태양 행성들이 도는 형태이다. 천문시계는 시간은 물론 날짜와 요일, 해가 뜨고 지는 시간, 농사의 시기를 알려주며 생활의 지표가 되었다.

시간의 단위인 시·분·초의 개념은 언제 생겼을까? 유럽에서는 18세기부터 19세기 말까지 매년 날짜 수를 평균 태양일로 정하고 이것을 24등분한 것을 시hour로, 시를 60등분한 것을 분minute으로, 분을 60등분한 것을 초second로 하는 현재의 시간 단위로 발전시켰다. 특히 1707년 영국의 의사 존 플로이어 경Sir John Floyer(1649~1734)은 일반적인 맥박 수를 감안하여 정확하게 1분 동안 60번 뛰는 맥박시계를 발명했다. 이제 사람들은 시와 분에 더해 초까지 잴 수 있게 된 것이다.

1884년 미국 워싱턴에서 각국의 외교관, 기술자, 천문학자들이 모여 '국제자오선 회의International Meridian Conference'를 개최했다. 산업혁명과 과학 기술의 발달로 국가 간의 통행이 활발해지면서 세계 기준시가 필요했기 때문이다. 그 결과 영국 그리니치 천문대의 자오선을 지구경도의 원점, 즉 본초자오선本初子午線, prime meridian으로 선정했다. 세계 모든 장소는 이 선을 기준으로 경도를 표시하게 되었고, 각 나라들은 각자 위치한 표준 경도에 따라 표준시를 사용하기 시작했다. 경도 15°마다 약 한 시간의 시차가 생긴다. 표준시를 제정한 데는 세계 곳곳을 식민지로 삼은 서구 열강들, 특히 영국의 입김이 크게 작용했다. 식민지를 통치하려면 글로벌 표준시의 개념이 반드시 있어야 했다. 이처럼 표준시는 일상을 편리하게 하고 경제를 발전시켰지만 그 이면에 세상을 하나의 통제 시스템으로 만드는 계기가 되기도 했다.

현대 자본주의의 기원을 추적한 사회역사학자 제임스 베니거James R. Beniger(1946~2010)는 '컨트롤 레볼루션Control Revolution'이라는 개념을 소개했는데, 이는 산업혁명 이후 현대사회가 유지될 수 있는 제어 장치로서 통신과 정보처리 같은 다양한 통제 기술을 말한다. 시간도 그 가운데 하나인 듯하다. 우리는 하루하루 시간을 정해놓고 생활한다. 월간 계획과 연도별 계획도 세운다. 모든 사회 시스템에는 정해진 시간 약속이 있다. 사회 활동도 마찬가지다. 인간이 시간의 노예라는 말이 나오는 이유다. 시간이야말로 삶을 제어하는 인간의 가장 훌륭한 발명품이 아닌가 하는 생각이 든다.

그런 면에서 역사는 인간에게 주어진 시간이라는 자원을 최대한 효율적으로 활용하려는 노력의 과정이라고도 볼 수 있다. 인간은 기술로 시간을 단축하기 위해 끊임없이 도전해왔다. 최근 메타버스나 자율주행차의 AI 기술에서 인간과 기계가 정보를 교환할 때 '실시간성'을 추구하는데, 역시 시간을 단축하기 위한 도전의 연장이라고 할 수 있다.

공간 확장을 향한 욕망

인류는 생각하는 존재 호모 사피엔스homo sapiens에서 디지털 문명에 적응하는 호모 디지피엔스homo digipiens를 지나, 모바일 기술과 함께 정보력과 이동성을 갖춘 호모 모빌리스homo mobilis, 스마트폰을 신체 일부처럼 활용하는 포노 사피엔스phono sapiens로 변모해 왔다. 그리고 오늘날 시공간의 한계를 넘어 현실세계에서 가상세계로 새로운 삶을 펼치고 있다.

시간 극복과 함께 새로운 공간을 개척하려는 인간의 욕망은 끝이 없었다. 역사가 시작되면서 인류는 영토를 얻고자 수평적 확장에 나섰고, 자본주의의 발달과 함께 고층빌딩과 우주로 수직적 확장을 시도했으며, 최근 디지털 시대에는 가상공간으로까지 그 영역을 넓히고 있다.

인류 초기 원시인들은 가축을 기르기에 적합한 땅을 찾아서 유목 생활을 했다. 그러다 경작하기 좋은 하천 지역에 정착하면서 부족을 이루며 문명사회를 열었다. 이집트, 메소포타미아, 인더스, 황허 문명이 그것이다. 이후 인간은 국가를 건설하고 영토를 확장하기 시작한다.

기원전 8세기 작은 도시국가였던 로마는 유럽과 지중해를 넘어 북아프리카와 페르시아까지 지배하는 대제국이 된다. 그리고 평화와 번영을 누리며 문화를 꽃피운 팍스 로마나^{Pax Romana} 시대를 구가했다. 뒤이어 5세기 로마제국의 멸망과 함께 중세 시대가 열렸다. 11세기부터 13세기로 이어진 십자군 전쟁은 성지 예루살렘을 차지하기 위한 기독교와 이슬람교의 충돌이기도 했다.

15세기 말, 콜럼버스가 신대륙을 발견하면서 영토 확장을 향한 인간의 욕망은 극에 달한다. '지구촌'이라는 개념이 이때부터 생겼다고 볼 수 있다. 곧이어 유럽 열강들의 제국주의 식민지 시대가 시작되었다. 열강은 전쟁을 통해 약소국을 정복하고 경제적 수탈을 일삼았다. 인류 역사 동안 97%는 전쟁의 시기였고, 나머지 3%의 시간은 전쟁의 피해를 복구하거나 다음 전쟁을 준비하는 기간이었다는 보고도 있다.

18세기 말 산업혁명과 함께 자본주의 시대가 열린다. 종교의 자유를 찾아 신대륙 북아메리카에 대거 이주했던 청교도들은 동부에서 새로운 기회의 땅인 서부로 떠난다. 수많은 원주민을 희생시킨 서부개척의 역사는 공간을 차지하기 위한 인간의 욕망이 어떻게 발현되는지를 잘 보여준다.

20세기에 오면서 급격한 산업화가 이루어진다. 세계 곳곳에서 정치·경제·사회·문화의 중심지인 메트로폴리탄 거대 도시들이 생겨난다. 대도시의 공간은 수직적인 확장을 가속시켰다. 좁은 도시의 중심지역을 점유하려고 경쟁하면서 자본주의의 상징인 마천루가 세워지고, 도심의 스카이라인이 형성된다.

공간을 향한 욕망은 더욱 수직 상승해 지구 밖의 우주로 뻗어 나갔다. 2021년 7월, 버진그룹의 회장 리처드 브랜슨이 민간인 최초로 우주여행을 다녀왔다. 아마존의 회장 제프 베이조스도 자신이 설립한 '블루 오리진'의 우주선을 타고 우주 관광을 다녀왔다. 테슬라의 일론 머스크가 만든 스페이스 X가 민간인 4명을 태우고 사흘 동안 지구 주위를 유영하고 돌아왔다는 뉴스도 있었다. 언젠가 누구나 비행기를 이용하듯이 우주선을 타는 시대가 올지도 모른다.

단테의 상상이 현실이 되다

중세시대에 우주는 절대적인 신비로움을 지닌 상상의 공간이었다. 단테Alighieri Dante(1265~1321)는 1308년부터 집필을 시작해 죽기 1년 전인 1320년에 대서사시 『신곡 La Divina Commedia』을 완성한다. 그의 젊은 날 세상을 떠난 첫사랑 베아트리체를 향한 그리움을 담은 작품으로, 단테 자신으로 추정되는 한 사람이 지옥·연옥·천국으로 여행을 떠난다는 이야기다. 그의 곁에는 두 명의 안내자가 있는데 지옥과 연옥에 동행하는 로마 최고의 시인 베르길리우스와 천국을 소개하는 베아트리체이다.

도미니코 디 미켈리노가 그린 「단테의 신곡」(1465). 단테가 『신곡』을 들고 지옥 입구 옆에 서 있다.
피렌체 대성당 소장.

이 작품은 현실 너머에 있는 영적인 가상공간을 무대로 하는데, 단테는 마치 실제로 존재하는 세계처럼 묘사하고 있다. 중세인에게 영혼의 세계, 천상의 세계가 존재할 수 있음을 보여주려 한 것이다.

과학이 발달하면서 단테가 묘사한 천상의 세계는 은유의 차원을 넘어 사실적인 탐구의 대상이 된다. 코페르니쿠스의 지동설과 케플러의 법칙을 통해 지구는 태양을 중심으로 자전하는 여러 행성 중 하나라는 사실이 밝혀진다. 천체는 자연법칙의 지배를 받는 공간이라는 과학적 사고를 하기 시작했다. 20세기 초 천체물리학자 허블Edwin P. Hubble은 지구에서 100만 광년이나 떨어진 또 다른 은하계를 발견한다. 그는 지구가 속한 은하계는 우주의 지극히 작은 일부분에 지나지 않으며, 우주가 계속 팽창하고 있다는 사실을 밝혀낸다. 바로 빅뱅big bang 이론이다. 이로써 인간이 지각할 수 있는 공간의 개념은 무한대의 우주로 확장되었다.

다음은 어디일까? 인간은 이제 밖이 아니라 안으로, 실제 체험하는 공간이 아니라 상상하는 공간으로도 관심을 기울인다. 과학 저널리스트 마거릿 버트하임Margaret Wertheim(1958~)은 『공간의 역사: 단테에서 사이버 스페이스까지The Pearly Gates of Cyberspace』에서 디지털 문명의 한가운데서 단테를 다시 소환했다. 버트하임은 인간이 사유를 통해 공간 개념을 무한히 확장해왔다고 했다. 그런데 기술이 발전하면서 단테가 『신곡』에서 실제 세계처럼 묘사했던 영적 공간이 인간의 인식에서 점점 유리되고 있다고 했다. 특히 천문학과 물리학이 발전하면서 사람들은 우주를 물질적 공간으로 인식하게 되었고, 종교와 문학작품에서 다루었던 영혼의 세계는 갈 곳을 잃었다. 버트하임은 20세기 이후 우주를 향한 과학적 탐구가 지나친 욕심이라고 하며, "차가운 우주에서 인간의 정신이 거주할 공간과 방향감을 잃어버리게 했다"고 말했다. 물질적 공간의 팽창만을 추구해온 과학이 문명의 정신적 위기를 초래했다는 것이다.

그리고 사이버 스페이스, 즉 가상공간이 열렸다. 사람들은 가상공간에서는 성차별, 인종차별, 사회·경제적 차별 같은 현실 문제로부터 자유로워질 수 있으리라 믿었다. 버트하임은 그 안에는 영혼도 있고 영생도 가능하다고 했다. 사이버 스페이스야말로 인류 역사에서 공간을 확장하려고 끝없이 노력한 끝에 만들어낸 가장 완벽에 가까운 결과였다. 오래전 단테가 상상력을 통해 영혼의 세계를 만들었다면, 지금은 디지털 기술로 그가 찾았던 초월적 공간을 구현할 수 있게 된 것이다.

그런데 사이버 스페이스는 인간에게 새로운 터전이며 공간 확장의 기회를 주지만, 정체성이나 실제적인 자아를 즉각 만들어주지는 않는다. 버트하임은 우리가 가상공간에 접속하면서 현실세계의 정체성이 일부 흘러 들어가겠지만, 그곳에서 현실적 자아와 다른 측면을 경험할 가능성이 크다고 했다. 요즘 회자되는 멀티 페르소나, 다중적 자아의 개념과 상통한다. 멀티 페르소나는 '부캐'(부캐릭터)라는 이름으로 우리에게 익숙해졌다. 현대인들은 현실에서 억압된 자아를 벗어나 가상세계에서 내 안의 '진짜 나'를 찾고 싶어한다. 버트하임은 20여 년 전에 '또 다른 나'를 향한 심리를 통찰하고 있는데 지금 보면 대단한 혜안이다.

인간의 공간 감각은 고정된 것이 아니다. 경험하는 공간에 따라 새로운 감각이 생겨난다. 기술의 발달과 함께 새로운 공간들이 만들어지고 일상 속에 자리를 잡았다. 우리는 이 공간을 경험하며 새로운 감각을 기르고 새로운 자아를 형성해가고 있다.

먼저 우리가 실제 경험하며 살아가는 현실세계가 있다. 사이버 스페이스와 같은 가상공간도 있다. 증강현실Augmented Reality은 현실세계에 디지털 기술을 적용하여 인간의 감각 정보를 인위적으로 향상시킨 공간이다. 예를 들면 '구글 글라스' 같은 스마트 기기는 사용자에게 현실과 다른 세상을 보여준다. 시각장애인이 스마트글라스를 어릴 적부터 끼고 별 불편함이 없이 생활한다면, 그가 인식하는 현실 세계는 스마트글라스로 본 세상일 것이다. 내가 어디서 더 많은 시간을 쓰고, 나의 감각이 어디서 더 편한지에 따라 각자에게 공간의 의미는 달라진다. 이용하면 할수록 현실적인 세계와 비현실적인 세계의 구분이 어려워진다. 미래에는 그 두 세계의 차이를 구별하는 데 별로 신경 쓰지 않고, 다 받아들이며 생활할 가능성이 크다.

철학자 흄David Hume(1711~76)은 현실과 상상에 대한 흥미로운 주장을 했다. 인간의 마음은 감각적으로 체험하는 정보를 바탕으로 상상하며 실제 세상을 구성한다고 한다. 증강현실과 사이버 스페이스 이용자들은 그것이 실제 세상과 다르다는 사실을 안다. 그런데 흄의 주장에 따르면 이용자가 늘어나고 이용시간도 많아지다 보면 가상공간이 실제 현실이라고 생각할 수도 있다. 그런 의미에서 메타버스metaverse의 공간성에 주목할 필요가 있다. 메타버스는 실제 현실과도 다르고 기존의 가상공간과 또 다른 제3의 공간처럼 보인다. 가상공간에서 더 나아가 실제 현실에서처럼 사회적·경제적 활동을 할 수 있는 가상현실 공간이다.

메타버스는 지난 몇 년 동안 공간 확장으로 나아가는 거대한 통로가 되어 왔다. 결국 그 종착지가 될 수 있다고 예측하기도 한다. 메타버스에서는 비행기를 타지 않아도 어디로든 이동할 수 있다. 그곳에서는 현실세계보다 더한 자유를 누릴 수도 있다. 팬데믹이 장기화되면서 메타버스는 더욱 빠르게 일상에 안착하는 중이다.

가상공간 메타버스. 코로나 팬데믹은 시공간을 초월하려는 인간의 의지를 가속화했다. 이제 우리는 현실과 가상세계를 넘나들며 현실의 나와 가상세계의 나라는 두 개의 자아로 살아가게 되었다.
© Pop Nukoonrat

무한대로 열린 세상

메타버스는 어떻게 시작되었을까. 미국의 소설가인 닐 스티븐슨 Neal Stephenson(1959~)은 『스노 크래쉬 Snow Crash』에서 가상·초월 meta과 세계·우주 universe의 합성어로 메타버스를 처음 소개했다. 다음은 작품 속에서 메타버스라는 말이 최초로 언급되는 대목이다.

양쪽 눈에 조금씩 다른 이미지를 보여줌으로써 3차원적 영상이 만들어졌다. 그리고 그 영상을 1초에 72번 바뀌게 함으로써 그것을 동영상으로 나타낼 수 있었다. 이 3차원적 동영상을 한 면당 2킬로 픽셀의 해상도로 나타나게 하면, 시각의 한계 내에서는 가장 선명한 그림이 되었다. 게다가 작은 이어폰을 통해 디지털 스테레오 음향을 집어넣게 되면, 이 움직이는 3차원 동영상은 완벽하게 현실적인 사운드 트랙까지 갖추게 되는 셈이었다…. 그는 컴퓨터가 만들어내서 그의 고글과 이어폰에 계속 공급해주는 가상세계에 들어가게 되는 것이었다. 컴퓨터 용어로는 '메타버스'라는 이름으로 불리는 세상이었다.

주인공은 고글과 이어폰을 통해 메타버스라는 가상세계에 접속하는데, 그곳은 가상과 현실이 결합된 시공간이고, 경제·사회 활동이 가능한 곳이다. 지금으로부터 30년 전에 발간된 소설인데, 당시의 기술 수준에서 메타버스를 구체적으로 상상했다는 사실이 놀랍다.

2003년에 린든 랩Linden Lab이 출시한 3D 가상현실 플랫폼 '세컨드 라이프second life'는 본격적인 메타버스의 실현 가능성을 처음으로 보여주었다. 이용자들은 자신의 아바타를 만들어 사이버 세상에서 경제 활동을 하며 여가를 즐기고 친구도 사귀었다. 하지만 PC 기반이었던 세컨드 라이프는 변화되는 모바일 환경에 발맞추지 못하고 점차 설 자리를 잃었다.

초기 가상현실 플랫폼의 아바타는 외형이나 동작이 어색하다는 평이 많았다. 최근 아바타 기술은 사용자의 실제 모습을 비슷하게 구현할 수 있다. 사용자의 개성과 정체성을 표현하는 아바타는 단순한 그래픽 기술 이상의 의미를 지닌다. 가까운 미래에는 지금까지의 아바타와는 차원이 다른 '디지털 트윈digital twin'이라는 존재가 등장할 수도 있을 것이다.

산업에서 디지털 트윈은 컴퓨터에 실물과 똑같은 물체(쌍둥이)를 만든 뒤 다양한 상황을 시뮬레이션하면서 그 결과를 예측하거나 검증하는 기술을 말한다. 항공, 건설, 헬스케어, 에너지, 국방, 도시설계 등 다양한 산업 분야에서 활발하게 사용하고 있다. 디지털 트윈은 가상공간에 자신과 동일한 인격체를 만드는 기술을 말하기도 한다. 가상공간에 자신과 똑같은 모습의 AI를 만들고 평소에 하는 말들과 기억들을 데이터화해서 입력한다. 그리고 대화 알고리즘을 통해 질문과 답을 주고받으며 또 다른 나를 완성해나가는 것이다.

2020년, 미국의 조 바이든 대통령은 선거 운동 당시 닌텐도의 게임 '모여봐요 동물의 숲'에서 캠페인 사무실과 투표소가 있는 2개의 섬을 만들었다. 팬데믹 상황에서 사회적 거리두기를 감안한 캠페인이자 메타버스의 장점을 살린 방법이기도 했다. 선거 캠프는 메타버스 잠재력에 대해 이렇게 말했다. "동물의 숲은 다이나믹하고 다양성을 갖고 있으며, 전세계의 다양한 커뮤니티들을 한데 어우를 수 있는 강력한 플랫폼이다."

2020년 9월 방탄소년단[BTS]이 신곡 「다이너마이트[dynamite]」를 발표할 때, BTS의 팬인 나는 신선한 충격을 받았다. 신곡이 처음 공개된 무대는 음악 방송이나 유튜브가 아니었다. 가입자 수 3억 5,000만 명이 넘는 온라인 게임 '포트나이트[Fortnite]'에 있는 콘서트장이었다. 그 메타버스 플랫폼에 전 세계 BTS 팬들이 실시간으로 접속하여 신곡 발표 무대 파티를 즐겼다.

국내의 대표적인 메타버스 플랫폼으로는 제페토[ZEPETO]가 있다.

메타버스 플랫폼 제페토(위)와 글로벌 게임 플랫폼 로블록스. 이곳에서는 아바타가 나를 대신하여 친구들과 소통한다. 국적을 초월한 수많은 이들과 메시지를 보내고 선물을 주고받으며, 서로의 '월드'로 초대한다. 제페토·로블록스 홈페이지

네이버제트가 운영하는 증강현실AR 아바타 서비스다. 제페토 이용자들은 자신의 실물 사진을 기반으로 한 3D 아바타를 만들어 게임, 개인방송, 크리에이터 수익활동, 쇼핑에 이르기까지 다양한 활동을 한다. 2018년에 출시된 후 가입자가 6개월 만에 1억 명을 넘어서더니 현재는 누적 가입자가 국내외로 3억 명을 돌파했다.

로블록스Roblox는 세계적으로 주목받는 글로벌 메타버스 서비스다. 2006년에 시작되었고 현재 2,000만여 개의 게임을 유통하는 메가 플랫폼이다. 사용자는 레고처럼 생긴 캐릭터들을 가지고 3,500만 개 이상의 게임을 구현한다. 플랫폼 안의 다양한 알고리즘과 장치를 이용해 직접 게임을 만들고, 다른 이용자가 만든 게임을 즐긴다. 2021년 로블록스의 1일 최대 동시 접속자는 570만 명이고 월 활성 사용자는 1억 6,400만 명 이상이며, 가입자 수는 점점 더 빠른 증가세를 보이고 있다.

로블록스 자체 조사에 따르면 이용자의 대부분이 13세 미만의 Z세대나 알파 세대라고 한다. 미국의 10대들이 온라인에서 가장 많은 시간을 보내는 곳은 유튜브가 아니라 로블록스이다. 신세대 이용자들이 폭발적으로 늘어난 것은 아바타의 비주얼이나 사용 방식 등 기술 단계가 높아진 까닭이다. 이른바 '부캐'에 익숙한 10대는 아바타를 자연스럽게 제2의 자신으로 생각한다. 그들이 성년이 되는 10여 년 뒤에는 더욱 업그레이드된 메타버스 환경에서 그들만의 활동과 소통을 즐기며 살아갈지도 모른다.

메타버스는 게임업계에서 시작되었지만 의료, 증권 등 적용 범위를 전방위적으로 넓혀가고 있다. 의사들이 마이크로소프트MS의 홀로렌즈를 쓰고 수술을 집도하여 화제를 모은 일이 있다. 수술실에 들어간 의사가 홀로렌즈를 착용하면 홀로그램으로 환자의 데이터가 뜬다. 의사는 홀로렌즈를 통해 환자의 몸속 환부를 실시간으로 보며 수술을 한다. 이를 통해 수술을 할 때 몸에 내는 상처를 최소로 줄이는 '최소침습적minimally invasive 수술'이 가능하게 되었다.

한편 최근 글로벌 가상화폐 투자 열풍을 일으키는 블록체인 기술이 메타버스 공간에 들어온다면 어떨까? 디센트럴랜드Decentraland는 메타버스에서 사용할 수 있는 대표적인 블록체인 기반의 암호화폐다. 이용자는 게임을 시작하며 아바타를 생성하고 암호화폐를 가지고 경제 활동을 한다. '더샌드박스The Sandbox'에서 사용자는 대체불가토큰Non-Fungible Token, NFT을 활용해 자신만의 게임 제작 환경을 구축할 수 있다. NFT는 그림과 영상 같은 디지털 파일이나 자산을 다른 사람이 복제하거나 위조할 수 없도록 암호를 부여한 가상의 토큰이다. 일종의 가상 진품 증명서라고 할 수 있다.

더샌드박스에서 사용자는 게임 내 유틸리티 토큰인 '랜드Land'나 '샌드Sand'를 이용해 경제적인 수익을 올릴 수도 있다. 또 분산된 플랫폼을 공유하면서 디지털 자산을 자유롭게 거래하고 커뮤니티 회의를 열어 의사 결정을 한다. 이 게임 세계 안에서 이루어지는 모든 토지 소유권과 거래 내용은 공개되어 위조도 변조도 할 수 없다. 이처럼 사용자들은 메타버스 안에서 다양한 사회 활동을 하고, 콘텐츠를 개발하여 경제 활동도 하게 되었다.

지난 몇 개월 사이 메타버스 열풍이 멈춤세를 보이고 있는 게 사실이다. 코로나 거리두기가 완화되어 야외 활동이 많아지기도 했고, 메타버스에서 아이템 판매 외에 확실한 비즈니스 모델이 확립되지 않았다는 사실을 문제로 꼽는다. 하지만 이용자들이 메타버스라는 새로운 세계를 경험한 이상, 잠시 주춤할지라도 "메타버스가 미래다"라는 전망을 부정할 수는 없을 것이다. 가상세계만이 경험할 수 있는 상상력과 재미를 충족시켜 줄 수 있다면 메타버스의 전망은 여전히 밝다.

가상인간 로지와 화즈빙

현실세계에서 메타버스 공간으로 이동하는 사람들이 있는 한편, 현실세계에 존재하는 가상인간도 있다. 2021년, '로지'라는 이름의 신인 모델이 혜성처럼 나타났다. 한 금융광고에서 발랄하게 춤을 추는 모습으로 사람들의 이목을 집중시켰다. 그녀는 현재 10여 건의 광고 계약을 맺고 협찬도 100여 건 넘게 들어온 것으로 알려졌다. 한글인 '오로지'에서 이름을 따온 그녀는 서울 출생이고 현재 22세다. MZ 세대가 선호하는 외모와 이미지를 지녔다. 그런데 그녀의 정체가 밝혀졌을 때 사람들은 놀라움을 금치 못했다.

로지는 콘텐츠 전문기업인 싸이더스 스튜디오 엑스가 만든 디지털 가상 인플루언서다. 인스타그램에 자신이 가상인간이라는 사실을 밝힌 이후 팔로워 수가 빠르게 증가해 2022년 7월 시점에 13만 명에 이르고 있다. 최근에는 광고 모델은 물론 가수에서 MC까지 영역을 넓히고 있다. 로지의 연간 광고 모델료는 3억 원으로 급등했는데, 수년 내 톱스타들의 광고료 수준을 넘어설 가능성이 있다고 한

디지털 인플루언서 로지. 사람들은 로지가 SNS에 올리는 일상이나 취향을 드러내는 게시물을 보면서 친밀함을 쌓아가는데, 이는 현실에서 사람을 알아가는 것과 비슷한 과정이라고 할 수 있다. 신한라이프 제공.

다. 로지의 매력은 주근깨를 드러낸다거나 얼굴이 망가질 정도로 활짝 웃는, 자연스러움에 있다. 싸이더스는 "자신의 자연스러운 아름다움을 적극적으로 드러내는 것이 MZ 세대의 특징이기 때문에 로지의 경우에도 주근깨 같은 특성을 살려서 개성으로 표현했다"라고 말했다. 제작팀은 기술에 감성을 더해 가상인간을 실제 인간처럼 구현했고, 로지는 '인간보다 더 인간적인' 매력으로 인기를 끌고 있다. 로지가 성공한 주요 이유 중 하나는 바로 등장 시점이었다. 메타버스가 부상했을 때 로지는 절묘하게 데뷔했고, 대중은 가상인간이라는 존재를 자연스럽게 받아들일 수 있었다.

중국의 가상인간 화즈빙.
얼굴, 표정, 목소리, 몸짓까지 인공지능이 인간의 특성을 참고하여 재현한 것이다.

 현재 가상인간은 연예기획사나 광고업계에서 블루칩으로 떠오르고 있다. 가상인간으로 구성된 아이돌 그룹을 만든다면 막대한 비용을 투자해서 연습생 시절부터 관리하지 않아도 될 것이다. 광고 모델로 활동해도 브랜드 이미지를 손상시킬 위험성도 없다. 로지는 영원한 22살이다. 늙지도 아프지도 않기에 활동에 제약도 없다. 시공간적으로 한계가 없는 존재다. 증강기술과 가상기술로 구현한 무대에서 언제 어디서나 최고의 컨디션으로 콘서트를 할 수 있다.

 얼마전 해외에서도 틱톡과 중국의 소셜미디어인 빌리빌리에 한 중국 대학생이 기타를 치며 노래 부르는 동영상이 올라왔다. 청순한 얼굴로 긴 머리카락을 바람에 날리며 노래하는 모습은 단숨에 시선을 사로잡았다. 영상은 폭발적인 반응을 얻으며 틱톡 인기 순위 1위를 차지했다.

 그런데 반전이 있었다. 모두가 대학생 새내기라고 믿었던 그녀는 청화대 컴퓨터학과 실험실에서 개발한 '화즈빙華智冰'이라는 이름의 가상인간이었다. 표정과 목소리, 움직임까지 모두 만들어진 것이었다. 사람들은 충격부터 감탄까지 다양한 반응을 쏟아냈다. 얼마 후 청화대는 화즈빙에게 중국 제1호 가상인간 대학생 학생증과 이메일 계정을 발급해주었다.

가상인간 기술을 가장 활발히 개발해온 일본에도 '이마IMMA'라는 가상인간이 인기를 끌고 있다. 분홍색 단발머리가 트레이드 마크인 그녀는 2019년 패션지의 표지 모델로 처음 데뷔했고, 곧 광고계의 주목을 받았다. 이케아의 모델이 된 이마는 매장에서 사흘 동안 먹고 자고 요가까지 하는 일상을 유튜브에 공개했다. 살아 있는 사람의 일상을 그대로 옮긴 듯 생동감이 넘치는 영상은 엄청난 조회수를 기록했다. 이마는 자동차와 화장품 광고를 찍었고 일본 아마존 패션쇼 홍보대사로도 활동했다. 현재 인스타그램의 팔로워 수는 35만여 명을 넘었다고 한다.

국내 게임회사 넷마블은 가상현실 플랫폼 개발과 가상 아이돌 그룹 제작 및 매니지먼트 전문 회사 '메타버스 엔터테인먼트'를 설립했다. 메타 아이돌, 메타 월드와 같은 콘텐츠로 새로운 메타버스 세계를 추구하겠다고 밝혔다. 현실과 가상공간이 더욱 빠르게 교차하고 있다. K-pop 가수들이 메타버스에서 콘서트를 하고, 가상의 아이돌 그룹이 현실의 무대에 설 때가 곧 올 듯하다.

메타버스, 어떤 공간으로 진화할까

2021년 10월 28일, 페이스북facebook은 창립 17년 만에 회사명을 '메타Meta'로 변경했다. 가까운 미래에 미디어의 흐름이 소셜미디어에서 메타버스로 옮겨가고 있다고 확신하는 듯하다. 마크 저커버그는 한 인터뷰에서 메타버스의 전망에 대해 "무척 큰 주제다. 메타버스는 많은 기업, 즉 산업 전반에 걸친 비전이다. 모바일 인터넷의 후계자라고 생각할 수도 있을 것이다"라고 대답했다. 그는 메타버스를 시공간을 쉽게 초월해 멀리 있는 사람과 만나고, 새롭고 창의적인 일을 할 수 있는 인터넷 다음 단계라고 말했다. 마크 저커버그는 메타버스의 가치를 '존재감'이라는 단어로 정의하며 이렇게 말했다. "메타버스는 존재감을 느끼는 플랫폼이다. 먼 곳에 있는 사람과 현재 함께 있다고 느끼는 존재감은 소셜 테크놀로지의 궁극적인 꿈이다."

메타버스는 가상융합기술XR, 디지털 트윈, 빅데이터, 네트워킹, AI, 블록체인, 가상화폐 등 디지털 기술을 거의 범용적으로 사용하며 생태계를 구성하는 '통합적 기술계'로 보인다. 2021년 10월에 열린 한 메타버스 관련 포럼에서, 메타버스 신사업에 투자를 시작한 롯데정보통신의 노준형 대표는 "메타버스는 서비스와 기술의 오케스트라이고, 인간이 화성보다 먼저 살아야 할 가상융합 세상일 수도 있다"라고 말했다. 어쩌면 메타버스는 우리가 우주라는 공간에 나가기 전에 먼저 살아갈 세상일 수도 있겠다는 생각이 든다.

21세기에 기술은 발전 속도가 빨라 그 영향과 한계를 고민하고

페이스북의 새로운 사명社名 메타. 마크 저커버그는 페이스북의 사명을 메타Meta로 바꾸며 "지금부터 페이스북이 아닌 메타버스가 최우선 사업"이고 "메타버스는 새로운 미래가 될 것"이라고 말했다.

합의하기도 전에 상용화되고 있다. 우리는 이미 메타버스의 세계에 들어왔다. 당장 메타버스 플랫폼인 로블록스 이용자가 아니더라도 미래 산업은 메타버스를 향해 가고 있고, 우리는 직간접적으로 여기에 연관되어 있다. 시각 컴퓨팅 분야의 세계적인 첨단기업인 엔비디아NVIDIA의 최고경영자인 젠슨 황Jensen Huang은 한 컨퍼런스 기조연설에서 이제는 메타버스의 세상이 되었다고 선언적으로 말했다. "지금까지 20년 동안 놀라운 일이 많았다고 생각하는가? 앞으로의 20년은 SF영화와 다를 바 없을 것이다. 메타버스의 세상이 다가온다. 그리고 현실을 시뮬레이션하는 것으로 우리의 미래를 그리겠다."

우리는 역사적인 변환기에 살고 있다. 가상현실은 새로운 공간을 향한 인간의 열망으로 확장되고 있지만, 우리의 삶과 의식을 최종적으로 어떻게 바꿀지는 예측할 수 없다. 메타버스로 삶이 확장되는 지금, "지옥 역시 인간 스스로가 자초하여 만든 장소"라는 단테의 말을 되새겨본다.

과학기술은 두 얼굴을 지니고 있다. 딥페이크 기술이 나오자 특정 인물의 얼굴로 허위 영상을 만들어 유포하는 신종 범죄가 나타났다. 기술은 빠르게 발전하는데, 그것이 사회에 미치는 영향을 파악하고 사회적 합의를 이루어 관련 법규를 만드는 일은 기술의 속도를 따라가지 못하고 있다. 메타버스라는 가상현실은 유토피아가 될까, 디스토피아가 될까. 그 대답은 아무도 모른다. 이제부터는 도덕과 윤리의식, 시대에 부합하는 새로운 가치가 메타버스라는 새로운 기술을 이끌어가야 할 것이다.

9장 과연 특이점은 올 것인가

> 우리가 직면하는 가장 심각한 문제는 우리가 너무 복잡한 기계에 대한 경험이 적었기 때문에 아직 효과적으로 생각할 준비가 되어 있지 않다는 것이다.
>
> • 마빈 민스키Marvin L. Minsky, MIT 인공지능 연구소 공동 설립자

인공지능이 인간의 지능을 뛰어넘는 순간

코로나 팬데믹과 함께 사람들은 선택의 여지없이 온택트·언택트의 비대면 일상을 살아가게 되었다. 동시에 위기가 기회라는 듯 새로운 문명을 예고하는 디지털과 인공지능 AI 관련 키워드들이 쏟아져 나오고 있다.

- 제4차 산업혁명과 디지털 뉴딜
- 메타버스가 만드는 새로운 세상

- 인공지능이 바꾸는 미래지형
- 디지털 트윈
- 자율주행 자동차
- 블록체인, 가상화폐

목록을 보면 미국의 과학철학자 토머스 쿤^{Thomas Kuhn(1922~1996)}이 언급했던 패러다임 시프트^{Paradigm Shift}가 금방이라도 올 것 같다. 페러다임 시프트는 토마스 쿤이 『과학혁명의 구조』에서 제시한 개념이다. 과학의 역사는 연구자들의 객관적 관찰에 의한 진리의 축적에 따른 점진적 진보가 아니라 혁명, 즉 단절적 파열에 의한 새로운 패러다임의 등장을 통해서 과학이 발전한다는 이론이다.

새로운 패러다임 시프트의 모멘텀이 언제가 될지 궁금하다. 미래 사회는 인간에게 어떤 모습으로 다가올까? 인간 능력을 넘어서는, 고도로 발달한 지능을 가진 AI가 정말 만들어질까? 인간은 인공지능 머신을 신뢰할 수 있을까? 이런 질문을 하다 보니 특이점^{singularity}에 대한 오랜 논쟁이 다시금 떠오른다.

'특이점'에는 여러 사전적 의미가 있다. 물리학에서는 "특정 물리량들이 정의되지 않거나 무한대가 시작되는 공간"을 가리키는 말이다. 빅뱅 우주 이론에서 최초 시작점이나 블랙홀의 중심을 일컫는 말이기도 하다. 스티븐 호킹^{Stephen Hawking(1942~2018)}과 조지 엘리스^{George F.R. Ellis(1940~)}는 특이점을 현재 물리학 지식이나 법칙들이 더 이상 적용될 수 없는 새로운 시작점으로 정의했다. 정보사회학에서

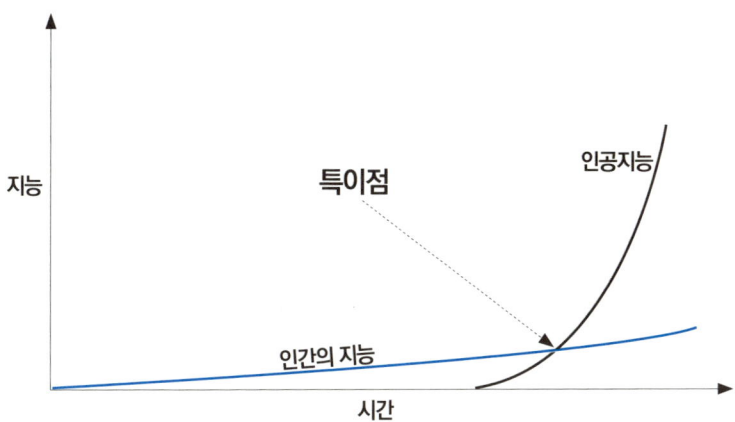

특이점 도래 시기. 커즈와일은 기술은 선형 패턴이 아닌 기하급수적으로 발전한다고 보았다. 특이점은 기계의 지능이 인간의 모든 지능을 합친 것을 능가하는 시점을 말한다.

는 '인공지능이 인간의 지능을 뛰어넘는 순간'이라고 말한다.

특이점은 컴퓨터 중앙처리장치의 내장형 프로그램을 최초로 고안한 미국의 수학자 요한 폰 노이만^{John v. Neumann(1903~1957)}과 버너 빈지^{Vernor Vinge(1944~)}, 앨런 튜링 등이 처음 주장했고 발전해왔다. 그러다가 21세기에 들어와서 이 개념은 다시 주목을 받기 시작했다. 뇌공학자이자 구글의 인공지능 책임자였던 레이먼드 커즈와일^{Raymond Kurzweil(1948~)}이『특이점이 온다^{The Singularity is Near}』를 출간하며 세계적인 논쟁을 일으킨 것이다. 그에 따르면 인공지능 기술은 선형적으로 발전하지 않는다. 기하급수적으로 혁신을 일으키는 '수확 가속의 법칙^{the law of accelerating returns}'을 따르며 진화한다. 커즈와일은 가까운 미래에 AI 지능이 인간의 지능보다 더 강력해질 것으로 예측했다. 이 책의 부제는 특이점을 의미하는 '기술이 인간을 초월하는 순간'이다.

AI 기술은 언제 출발했을까? 1956년 다트머스 회의에서 1세대 인공지능 석학들인 마빈 민스키Marvin Minsky(1927~2016)와 존 매카시John McCarthy(1927~2011) 등은 AI라는 개념을 처음으로 소개했다. 그들은 컴퓨터도 인간처럼 지능적인 일을 수행할 수 있다고 하며 10명의 세계적 과학자들에게 공동 연구를 제안하며 다음과 같이 말했다.

> 이 연구는 학습의 다양한 측면과 지능의 특징을 매우 정확하게 설명할 수 있다는 전제하에 진행되며, 연구 내용을 바탕으로 시뮬레이션 기계를 만들 것이다. 이 기계는 언어를 사용하고 추상화와 개념화를 할 수 있으며, 현재 인간에게 주어진 다양한 문제를 해결하는 것은 물론, 기계가 스스로를 향상하는 방법 또한 찾을 것이다.

이후 인공지능 개발은 어려움 속에서도 눈부시게 발전했다. 시스템의 핵심인 데이터베이스를 구축하고 처리하는 데 막대한 비용이 드는 데다 상대적으로 전문가가 많지 않았다. 하지만 인간의 뇌를 모방한 인공 신경망을 통해 자체 학습이 가능하다는 것을 알게 되고, 데이터 기계학습 방법인 딥러닝 기술을 개발하면서 대전환을 맞는다. 이제는 인공지능은 제4차 산업혁명과 향후 미래 산업을 주도하는 핵심 기술이 되었으며 사회 전 영역에서 '스마트' 열풍을 주도하고 있다.

최근 한국언론진흥재단이 제공하는 국내 뉴스 빅데이터 시스템인 '빅카인즈bigkinds'에서 21세기 들어서 인공지능 관련 기사가 미디어에 얼마나 보도되었는지 살펴본 적이 있다. 2001년 1월 1일부터 2021년 8월 11일까지 국내 주요 언론매체에서 '인공지능AI' 키워드가 포함된 뉴스는 무려 41만 6,077건이었다. 지난 20년간 연도별 추이에서도 2000년에는 163건, 2005년은 1,471건, 2015년은 5,801건 그리고 2020년에는 월등히 늘어난 9만 835건으로 나타났다. 이것은 세계적인 추세와 함께 국내에서도 인공지능에 대한 사회적 관심이 얼마나 급증했는지를 잘 보여준다.

특이점의 시기

커즈와일은 특이점의 시점을 구체적으로 2045년이라고 말했다. 그런데 과연 그때 특이점이 올까. 몇몇 인공지능학자나 미래학자들은 정보기술이 비약적으로 발달할 것이라고 하며 심지어 그 시기를 2029년으로 앞당겨 말하기도 한다. 최근 분위기를 보면 빅데이터, 사물인터넷, 인공지능, 블록체인, 생명 바이오 기술 등이 급속히 발달하면서 커즈와일의 예측은 점점 현실로 다가오고 있는 것 같기도 하다.

특이점의 시점은 2029년을 기준으로 하면 지금으로부터 10년도 안 남은 가까운 미래다. 인공지능 기술을 처음 개발한 시기를 생각하면 엄청난 속도로 발전하고 있음은 분명하다. 일부 보도나 전문가들은 인공지능이 향후 다양한 사회적 문제를 해결해주리라는 신화를 만들어가고 있다. 전 구글 CEO이자 현재 미국 인공지능 국가안보위원회 위원장인 에릭 슈미트Eric Schmidt(1955~)도 앞으로 인공지능이 현대 인류가 당면한 기후변화와 빈곤, 전쟁, 암 같은 불치병까지도 해결해 줄 수 있다고 말했다.

이런 낙관적 전망에 우려를 표명하거나 다소 비판적인 전문가들도 많다. 그들은 영화에서 볼 수 있는 수준의 인공지능이 출현하는 것은 아직 먼 미래의 이야기라고 말한다. 지금 기술력으로는 특이점이 30년 내에는 오지 않는다고 진단하기도 한다. 그런데 정확하게 언제 오는지도 중요하지만, 우리가 어떻게 받아들일 것인지 또한 중요하다. 그것은 인공지능이 그 정도 수준으로 발전할 수 있을지에 대한 믿음의 문제이기도 하다. 그렇기에 아직 멀었다고 회의적으로 단정 지을 수만은 없다.

2021년, 인지과학자 게리 마커스Gary Marcus와 인공지능 연구자 어니스트 데이비스Ernest Davis는 『2029 기계가 멈추는 날Rebooting AI』을 출간한다. 인공지능 기술의 현주소를 냉철하게 평가한 이 책에서 저자들은 AI가 21세기로 넘어와 현대사회의 만능열쇠이자 미래의 유일한 성장 동력인 것처럼 과대 포장되고 있다고 지적한다. 그리고 AI 기술의 한계점을 현실적으로 비판하는 동시에, 인간이 원하는 미래를 실현해나가기 위한 건설적인 AI 기술 목표를 제시했다.

그들은 특이점 시점에 대해서 2029년에 오지 않는다고 단언한다. "AI를 둘러싼 과대 선전에도 불구하고, 인간의 지능과 능력을 완전히 뛰어넘거나 일부 초월한 수준에 도달했다고 말할 수 있는 AI의 실현은 아직 이루어지지 않았다"라고 하며 다음과 같이 질문한다. "1억 대에 판매된 아마존의 알렉사는 정말 믿을 수 있는 비서인가? 구글의 자율주행 자동차는 왜 아직 인간 없이 달리지 못하는가? IBM의 왓슨은 왜 의과대 1년 차보다 진단능력이 무능한가?" 이는 현재 AI 기술에 대한 정확한 진단이자 실망 섞인 탄식이기도 하다.

그들은 AI가 직면하는 한계를 짚었다. 기존의 딥러닝 방식의 로봇은 보통 인간의 뇌가 가진 '상식과 추론'의 영역에서 어려움을 극복하기가 쉽지 않다는 것이다. AI 기술을 보다 발전시키기 위해서는 지능 위주의 딥러닝 기술 방식을 넘어서서 무형의 가치나 윤리관까지도 인식하고 이를 적용할 수 있는 새로운 접근 방법이 필요하다고 했다. 그러면서 AI는 훨씬 더 인간다워져야 한다고 강조한다. 상식적인 판단 능력, 관계성, 인과성, 유연성 등 인간 내면의 심층 세계를 이해할 수 있는 그 지점이 '특이점'으로 가는 과정에서 가장 중요하다고 했다.

사회의 각 분야마다 인공지능 기술 발달 수준이 다르다. 또한 현재의 기술 수준을 정확히 파악하기가 쉽지 않아서 특이점의 구체적인 시기를 언급하는 것 자체가 무의미해 보인다. 스티븐 호킹도 인공지능은 인간의 지능을 초월하지만, 인간과 같은 방식으로 사고할 수는 없기에 '특이점'은 없다고 주장하기도 했다.

아직까지 AI를 학습시키는 주체는 인간이다. AI에게 가치관을 심어주고 안전수칙을 가르치는 것 또한 인간의 몫이다. 나는 인공지능 기술을 부정하거나 특이점이 오지 않기 바라는 것은 아니다. 다만 기술의 한계를 정확히 짚고 문제를 현실적으로 볼 필요가 있음을 얘기하고 싶다. 인공지능에 대한 기대와 두려움이 공존하는 지금, 과도한 이상주의보다는 비판적 현실주의를 지향해야 할 것이다.

망각에 빠진 AI

우리는 종종 아프다. 몸에 병이 날 때도 있고, 너무 스트레스를 받아 공황장애를 겪기도 한다. AI 알고리즘도 인간처럼 아플 때가 있을까? 인간의 뇌도 과부하가 걸리면 문제가 생기듯이 AI도 비슷한 현상을 보일까? 이런 질문을 다루는 재미있는 논의가 있었다.

2021년 5월 페이스북 AI 연구소는 'AI의 망각'에 대한 논문을 공개했다. 그동안 망각이라는 개념은 인간만의 속성으로 기억이나 새로운 것을 아는 것만큼 중요한 관심사이자 철학적인 화두였다. 연구자들은 흥미로운 결과를 내놓았는데, 인공지능도 인간처럼 기억을 잃어버린다는 것이었다. 보통 의식 없는 컴퓨터에 데이터를 저장해두면 이용자가 실수하지 않는 이상 영원히 저장되어 있을 거라고 생각한다. 그러나 AI도 사람처럼 데이터를 잊는 일이 발생하는데, 이를 '파괴적 망각catastrophic forgetting'이라고 했다. 완벽할 것 같은 AI가 의도 없이 무분별하게 중요한 내용을 망각한다는 사실이 놀랍고도 흥미롭다. 단국대 소프트웨어 융합대학의 박용범 교수는 AI 망각의 과정을 이렇게 썼다.

가령 고양이와 개의 사진을 학습해 이들을 구분할 수 있게 한 명령을 첫 번째 작업이라고 한다면, 여기에 토끼의 사진을 추가로 학습시켜 고양이와 개, 토끼를 구분하도록 하는 것이 두 번째 작업이 된다. 고양이와 개를 구분하려면 이 두 생명체의 가장 큰 특징을 우선적으로 파악해야 한다. 여기서 토끼까지 구분하기 위해 재학습을 하면서 새로운 특징을 찾고 가중치를 재배치해야 하는데, 과거 학습된 가중치가 바뀌면서 결국 AI는 고양이와 개를 구분하는 법까지도 잊게 된다.

인공지능의 망각은 앞서 학습한 데이터 작업과 다른 새로운 작업을 수행하는 과정에서 주로 나타난다. 학습 과정이 복잡해지면서 효율성이 떨어지고 알고리즘의 성능이 점차 나빠지는 것이다. AI는 한 가지 작업을 반복적으로 학습하며 알고리즘을 적응시킨다. 그러다 새로운 명령이 입력되면 작업에 필요한 업무의 우선순위나 가중치가 바뀌면서 앞에 한 작업을 잊어버리게 된다는 것이다. AI는 주어진 문제를 해결하기 위해 알고리즘을 바탕으로 스스로 자신만의 논리를 만든다. 그러나 입력되는 데이터량이 늘어나고 알고리즘의 명령이 많아지면 데이터 처리가 힘들어지고 점차 효율성도 떨어진다. 단순하게 데이터를 잃거나 오작동이 일어나는 차원이 아니다. 우선으로 학습시킨 알고리즘의 작동원리까지도 아예 잊어버리기에 '파괴적 망각'이라는 것이다. 이는 향후 AI에 더 많은 학습 데이터가 입력되는 과정에서도 지속적으로 치명적인 문제를 초래할 수도 있을 것이다.

그런데 AI 오류가 인간이 입력하는 데이터 속성상의 문제로 발생한다면 어떻게 될까? 진실하지 않은 데이터나 허위로 조작된 데이터가 포함되었을 때를 말한다. 이런 데이터를 기반으로 구현된 인공지능은 일을 수행하면서도 문제를 일으킨다. 하지만 AI는 잘못된 출력 결과에 대해 스스로 진단하거나 인간에게 말해줄 수 있는 의식을 갖고 있지 않다.

오늘도 언론과 뉴스는 '제4차 산업혁명' '디지털 세상' 같은 키워드를 제시하며 신문명이 바로 눈앞에 와 있는 것처럼 말한다. 대단한 기술과 미래의 청사진을 연일 언급하지만, 당장 고통 받고 있는 코로나에 이렇다 할 해법을 내놓지 못하는 것이 현실이다.

최근 사례를 살펴보자. 코로나가 전 세계에 급속도로 퍼져나가자 많은 AI 기업들은 치료약 개발에 착수했다. 2021년 6월, MIT가 발행하는 기술 전문지 「테크놀러지 리뷰」는 전 세계에서 개발한 수백 가지 치료약이 임상에서 대부분 실패했다고 보고했다. 600개 이상의 솔루션 가운데 임상 단계를 통과할 정도의 정확도를 보여준 인공지능 모형은 2개 정도에 불과했는데, 그 이유는 '엉터리 데이터' 때문이었다는 것이다.

AI는 데이터를 반복적으로 학습하면서 정확도를 높인다. 그런데 엑스레이나 CT 촬영 사진 같은 데이터들이 여러 번 사용되거나 짜

깁기된 것이라면 정확한 진단을 내릴 수 없다. 해당 기업들은 팬데믹 상황에서 시간에 쫓겨 충분히 검증되지 않은 해결책을 광고하며 마케팅에 나섰다. 인간의 생명을 담보로 너무 위험한 비즈니스 게임을 한 것이다. 이 저널은 글의 말미에 사람의 생명이 달린 문제이니만큼 연구자와 AI 엔지니어들이 긴밀하게 협업하고 AI 학습방법을 투명하게 공개하며 돌파구를 찾아야 한다고 강조했다.

한 번쯤 이런 의문을 가져도 좋을 것이다. 우리는 빅데이터 알고리즘을 지나치게 신뢰하는 것은 아닐까? 우리는 분석가들이 데이터를 가지고 문제를 개선할 효율적인 모델을 만들 수 있으리라 믿는 경향이 있다. 하지만 모든 데이터 알고리즘에는 판단이 개입되어 있고, 그로 인해 누군가가 때로는 나 자신도 피해자가 될 수 있다.

믿음의 엔진은 어디를 향하고 있을까

영국의 생물학자인 루이스 월퍼트 Lewis Wolpert(1929~2021)는 인간이 어떤 현상에 대해 개연성을 부여하려는 경향을 "믿음의 엔진 belief engine"이라고 말했다. 인간은 이해할 수 없는 사건이나 현상이 일어나 생존에 영향을 받을 때, 그 인과관계를 밝히려 노력한다. 그리고 어떤 원인을 발견하면 그것을 믿으며 그에 따라 행동하고 판단한다. 인간은 자신의 믿음을 고수함으로써 생존을 위협하는 불안과 두려움으로부터 벗어나고자 한다. 그것이 바로 믿음의 엔진이라고 하며 다음과 같이 적었다.

> 초월성에 대한 믿음이 언론의 힘을 등에 업고 활개를 치는 통에 어떤 사람들은 위안을 얻기도 하지만 나 같은 사람은 실로 비위가 상하지 않을 수 없다. 우리의 두뇌는 믿음을 만들어내는 "믿음의 엔진"을 이용해서 실제 사실과는 별 관련이 없는 믿음을 만들어 낼 수 있다…. 비록 재현될 수는 없어도 새로운 가능성의 문을 여는 힘과 원인, 현상들을 믿는다. 이에 따라 과학에 대한 이해는 턱없이 부족한 실정이며 과학에 어긋나는 근거들을 판별하는 방법 역시 대중의 관심 밖으로 밀려난 상태다.

우리는 특이점 이후 찾아올 미래사회를 향해 믿음의 엔진을 작동시키고 있는 것은 아닌지 진지하게 고민할 필요가 있다. 지금까지 특이점 논의는 인간의 지능을 초월하는 인공지능에 집중해왔다. 그렇다면 지금부터 인공지능이 아닌 인간의 속성을 생각해보자. 내면 의식이나 충동적인 감정처럼 학습 지능만으로는 극복할 수 없는 부분까지 포함시켜야만 특이점에 대한 심층적인 논의가 이루어질 것이다.

세계적인 과학철학자이자 인지과학자인 대니얼 더넷Daniel Dennett(1942~)은 『의식의 수수께끼를 풀다Consciousness Explained』에서 의식은 지능과는 다른 차원이고 인간이 가진 특별한 속성이라고 했다. 그리고 인간의 뇌는 다양한 경로를 통해 동시다발적으로 정보를 처리하고 있기에 의식이 언제, 어디서 발생하여 작동하는지 확정적으로 말할 수 없다고 했다. 의식뿐만 아니라 개인의 무의식이나 그 개인이 속한 사회의 집단 무의식은 학습하거나 명확하게 논리적으로 설명할 수 없는 영역이다. 이처럼 인간의 의식구조가 복잡한 까닭에 인류 전체를 아우르는 대표성과 패턴을 찾기는 더더욱 어렵다. 물론 "뇌공학의 기술이 인간마저도 인식하지 못하는 무의식의 세계까지 학습할 수 있다면"이라고 가정해볼 수 있다. 그러나 그 때가 언제 올지는 아무도 모른다. 특이점 시기는 미래학자들의 예측보다 훨씬 먼 미래의 이야기가 될 수도 있다.

인간은 이성과 감성을 함께 지닌 존재다. 일상에서 순간순간 어떤 일을 결정할 때 지능적 차원과는 다른 감정적 요소가 영향을 미치는 경우가 허다하다. 식당에서 메뉴를 정할 때, 이번 주 스케줄을 잡을 때, 친구를 '번개'로 만날 때, 여행을 떠날 때도 계획을 세우기보다 즉흥적으로 행동하는 경우가 많다. 신중하게 판단해야 하는 상황에서도 마찬가지이다. 연인이나 배우자를 선택할 때 감정에 이끌리고, 투표할 때도 후보자의 이미지 같은 감성적인 요인에 좌우되곤 한다. 주식이나 재테크를 할 때도 꼼꼼하게 정보를 찾다가도 순간의 느낌으로 투자할 때도 많다. 그렇기에 인공지능이 이성과 논리로 설명할 수 없는 인간의 즉흥적이며 감정적 측면을 완벽하게 학습할 수 있을지 의문은 여전히 남는 것이다.

유발 하라리는 장차 세상의 모든 것을 네트워크로 연결하는 만물인터넷 시대가 오고 데이터교가 등장하는데 그 중심에 인공지능이 있다고 했다. 그러나 특이점에 도달하려면 완성된 기술에 맞게 사회 환경까지도 바뀌어야 하므로 실제 구현되기까지는 오랜 시간이 필요할 것이다. 기술로 자율주행 자동차를 만들 수 있더라도 거기에 맞는 도로가 없다면 무용지물이다. 자율주행 자동차가 달리려면 전국 도로에 지능형 정보수집 센서를 비롯한 각종 장치를 설치해야 하는데 얼마나 고된 작업이 될 것인가. 일반적으로 상용화하려면 자동차가 너무 고가여도 안 될 것이다. 이것은 전 세계가 함께 고민해야 하는 문제이다. 신기술이라고 해서 저절로 사회의 주류 기술이 될 수는 없다.

인간과 인공지능이 공존하려면

오랫동안 데이터와 디지털 기술의 인문학적 연구를 해온 나로서는 그 선한 영향력에 변함없는 믿음을 가지고 있다. 먼 미래에는 특이점 시대가 올 수도 있다고 생각한다. 하지만 몇몇 미래학자들이 구체적 연도를 명시하며 금방 올 것처럼 예측하거나, 일부 언론이 AI가 미래사회를 책임져 줄 듯 단정하는 것에 대해서 그저 지켜볼 수만은 없다.

인공지능이 인간의 지능을 뛰어넘을 수 있을까? 이 질문에 '그렇다' '아니다'라고 답하기 전에 먼저 인간 중심적인 패러다임에서 현재의 AI 기술진화 과정 가운데 어떤 문제가 있는지를 직시해야 한다. 그리고 진정 '인간을 위한 AI'가 되려면 어떤 노력이 필요한지 고민해야 한다. 우선 과학적인 측면에서 생각해보자. 소크라테스는 "너 자신을 알라"고 했다. 이 말을 지금의 뇌공학적 의미로 바꾸면 "너의 뇌를 알라"처럼 들린다. 생각하고 의식하고 판단하고 느끼는 모든 정보 처리 과정이 뇌를 중심으로 이루어지기 때문이다.

최근 뇌공학은 눈부시게 발전했다. 자기공명 촬영기법MRI이나 양전자 방출 단층 촬영술PET 같은 기술로 뇌 구조와 기능을 직접 보고 추측할 수 있다. 지난 20년 동안 뇌에 대해 밝혀진 새로운 사실은 인류가 수백 년 동안 쌓아온 지식을 능가한다. 그런데도 우리는 여전히 제한적으로 알고 있을 뿐, 뇌는 여전히 신비에 싸인 미지의 영역이다. 인공지능 연구자들은 무의식이나 의식, 감정, 지능적 활동과 같은 정신세계의 구조와 원리를 이해하고 인공지능에 적용하려 노력해 왔다. 그런데 마음과 정신의 작동 메커니즘은 존재하지만, 실체가 불분명하기에 명확하게 규정할 수 없었고, 그래서 지금까지 인공지능은 정형화된 지능 데이터 위주로 학습해 온 것이다. 갈 길이 아직도 멀다.

인공지능 기술이 고도화될수록 그 위험성이 커질 수 있다는 우려는 특이점의 시기가 늦춰지는 또 다른 이유이기도 하다. 우크라이나 전쟁에서 러시아가 인공지능 기능이 탑재된 '킬러 드론'을 사용한 정황이 포착되었다는 보도가 있었다. 킬러 로봇은 인간이 조작하거나 명령하지 않아도 무기 스스로가 목표물을 추적하고 공격할 수 있는 자율 살상무기를 말한다. 킬러 로봇이 참전하면 인간과 인공지능 로봇이 대결하는 양상이 된다. 전쟁터에서 로봇이 입력된 정보에 따라 한 인간을 아군인지 적군인지 판단하고 생사여부를 정한다고 생각해보라.

2013년 인권단체 휴먼 라이트워치Human Rights Watch 등은 '스톱 킬러 로봇Stop Killer Robots' 캠페인을 펼쳤다. 스티븐 호킹과 노암 촘스키, 스티브 워즈니악 등 1,000여 명은 2015년 5월 공개서한을 통해 인공지능 기술을 활용한 살인 로봇 개발을 규제해야 한다고 주장했다. 같은 해 7월, 부에노스아이레스에서 열린 국제 인공지능 콘퍼런스에서는 고도로 지능화된 무기 군비 경쟁의 심각성을 알리는 성명서를 발표했다. 주요 군사력 강대국가가 인공지능 무기 개발을 지속하면 전 세계적으로 군비 경쟁이 불가피하며 핵무기보다도 더 위험해질 수 있다고 경고했다. 테슬라의 CEO 일론 머스크, 알파고를 개발한 딥마인드의 데미스 허사비스, 애플의 공동창업자 스티브 워즈니악을 비롯한 2,500여 명의 로봇공학 연구자들이 인공지능 기술을 무기 개발에 사용하는 데 반대하는 운동에 동참했다.

미국의 수학자이자 데이터과학자인 캐시 오닐Cathy O'Neil은 『대량 살상 수학무기Weapon of Math Destruction』라는 강렬한 제목의 책을 썼다. 헤지펀드와 IT 업계에서 데이터 분석가로 활동했던 그녀는 이 책에서 자신의 경험을 바탕으로 빅데이터 기술과 결합한 인공지능 솔루션 모델이 사회에 어떤 부작용을 만들어내는지 사실적으로 서술했다.

그녀는 전쟁에서 핵폭탄이나 생화학무기처럼 인공지능을 잘못

스톱 킬러 로봇 캠페인. 완전 자율 무기의 개발과 생산, 사용 금지를 위한 사회운동으로, 전세계 60여 개국의 과학자와 인권 운동가, 노동자, 시민단체 등이 참여하고 있다. 2019년 베를린에서 열린 캠페인 모습이다. 스톱 킬러 로봇 홈페이지.

이용하면 인간에게 막대한 피해를 초래할 수도 있다며, 그것을 살상 무기에 비유했다. 수학 공식으로 만들어진 알고리즘 모형에는 우리가 잘 보지 못하는 차별적 시선이 숨어 있다. 사회적 약자와 가난한 이들은 소외시키고 부자는 더욱 부자로 만들어준다. 인공지능 알고리즘을 활용하고 있는 은행은 가난한 이들에게는 대출을 제한하고 부자에게는 더 큰 돈을 대출해주어 투자 효과를 극대화한다. 이 부당하고 불편한 현실은 신용등급이라는 인공지능 시스템이 가져온 결과이다. 눈에 보이지 않는 인공지능 공식이 누군가에게는 삶을 위협하는 무기가 된다.

그럼 어떻게 해야 할까? 도덕성과 감정이 거의 섞이지 않은 인공지능 시스템의 완결성 문제는 결국 인간에게 달려 있다. 캐시 오닐은 알고리즘 수학 공식 모형을 설계할 때 기계가 갖지 못한 인간만의 지혜로운 판단과 선택, 유연한 데이터 해석능력을 고려해야 한다고 말한다. 그리고 파괴적 살상 무기에 대처하기 위해서 공정성과 효율성의 가치를 공론화하고 합의에 따라 의지를 가지고 실천할 것을 요구한다. 공정성을 정량화하기 어렵다는 이유로 관련 데이터를 배제하지 말고, 효율성을 포기하더라도 작동 메커니즘에 인간적인 가치를 부여할 것을 강조했다. 그녀는 인공지능 알고리즘의 한계와 인간 가치관의 개입 필요성을 강조하며 이렇게 썼다.

> 데이터 처리 과정은 과거를 코드화할 뿐, 미래를 창조하지 않는다. 미래를 창조하려면 도덕적 상상력이 필요하다. 그런 능력은 오직 인간만이 가지고 있다. 우리는 더 나은 가치를 알고리즘에 명백히 포함시키고, 우리의 윤리적 지표를 따르는 빅데이터 모형을 창조해야 한다. 그렇게 하려면 가끔은 이익보다 공정성을 우선시해야 한다.

그렇다면 인공지능은 인류에게 위협적이기만 한 대상일까? 커즈와일은 특이점을 언급하면서 다음과 같이 말했다. 시간이 지날수록 인공지능과 인간지능이 구분되지 않고 AI와 인간의 뇌가 자연스럽게 하나가 되고, 인간은 점점 기계처럼 되고 기계는 점점 인간처럼 될 것이다. 그러면서도 "불은 난방과 요리를 가능하게 하지만 집을 태울 수도 있으며 기술은 언제나 양날의 검이다"라고 말했다. 커즈와일 역시 특이점이 가져올 미래사회를 낙천적으로만 보지 않은 것이다. 그에 따르면 특이점을 거치면서 AI가 자신보다 더 우월한 또 다른 AI를 스스로 만들어내고, 만약 인간이 더는 그것을 통제하지 못한다면 심각한 문제가 발생할 수도 있다.

그럼 인공지능이 가져올 미래의 위협을 피할 수 있는 대안은 무엇일까? 이에 대해 커즈와일은 "미래에 있을지도 모를 파괴적 갈등을 피할 수 있는 제일 나은 방법은 폭력을 감소시켜왔던 오랜 우리만의 사회적 이상을 계속 진보시키는 것"이라고 답했다. 인류의 엄격한 윤리적 잣대가 궁극적으로 인공지능을 안전하게 관리할 수 있는 유일한 방법임을 재차 강조한 것이다.

특이점이 도래하기 전까지 우리에게는 아직 시간이 있다. 인간과 기계가 공존하며 살아가야 한다면 당장 우리는 그 사회에서 어떤 안전수칙과 규범이 필요한지를 질문하고, 그것부터 해결해야 할 것이다. 나는 마지막으로 묻고 싶다. 가까운 미래에 특이점이 온다고 말하는 사람들은 어떤 기준으로 그런 이야기를 하는 것인가. 그것은 희망 찬가인가 희망 고문인가.

제 3 부

미래를 위한 공존의 기술, 딥필링

딥필링은 인간의 복잡한 내면세계와 다양한 외부 환경이 상호 작용하며 만들어내는 감정 체계를 스스로 인지하고 구현해나가는 과정이라고 할 수 있다. …'딥deep'은 감정에 표면적으로 접근하는 것이 아니다. 그 복잡하고 심오한 구조를 자세히 본다는 뜻이다. '필링feeling'은 어떤 경험에서 순간적으로 갖게 되는 느낌으로, 시각·청각·촉각 같은 신체적 감각은 물론 육감까지 포함한다.

10장 감정을 딥^{deep}하게 읽다

이성이 인간을 만들어낸다고 하면, 감정은 인간을 이끌어 간다.

• 장 자크 루소 Jean-Jacques Rousseau

감정의 정체

인간의 감정 세계인 감정계는 정확히 무엇이고 어떻게 작동하는지 설명하기가 어렵다. 한마디로 복잡계複雜界, complex system다. 우리는 매 순간 감정을 느끼며 살지만 왜 그런 감정이 생기는지 다 알 수 없다. 기쁠 때 우는 눈물과 슬플 때 우는 눈물은 같은가, 다른가? 소설 『폭풍의 언덕Wuthering Heights』에서 캐서린을 향한 히스클리프의 마음은 사랑일까 집착일까? 다른 사람보다 예민한 기질이라면 본성 때문일까, 환경 때문일까? 감정은 대부분 설명하기 어렵고 명쾌하지 않으며 인과관계가 뚜렷하지도 않다.

감정이란 어떤 대상이나 현상에 갖는 심리적 상태다. 인간의 보편적인 감각이나 정서들, 즉 기쁨과 슬픔, 즐거움과 불쾌함, 좋음과 싫음 등을 말한다. 보통 언어나 표정, 태도, 행동으로 표현된다. 카를 융Carl G. Jung(1875~1961)은 감정은 자아와 대상 사이에 일어나는 상호작용이며, 인간이 가진 정신적 가치 판단에 따라 '좋다' '싫다' '나쁘다'와 같은 결과를 부여하는 과정이라고 했다.

기존에 감정은 특성상 이성이나 사고와 호환할 수 없는 반대편에 있다는 견해가 우세했다. 하지만 최근에는 감정 또한 판단의 한 양식이며 합리적인 사고 기능으로 보기도 한다. 느낌, 감성, 감정은 비슷한 것 같지만 개념상 약간의 차이가 있다. 영어에서 감정과 관련된 말은 필링feeling, 이모션emotion, 어팩트affect 등이 있다. 한국심리학회와 대한의사협회 등의 정의를 보면 '이모션'은 감정 혹은 정서로, '어팩트'는 정동으로, '필링'은 감정과 감각을 포함하는 느낌이라고 한다.

좀 더 자세히 비교해보자. 감각이 외부 자극에 반응하면 신체적인 변화와 흥분이 일어난다. 이때의 심리적 상태가 정서emotion다. 정동affect은 감정이 밖으로 드러나서 동적인 움직임으로 관찰할 수 있는 상태이다. 정동의 개념에서 보면 사람은 기쁘면 웃고, 화가 나면 공격적인 행동을 한다. 감정과 행동이 일치하지 않을 때도 있다. 배가 고프다는 느낌이 없어도 먹을 수 있고, 좋은 일이 없어도 행복한 표정을 지을 수 있다.『인간의 모든 감정』을 쓴 의학박사 최현석은 감정feeling에 대해 좀 더 광범위하게 정의하면서 "수동적 혹은 주관적으로 경험하는 것뿐만 아니라 촉감 같은 신체적인 감각을 능동적으로 경험하는 것까지도 포함한다"라고 했다.

20세기에 들어와 감정 연구의 필요성이 크게 강조되며 '감정공학'이나 '감성공학'이라는 학문이 나왔다. 오늘날 감정은 인간관계뿐 아니라 사물과 환경에도 포괄적으로 적용된다. 인공지능 기술의 발달 속도를 보면 가까운 미래에 인간의 신체를 그대로 구현한 휴먼 로봇이 출현할 수 있을 것 같다. 그렇지만 지능과 육체가 아니라 인간의 감정계까지 실현할 수 있는 로봇이 과연 가능할까.

미래사회의 인공지능 기술은 인간의 복잡한 감정을 이해하고, 그 작동 메커니즘을 얼마나 완벽하게 구현하느냐에 달려 있다. '인간의 감정은 무엇이고 어떻게 만들어지고 작동하는지'는 오랜 철학적 화두이기도 했다. 과학은 경험과 사실을 기반으로 하는 학문이다. 거기에는 옳고 그름을 판단하는 가치관이 따른다. 철학적 기반이 없는 과학은 실용적인 기술에 그치고 나아가 사회에 부정적인 영향을 미칠 수 있다. 그래서 인공감정지능 기술의 미래를 예측하기에 앞서 우리가 지향해야 할 방향성은 무엇인지를 먼저 고민해야 한다. 그 열쇠는 철학과 인문학에 있음을 기억하자. '딥필링'의 이야기를 하기에 앞서 감정을 둘러싼 철학사의 여러 논쟁을 딥deep하게 살펴보려 한다.

이성과 감정의 이원론

철학사에서 인간의 감정에 대한 대표적인 질문들은 다음과 같다. "정신의 영혼과 육체의 감각은 어떤 관계인가?" "감정은 신체적 느낌인가, 마음의 지향성인가?" "모든 인간의 보편적인 감정은 있는가?" "이성과 감정은 같은 차원인가, 아니면 감정은 이성의 지배를 받는가?" "타인과의 공감대는 어떻게 형성되는가?" 이 중 가장 오랫동안 치열했던 논쟁은 이성과 감정의 관계에 대한 것이다.

고대 그리스 철학자 소크라테스Socrates는 신체 감각으로 인식된 감정은 참되지 않은 것으로 여겼다. 그는 육체는 사멸하지만 영혼은 영원하며 죽음 후에도 영혼은 또 다른 육체의 모습을 하고 다시 현재의 세계로 돌아온다고 생각했다. 불교의 환생설과 거의 유사하다. 그는 이런 믿음 때문에 사형당하는 순간에도 죽음을 담대하게 받아들일 수 있었던 것 같다. 무언가를 안다는 것은 새로운 지식을 체득하는 일이기도 하지만, 대화를 통해 기억 속에 잠재되어 있던 것을 소환해내는 과정이라고도 했다. 바로 그 유명한 상기설想起說이다. 그는 참된 지식을 직접 가르치기보다 질문과 대답을 통해 스스로 터득하게 했다.

소크라테스의 제자인 플라톤은 대화편인 『메논Menon』에서 스승이 어떤 대화법을 통해 상대방에게 진리를 깨닫게 해주고 있는지 그 과정을 상세히 보여주고 있다. 소크라테스는 부유한 귀족의 아들 메논에게 미덕이 무엇인지를 먼저 묻는다. 메논은 스스로의 생각을 말

(왼쪽부터) 소크라테스, 플라톤, 아리스토텔레스. 이들은 철학사에서 최초로 인간의 이성과 감정의 관계에 대한 실질적인 화두를 던졌다.

하지 않고 당대의 철학자 고르기아스를 들며 그가 확실히 알 것이라고 답한다. 소크라테스는 다시 메논에게 세상에서 가장 현명한 사람도 미덕이 무엇인지 정확히 모른다고 답한다. "나는 고르기아스가 어떻게 생각하는지 모르겠네. 자네가 내게 상기해 주게. 그냥 미덕이 무엇인지 생각나는 대로 얘기하게. 그러면 자네와 고르기아스의 생각이 틀림없이 같을 것이네." 이 대화를 보면 "너 자신을 알라" "지식은 외부에서 주입되는 것이 아니라, 내부에서 상기되는 것이다"라는 명언이 나온 이유를 알 것 같다. 플라톤은 『메논』에서 이런 앎의 과정을 재차 강조하며 다음과 같이 썼다.

> 영혼은 불멸할 뿐 아니라 여러 번 태어나고 여기 지상뿐 아니라 하데스에 있는 이 모든 것을 보았기 때문에, 영혼이 배우지 않은 것은 없다네. 그래서 탁월함에 관해서든 다른 것들에 관해서든 영혼이 어쨌

든 전에 인식한 것들을 상기할 수 있다는 것은 결코 놀랄 일이 아니라네."

이처럼 소크라테스와 플라톤은 앎이란 내면 깊은 곳에 자리 잡고 있는 기억을 소환해내는 일이라고 보았다. 이런 면에서 인공지능 기계에 인간에 대해 학습시키고 인간처럼 생각하고 느끼게 만드는 일은 생각보다 훨씬 어려운 일인 듯하다. 인간의 감정은 복잡한 시스템이다. 감정 생성의 메커니즘을 정교하게 이해하고 체계화하지 않으면 인공감정을 완벽하게 구현할 수 없을 것이다.

플라톤은 서양 사상의 주요 흐름을 형성해온 정신과 육체의 이원론二元論으로 이성과 감정의 관계를 설명했다. 그는 세계를 이데아idea와 현상계現象界, the phenomenal world로 구분했다. 이데아는 사물의 참된 실재이며 절대적이고 보편적이며 순수한 이성의 세계다. 반면에 현상계는 이데아를 모방한 것으로, 가변적이고 개별적이며 불완전한 감각과 지각의 세계다.

플라톤은 동굴의 비유를 들어 이성과 감정의 관계를 설명했다. 영혼에는 원래 신적인 본성이 있었는데 육체라는 감옥에 갇히면서 훼손되었다. 인간은 동굴에 갇힌 존재와 같다. 영혼은 동굴 밖의 이데아에 존재하는데 동굴 속 인간의 육체에 갇히게 되었기에 이성을 지닌 영혼이 육체의 욕망을 이기고 이데아를 깨우쳐야 한다고 했다.

플라톤은 인간의 가장 아름다운 진실은 마음가짐을 바꾸면 현실 또한 바꿀 수 있다고 믿는 것이라고 했다. 이성의 절대적 가치를 신봉하며 이성이 모든 것을 지배하는 유토피아를 꿈꾸었다. 그는 『파이드로스Pahedrus』에서 인간의 마음이란 두 마리 말이 끄는 마차와 같다고 했다. 말들은 각각 감정과 욕구를, 마부는 이성을 뜻한다. 마부는 말들이 열정과 욕망, 두려움에 사로잡혀 날뛰지 않도록 조련한다. 또한 채찍을 휘두르며 앞으로 달려나가게 한다.

플라톤의 제자인 아리스토텔레스는 '이데아-현상계' '이성-감정'이라는 이분법에 동의하지 않았다. 정신과 육체를 다른 것으로 구분하지도 않았다. 오히려 이성으로 감정을 통제하기보다는 감정에 호소하고 그 장점을 이용하라고 강조했다. 그는 『수사학Rhetorica』에서 사람들을 설득하는 세 가지 기술로 에토스ethos(도덕)와 파토스pathos(감정), 로고스logos(이성)를 제시했다. 에토스는 발화자의 인격이나 공신력을 뜻한다. 로고스는 논리에 근거한 이성적인 설득을 말한다. 반면에 파토스는 질병이나 고통 속에서 경험하고 타인과 공유하는 감정이다. 파토스는 '파톨로지pathology, 병리학'이나 '심패티sympathy, 공감' 같은 단어의 어원이기도 하다. 더 나아가 아리스토텔레스는 신체의 일부분으로 뇌를 주목하며 감각을 받아들이는 기관이라고도 했다. 감정을 담당하는 뇌의 기능과 활동에 이미 상당한 지식을 갖고 있었던 것으로 보인다.

아리스토텔레스 이전에도 "형상은 물질 속에 존재한다"라고 믿었던 자연철학자도 많았다. 그들은 감각과 경험으로 체득한 지식이 가장 확실하다고 하며 현상계를 관통하는 보편적인 법칙을 발견하려고 했다. 그리고 만물이 무엇으로 이루어져 있는지 질문했다. 피타고라스Pythagoras는 수라고 했고, 데모클레이토스Democritus는 원자, 헤라클레이토스Heraclitus는 불, 탈레스Thales는 물이라고 했다. 무언가를 보편적으로 느끼고 인식한다면 그것이 명백하다는 뜻이다. 자연철학자들은 객관적인 자연의 원리를 발견하려 했지만 큰 설득력을 얻지는 못했다. 자신들의 주장을 과학적으로 증명하지도 못했고, 당시 관심사였던 인간의 영혼과 정신에 대한 주제가 아니었기 때문이기도 했다. 그런데 근대에 과학기술이 발달하면서 자연철학자들의 이론과 개념들이 다시 주목을 받게 된다.

감정은 이성에 따라 달라질 수 있는가

근대철학의 아버지 데카르트는 합리주의 철학을 열었다. 그는 전통적인 관습이나 주관적인 감정에 의존하지 말고 이성으로 판단하고 행동할 것을 강조했다. 데카르트의 이성은 절대적이고 신적인 원리인 로고스와는 다른 인간의 인식 능력을 뜻한다. 그는 이성으로 사유하는 인간의 존재론적 가치를 높이 여겼다. 이성적 사고체계로 논증하는 지식만을 진리로 삼았다.

데카르트는 『성찰Meditationes de Prima Philosophia』에서 세상을 제대로 이해하기 위해서는 "모든 것을 뿌리째 뒤집고 최초의 토대들에서 새로 시작해야 한다"고 말했다. 또한 기존의 철학적 전제들을 맹신하는 태도를 비판하고 그것들을 철저하게 의심했다. 실체가 무엇인지 이해하기 위한 가장 확실한 것들만을 열거하며 방법적 논리를 도출하고자 했다. 그 과정에서 인간의 감각은 종종 자신을 스스로 기만하지만, 자신이 존재한다는 사실을 느끼게 하는 유일한 수단임을 강조했다. 감각을 경험하는 인간의 신체 기관은 확실한 것이며, 외부 세계와 물질에 대한 감각은 사유의 과정을 통해 의식 일부가 된다는 것이다.

데카르트는 인간이 믿는 진리와 지식의 기반을 이성에 두고자 했다. 우리가 절대적으로 확실하다고 믿는 지식은 모든 형태의 회의주의를 극복할 수 있어야 한다고 강조했다. 그 유명한 제1명제 "나는 생각한다. 그러므로 나는 존재한다cogito ergo sum"를 선언하며 그것만이 절대적인 진리라고 했다. 사유하는 내가 존재한다는 사실만은 불변의 사실이라는 것이다. 이것은 모든 지식의 명백한 논거이자, 철학을 포함한 모든 학문의 보편적 논증이 될 수 있다. 데카르트는 이처럼 사유하는 존재로서 인간의 주체성을 강조하고 있다. 그리고 진리를 확실하게 인식하기 위해 인간에게 허용된 길은 '명증적 직관과 필연적 연역' 이외에는 없다고 하며 귀납과 연역이라는 방법론의 중요성도 강조했다.

데카르트는 모든 명제를 자명하고 절대적인 공리로부터 연역하는 방법을 철학에 도입했다. 또한 이 방법을 모든 학문에도 적용해야 한다고 했다. 이로써 객관적 근거가 부족한 이론과 주장들을 신앙이라는 이름으로 바라본 중세 스콜라 철학과는 분명히 다른 입장을 보였다. '생각, 회의, 사유하는 나'로서의 인간 의식을 전면에 내

세웠던 그에게 세계는 수학적으로 계량할 수 있고, 합리적으로 연역할 수도 있는 논리적 영역이었다. 데카르트가 '보편수학'을 강조한 이유다. 그에게 인간은 생각함으로써 진리를 인식하고 의미를 만드는 존재였다. 스스로 생각하는 것이 인간의 가장 중요한 존재론적 목적이며 방법론적 출발점이었다. 17세기의 철학자 데카르트가 고민했던 문제는 오늘날 인공지능 시대를 살아가는 우리가 풀어가야 할 문제와 분명히 맞닿아 있다.

데카르트는 인간의 감정을 본격적으로 연구한 철학자이기도 했다. 세계는 정신과 물질이라는 두 개의 실체로 이루어져 있는데, 오직 사유할 수 있는 인간만이 정신의 지배를 받는다. 그에게 정신은 마음이자 의식을 의미한다. 즉 사유하는 인간의 정신과 의식 그리고 마음과 영혼을 같은 의미로 보았다. 정신은 사고하는 것으로도 존재를 인식할 수 있다. 반면에 몸은 오직 감각적인 지각을 통해서만 외부의 존재를 인식한다. 그렇기에 몸을 통한 감각적 경험과 감정은 개인에 따라 달라지는 주관적이고 단편적이라는 한계를 지닌다고 했다.

데카르트는 이성으로 통제하기 힘든 감정의 본능을 '동물 영혼 esprits animaux'이라고 했다. 현대 경제학의 창시자 존 케인즈 John M. Keynes(1883~1946)는 20세기 세계 대공황의 원인과 해법을 분석하면서 데카르트의 동물 영혼 개념을 들며 인간의 비합리적이고 비경제적인 면모를 조명했다. 그는 인간이 경제 행위를 할 때 이성을 따르지 않고 감정과 직관에 의존하는 속성을 야성적 충동 animal spirits이라고 칭했다. 대표적으로 "주가는 '이율과 야성적 충동의 함수'인데, 야성적 충동이 더 결정적"이라는 주장을 했다.

그런데도 데카르트는 여전히 감정은 이성에 따라 달라질 수 있다고 믿었다. 두려움을 없애기 위해서는 의지만으로는 부족하기에 이성적인 판단을 동원할 필요가 있다고 했다. 전쟁에서 군인들이 죽을 수도 있는 위험에 처했다고 해보자. 이때 감정에 휩싸여 뛰쳐나가는 대신 가족과 나라와 가족을 위해 싸운다는 이성적 판단이 개입되면 더 용감하게 전투에 임할 수 있다는 것이다. 그는 인간의 정념passion에도 주목했다. 정념을 정신의 감각, 지각, 감정 활동이라고 하며 지혜를 통해 정념을 다스리는 기술을 배워야 한다고 했다. 플라톤과 중세 신학자들은 감정을 이성의 대척점에 두고 상대적으로 죄악시했지만, 데카르트는 이를 철학의 또 다른 주요 관심 영역으로 끌어 올린 것은 분명하다.

이성과 감정은 연결되어 있다

뇌과학 분야를 선도하고 있는 안토니오 다마지오Antonio Damasio (1944~)는 수년 동안 임상실험을 하며 뇌 질환 환자를 관찰했다. 그리고 느낌과 감정, 정서가 마음의 토대를 이룬다는 사실을 확신한다. 그는 신체의 감각기관이 자극을 받으면 정서가 일어나고 뇌에서 느낌이 생기며, 행동 결정에 가장 큰 영향을 미친다고 했다.

데카르트(왼쪽)와 스피노자. 데카르트는 감정이 이성에 따라 달라질 수 있다고 믿었고, 스피노자는 기존의 심신 이원론을 비판하며 이성도 감정이라고 주장했다.

다마지오는 명저 『데카르트의 오류 Descartes' Error』에서 데카르트의 심신 이원론의 문제점을 날카롭게 지적했다. 이어 『스피노자의 뇌 Looking for Spinoza』에서는 "이성도 감정이다"라고 주장한 스피노자의 철학적 연원을 추적했다. 데카르트와 거의 동시대 철학자인 스피노자 Baruch Spinoza(1632~1675)는 당시 주류를 이룬 정신과 육체의 이분법을 비판하면서 오히려 이들은 동일한 실체라고 주장했다. 인간은 감각적 체험을 통해 만물의 법칙을 인식할 수 있다고도 했다. 스피노자는 플라톤과 데카르트의 사상을 과감하게 넘어서 자연과 우주의 법칙을 신의 영역에서 인간의 영역으로 가져왔다.

스피노자 철학의 핵심 개념인 아펙투스 affectus는 감정 혹은 정동을 말한다. 라틴어 아피케레 afficere에서 나온 말로 '접촉하여 흔적을 남긴다'라는 뜻이다. 감정은 외부 대상이나 사람, 특정 상황이 나에게 주는 자극에 반응하는 것이다. 그 반응으로 인해 어떤 행동을 할 때 영향을 미치는 것들도 모두 감정에 포함된다.

스피노자는 대표작 『에티카 The Ethica』에서 이성이 강조되는 도덕과 윤리를 존재의 차원에서 논증해나간다. 인간의 가장 원초적이고 근원적인 욕망은 살고자 하는 본능이다. 이것은 '자기 보존의 욕망'으로 감정과 긴밀한 연관이 있다. 우리는 타자를 만날 때 일반적으로 기쁨과 슬픔 두 가지 감정을 느낀다. 서로를 온전하게 만들어주는 관계에서는 주로 기쁨을 느낀다. 파괴적이고 무기력한 관계에서는 슬픔을 느낄 때가 많다. 기쁨과 슬픔, 행복과 불행은 자기 보존이라는 생존의 문제이기에 인간은 감정에 의존하며 살아갈 수밖에 없다. 스피노자는 기존 철학에서 이성에 종속되었던 감정을 해방시키며 새로운 영역으로 끄집어냈다.

영국 고전 경험론의 창시자인 프랜시스 베이컨은 아리스토텔레스의 논리학 저서와 업적을 '오르가논 Organon' (논리학)이라고 부르며 『노붐 오르가눔 Novum Organum Scientiarum』을 출간한다. 노붐 오르가눔은 '새로운 기관'이라는 뜻으로, 아리스토텔레스의 논리학과는 다른 논리학, 새로운 학문 방법을 의미한다. 인류의 지식이 발달하려면 더 구체적이고 경험적인 방법이 필요한데, 인간이 감각기관으로 체험한 것이야말로 명확한 지식의 토대가 된다고 했다. 그는 "관찰이나 실험에 바탕을 두지 않는 명제는 우상일 뿐이다"라고 썼다. 우상은 참된 지식을 방해하는 편견이자 선입견이다. 그의 유명한 4우상론(종족, 동굴, 극장, 시장)도 이런 생각에서 나왔다.

영국의 경험론 철학자 데이비드 흄은 더 나아가 인간 본성에 대한 과학적인 체계를 세우고자 했다. 그는 『인간 본성에 관한 논고 A Treatise of Human Nature』 서문에서 인간학은 유일하게 다른 모든 과학을 뒷받침하는 학문으로 '체험과 관찰'이라는 경험적 방법에 의존해야 한다고 했다. 그는 이성의 인식 능력은 경험의 한계 안에 있으며, 나아가 이성은 정념(감정)의 노예라고 했다. 여기서 정념 passion은 감정과 욕구를 아우르는 말로 고통과 쾌락의 원천이다.

인간은 고통을 피하고 쾌락을 누리려는 욕구에 따라 어떤 행동을 한다. 그런데 우리는 행동하기 전에 먼저 외부세계를 접한다. 이때 외부의 대상은 일차적으로 감각기관에 인상 impression을 남긴다. 동시에 우리는 기쁨이나 불쾌함을 느낀다. 이는 '느낌으로서의 감정 feeling'이다. 흄은 이성이 경험을 통해 사유 체계를 세워간다고 여겼다. 이성이란 단지 객관적인 사실을 분석하고 상황을 이해함으로써 정념과 감정을 원하는 방향으로 갈 수 있도록 보조하는 능력에 불과하다. 그는 이로써 오랫동안 진리를 인식하고 각자의 자유의지에 따라 감정을 지배하는 힘으로 여겨져 왔던 이성과의 결별을 선택한다.

19세기에 접어들면서 칸트, 헤겔, 니체로 이어지는 근대철학에서도 인간의 감정은 중요 쟁점이었다. 칸트 Immanuel Kant(1724~1804)는 서양 근대철학을 종합한 인물로, 이성 중심의 합리주의와 감각 중심의

(시계 방향으로) 칸트, 헤겔, 니체. 19세기 독일의 철학자인 이들은 심신 이원론의 한계를 지적하고 감정을 주요 쟁점으로 삼아 이성과 감정의 관계를 보다 명쾌하게 설명하려 했다.

경험주의 사이에서 통합적 길을 모색했다. 그는 『순수이성비판The Critique of Pure Reason』에서 인간의 인식 능력을 이성과 오성으로 구분했다. 이성은 우주, 영혼, 신 등 초경험적 대상을 사유하는 능력이다. 오성은 주체가 구체적으로 경험할 수 있는 물질에 대해서 사유할 수 있는 능력이다. 따라서 오성은 객관적이고 보편타당한 진리를 추구하고 밝히기에, 단순히 이성만으로는 오류를 범하기 쉽다고 말했다.

또한 그는 "인간의 인식에는 두 개의 줄기만 있고 이 두 줄기는 하나의 공통적인 그러나 알려지지 않은 뿌리에서 발생하는데, 그 두 줄기는 감성과 오성이다"라고 적었다. 오성은 자발적인 활동 능력이지만, 감성은 대상 자체와 직접 관계를 맞으며 감각적으로 주어지는 것을 수용하는 능력으로 구분했다. 자주 인용되는 구절인 "직관(감성) 없는 사고는 공허하고, 개념(오성) 없는 직관은 맹목적"이라는 말은 그의 생각을 명쾌하게 보여준다. 그는 인간의 인식론적 방법에서 오성과 감성을 통합적으로 접근해야 한다고 말했다. 그러면서도 감정은 도덕적인 행동을 방해하는 경우가 많아서 이성적 의지로 극복해야 할 필요성이 있다고 했다. 칸트에게 감정은 신체적 반응이기도 하지만 이성적 판단과 의지이기도 했다. 예를 들면 산책을 하다 사나운 개와 마주치면 두려움을 느끼는데, 이 감정은 "지금 내가 위험한 상황에 빠져 있다"라고 이성적으로 판단한 결과이기도 하다는 것이다.

독일 철학자 헤겔Georg W. F. Hegel(1770~1831)도 정신세계와 감정에 깊은 관심을 가졌다. 그는 『정신현상학Phenomenologie des Geistes』에서 인간의 정신이 형성되는 과정을 자세히 기술했다. 인간의 의식은 감각, 지각, 오성의 단계를 거친 후 자의식과 이성을 넘어 최종적으로 절대지絶對知, absolutes Wissen로 불리는 '정신' 단계에 이른다고 했다.

또한 헤겔은 인간의 감각적 경험이 어떻게 정신으로 내재화되는지에 대해 세 단계의 정교한 가설을 세우기도 했다. 뇌에서 일어나는 의식 활동의 첫 번째 단계는 감각이다. 감각은 대상의 현재 상태를 파악하는 것이다. 대상의 보편적인 특징을 다 이해하지는 못하지만, 지속해서 변하는 현상을 인식하는 과정이다. 두 번째 단계인 지각은 감각을 통해 어떤 대상이나 자극에 대한 정보를 받아들이고, 그 정보를 바탕으로 물질의 존재 자체와 성질이나 특징 등을 파악하는 과정이다. 여기서 의미 없는 정보를 제거하는 의식 활동인 '지양'이 나타난다. 세 번째 단계인 오성은 대상에게 지속적인 특징을 부여하여 다른 객체와 구분되는 일반적인 개념을 형성하는 과정이다. 이 단계는 칸트가 주장한 오성론과 거의 비슷한 입장이다.

니체Friedrich W. Nietzsche(1844~1900)에 이르러 인간 감정에 관한 관심은 거의 정점에 이른다. 그는 『차라투스트라는 이렇게 말했다Also sprach Zarathustra』에서 "신은 죽었다"라고 선언하며, 인간은 고뇌와 죽음마저도 초월한 초인이 되어야 한다고 말했다. 니체는 이 책에서 그의 철학의 핵심 개념인 힘 의지Wille zur Macht를 언급한다. 힘 의지는 스스로 인생의 주인공이 되고자 하는, 그래서 더 강해지기 위해 자기 한계를 극복해가는 마음이라고 할 수 있다. 우리 안에는 원초적인 충동과 본능적인 감정이 살아 움직인다. 이런 본능과 감정이야말로 인간이 외부 환경에 대응하고 상호 작용할 수 있게 하는 동력이라고 했다.

이성과 감정, 무엇이 먼저인가

19세기를 지나면서 과학철학자들은 감정을 감정계 즉 시스템의 차원에서 본격적으로 연구하기 시작했다. 감정철학사에서 다윈 Charles R. Darwin(1809~1882)의 진화론은 혁명적인 이론이었다. 진화론은 창조론에 도전하면서 인간 중심의 세계관을 선포하고 과학적인 진보를 예고했다. 생물은 끊임없이 변화하는 생태계에서 생존 경쟁을 하고, 주어진 환경에 적응하면서 번식하는 종들은 살아남아 진화를 하게 된다. 다윈은 『인간과 동물의 감정표현 The Expression of the Emotions in Man and Animals』에서 인간과 동물들은 오랜 시간에 걸쳐 보편적인 감정 체계가 유전되었는데 행동은 물론 감정 또한 진화의 산물이라고 했다. 사람과 원숭이는 공동의 조상에게서 진화한 존재라고 보는 그는 사람과 원숭이에게서 모두 감정을 나타내는 얼굴 근육을 관찰할 수 있다고 주장했다. 다윈에 따르면 인간과 동물은 보통 감정에 따라 특정한 표정을 짓거나 몸짓을 한다. 그리고 이런 표현을 통해 의사소통을 하면서 살아남았고, 생존에 유리한 방향으로 점점 진화했다.

이후 현대 심리학의 아버지 윌리엄 제임스 William James(1842~1910)는

『심리학의 원리 The Principles of Psychology』에서 인간 감정에 대한 획기적인 '사고의 전환 emotional turn'이 필요하다고 주장했다. 그는 그동안 다소 폄하되어왔던 감정을 보다 심층적인 차원에서 접근해야 한다고 하며 다음과 같은 예를 들었다.

> 만약 빨라지는 심장 박동이나 가빠지는 숨, 떨리는 입술 혹은 후들거리는 다리, 소름 돋거나 내장들이 동요하는 느낌이 없다면, 어떤 종류의 두려운 감정이 남을지 생각하기란 불가능하다. 우리는 얼굴을 붉히지 않고, 코를 벌름거리지 않으며, 이를 악물지 않고서 어떻게 과격한 행동의 충동 없이 평상시의 근육 상태로, 차분하게 숨 쉬면서 아주 편안한 얼굴로 분노의 상태를 마음에 그릴 수 있단 말인가? …나는 절대로 그럴 수 없다.

그는 감정과 생각을 명확하게 분리할 수가 없다고 말했다. 우리는 무서운 대상을 보는 순간 거의 동시에 머리카락이 쭈뼛 서고 소름이 돋는 반응이 일어난다. 이성적으로 두렵다고 판단하기 전에 이미 신체적으로 감정 체험을 한다는 것이다. 보통 사람들은 중요한 결정을 할 때 감정을 배제하고 이성적으로 판단하라고 말한다. 그렇지만 그게 가능한 일인지 모르겠다. 그 결정이 좋은지, 싫은지 감정을 헤아리면서 선택의 폭을 줄이고, 마지막으로 최종 판단을 할 때 이성과 의식을 더 많이 사용하게 된다.

제임스가 던진 '감정론'의 주장은 이후 다양한 설명과 논쟁들의 시금석이 된다. 과연 인간이 경험하는 어떤 상황에 대해 이성적으로 인식하는 것과 감정에 따라 행동하는 것 사이에는 무슨 관계가 있을까? 둘 중에 무엇이 선행할까? 이런 질문에 대한 많은 학술적 접근 중에서 대표적인 3가지 이론을 소개하고자 한다.

깊은 밤, 골목길에서 누군가 내 뒤를 쫓아온다고 상상해보자. 신경이 쓰여 빨리 걷기 시작하는데 뒤에 오는 사람도 속도를 낸다. 식은땀이 나고 심장이 쿵쿵 뛴다. 이 순간 세 가지 시나리오가 가능하다. 첫 번째는 심장이 빨리 뛰는 것을 보니 두려움을 느끼는 것이고, 두 번째는 두려움을 느끼기 때문에 심장이 뛰는 것이다. 세 번째는 두려움을 느끼는 동시에 심장이 뛰는 것일 것이다.

19세기 후반 윌리엄 제임스와 칼 랑게Carl Lange(1834~1900)는 신체적 변화가 감정의 변화를 일으킨다고 했다. 골목길에서 누가 나를 쫓아오면 두려워서 도망칠 것이다. 외부로부터 두려움을 느끼게 하는 자극이 주어지면 식은땀이 나거나 심장이 뛰는 신체 반응이 일어난다. 두려움이라는 감정은 이러한 반응을 느끼면서 생긴다. 그 사람이 두려워서 도망가는 게 아니라 도망가면서 두려움을 느끼게 된다는 것이다. 어떤 물건이 내 쪽으로 빠르게 날아오면 본능적으로 몸을 피한다. 그게 무엇인지 인지하고 난 뒤에야 가슴이 뛰고 식은땀이 나는 감정적인 반응이 뒤따른다.

이에 반해 스탠리 샤흐터Stanley Schachter(1922~1997)와 제롬 싱어Jerome Singer(1934~2010)는 감정의 변화가 신체의 변화를 일으킨다고 했다. 골목길에서 누가 나를 쫓아와서 두려움을 느끼기 때문에 심장이 뛰는 것이며, 결국 도망치게 된다고 했다. 그 순간의 생각이 감정을 유발하고 행동으로 나타났다는 것이다. 샤흐터와 싱어는 인지심리학적인 접근으로 감정과 의식의 관계를 분석하며 인간이 상황을 어떻게 평가하느냐에 따라서 감정이 달라진다고 본다. 친구가 약속 시간보다 늦었을 때 기다린 사람은 그 상황을 판단하게 된다. 늑장을 부린 것일 수도 있고, 오다가 무슨 일이 일어난 것일 수도 있다. 그 상황에 대해 어떻게 인지하고 평가하느냐에 따라 불쾌함이라는 감정의 정도가 달라진다는 것이다. 따라서 어떤 일로 얼굴이 붉어지거나 심장이 뛰어도 생각을 어떻게 하느냐에 따라서 즉각적인 생리적 반응과는 다른 감정을 표현할 수도 있다는 것이다.

이후 1920년대 미국의 생리학자인 월터 캐넌 Walter Cannon(1871~1945)과 그의 제자인 필립 바드 Philip Bard(1898~1977)는 앞의 두 입장을 비교하며 감정의 변화와 신체 변화는 동시에 일어난다는 절충안을 제안했다. 그들은 동물들이 위험에 직면했을 때 나타나는 교감신경의 반응을 '싸움-도망 fight-flight'이라는 개념으로 설명했다. 동물은 위험한 대상을 만났을 때 생명을 지키려는 방법을 고민하며 순간적으로 모든 에너지를 끌어모은다. 그러면서 교감신경이 흥분하고 심장 박동이 높아지고 근력이 강해진다. 그리고 결국 싸우거나 도망치거나 둘 중 하나를 선택하면서 문제를 해결한다.

캐넌-바드는 사람이 위험 상황에 직면했을 때, 호흡이 빨라지거나 소름이 돋는 신체적 반응이 오기 전에 먼저 두려움을 느낄 수도 있으며, 또한 실제로 위험 상황을 충분히 자각하지 않고서도 감정적 반응이나 신체적 행동이 동시에 나타날 수 있다고 했다. 이는 앞선 두 이론을 반박하는 것이었다.

분명히 어떤 대상에 대해 이성적으로 판단하는 것과 감정적으로 반응하는 것 중 무엇이 먼저인지의 시간 순서를 가리는 문제는 감정의 실체를 파악하는 데 의미가 있다. 그리고 이를 이론화하는 작업도 중요하다. 그러나 이런 일반적인 접근들이 인간의 감정 시스템을 충분히 이해하는 데는 역시 한계가 있다. 사람들의 이성적 판단과 감정적 반응은 개인마다 천차만별이고, 각기 다를 수밖에 없기에 보편적인 패턴으로 설명하기가 결코 쉽지 않기 때문이다.

나는 매일 커피를 마신다. 어느 날 친구와 커피를 마신다고 하자. 같은 커피지만 취향이 다르기에 각자 다른 맛을 느낀다. 우리가 오감을 통해 받아들이는 정보는 커피의 실체와 같지 않다. 사람마다 발달한 감각 기관은 각각 다르다. 우선시하는 기준도 다르기에 감각적 평가도 같지 않다. 우리는 평소에 커피에 대해 맛과 향이 어떠할 것이라는 보편적인 인식과 정보를 갖고 있다. 브라질 커피는 고소하고, 케냐 커피는 산미가 강하다고 생각한다. 하지만 커피를 직접 마셔보고 판단하면 평가는 달라질 수밖에 없다. 같은 케냐 커피라도 그날의 컨디션에 따라, 물의 온도에 따라 산미를 느끼는 정도가 다르기 때문이다.

오미자차가 있다. 이름이 재미있다. 단맛, 쓴맛, 신맛, 매운맛, 짠맛이 고루 있어 마시는 사람에 따라 5가지 맛이 난다고 붙여졌다. 사실 열매가 내는 맛은 하나일 것이다. 실체와 혀의 자극과 맛을 느

커피와 미각. 우리는 커피 맛에 대한 보편적 인식과 정보를 가지고 있지만 실제 느끼는 맛은 다르다. 사람마다 감각기관, 맛의 기준 등이 모두 다르기 때문이다.

끼는 뇌가 동시에 작동하여 감각적으로 '인식된 실체', 즉 맛이 달라진 것이다. 우리는 후자를 진짜라고 생각한다. 동일한 자극을 받아도 사람들은 각자 다른 감각을 느낀다. 그러니 실체에 대한 감정을 일반화하고 패턴을 만들어 인공지능 로봇에게 학습시킨다는 일은 어쩌면 무모한 시도인지도 모른다는 생각이 든다.

보편적 감정은 존재하는가

인공지능의 기술 과정으로 보자면 보편적인 인간 감정을 개념화하고 학습시켜 인공감정으로 구현하는 것 자체는 불가능하지 않다. 그렇기에 "과연 인류 전체가 공유하는 보편적인 감정이 존재하는가"는 중요하고 흥미로운 질문이다. 철학자들이 가장 오래전부터 언급한 감정은 '공포'이다. 초기 인류가 험한 자연환경에서 살아남기 위해 투쟁하면서 느껴온 감정일 것이다. 그러다가 인간은 생태계의 최강자가 되고, 생존하고자 군집 사회를 이루면서 기쁨, 슬픔, 행복, 증오와 같은 다양한 감정을 지니게 되었다.

데카르트는 인간은 이성적으로 완전한 관념, 즉 생득관념을 가지고 태어나지만 도덕적으로 잘못된 실수를 저지른다고 했다. 정신과 신체가 결합하면서 생기는 정념(감정) 때문이다. 그는 6가지 정념으로 '욕망, 경이, 사랑, 증오, 기쁨, 슬픔'을 들었다. 이것은 인간의 보편적인 감정들이기도 하다. 흄은 인간이 가장 먼저 지니는 직접 감정으로 혐오, 비판, 기쁨, 희망 두려움, 절망, 안도 등을 언급했다. 또한 각기 다른 직접 감정들이 결합되면서 긍지, 야망, 사랑, 미움, 질투, 연민, 관용 같은 2단계의 간접 감정이 나타난다고 했다.

동양 철학에서도 인간의 보편적인 감정은 중요한 화두였다. 『순자荀子』에도 6가지의 감정이 나온다. 잘 알려진 희로애락喜怒哀樂과 함께 호好와 오惡가 그것이다. 『예기禮記』에서도 기쁨, 분노, 슬픔, 두려움, 사랑, 싫음, 욕망 등 칠정七情이라는 7가지의 인간 감정을 언급하고 있다.

인간의 보편적 감정과 관련해 최근 가장 많이 인용되는 연구가 있다. 미국의 심리학자인 폴 에크먼Paul Ekman(~1935)의 '기본 감정이론basic emotion theory'이다. 그는 수만 명을 대상으로 한 얼굴 표정을 분석하고 공포, 분노, 행복, 혐오, 슬픔, 놀람 등 6가지를 인간의 보편적인 기본감정으로 유형화했다. 그리고 이 감정들이 상황에 따라 결합

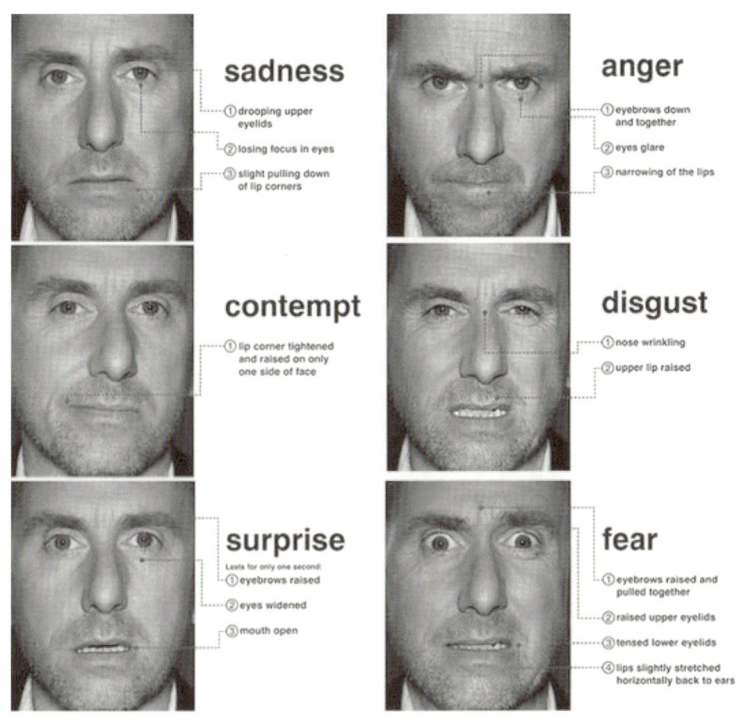

미국 드라마 「라이 투 미」의 한 장면.   이 작품은 모든 사람들이 얼굴과 신체 동작을 통해 분노, 두려움, 놀람, 경멸 등 기본적인 감정을 나타낸다는 폴 에크만의 연구 내용을 바탕으로 한다.

하면서 다양한 추가 감정으로 전이되고 표현된다고 했다. 미국 드라마 「라이 투 미Lie To Me」에서는 감정 연구학자가 범죄자들의 표정을 통해 거짓말을 알아내는 대목이 나오는데, 폴 에크먼의 감정이론을 바탕으로 한 것이다. 6가지 유형의 감정이론은 전 세계적으로 공유되고 있다. 인공지능 기반 감정 로봇 연구의 출발점이기도 하다.

그런데 6가지 유형의 기본 감정의 코드가 보편적인 것도, 고정된 것도 아니라는 주장이 지속해서 나오고 있다. 감정이란 문화와 환경,

맥락에 따라 지역마다 다르게 표현될 수 있다는 것이다. 미국의 신경과학자 리사 펠드먼 배럿Lisa F. Barrett(1963~)은『감정은 어떻게 만들어지는가How Emotions Are Made』에서 '구성된 감정 이론'을 제시하며 다음과 같이 적었다. "감정은 문화마다 다르다. 독일에는 분노에 대한 단어가 세 개 있지만, 중국에는 다섯 개가 있다. 심지어 우트카 에스키모인에게는 분노라는 단어가 없으며 타이티인들에게 슬픔이란 단어가 없다."

배럿은 아프리카 나미비아의 힘바족Himba을 대상으로 수차례 인터뷰를 한다. 그들에게 인간의 기본 감정을 나타내는 얼굴 사진을 보여주고, 사진 속의 사람들이 어떤 느낌인 것 같은지를 물었다. 그런데 재미있는 결과가 나왔다. 그들은 미소 짓는 얼굴을 보면서 '행복'이 아니라 '그냥 웃는 것'이라고 말했다. 눈을 크게 뜬 표정은 '두려움'이 아니라 '그저 바라보는 것'이라고 답했다. 사진 속의 표정을 어떤 감정의 표현이 아니라 단순한 얼굴의 움직임으로 받아들인 것이다. 서구적인 방식으로 감정 표현을 해본 적이 없는 힘바족 사람들은 사진들을 문명권의 사람들과는 전혀 다른 느낌으로 받아들였다. 보편적 감정의 코드가 일치하지도 않았고, 사진을 보며 기본 감정을 해석하는 데에도 일반적인 패턴을 따르지 않았다. 인류 보편적 감정 코드가 존재하지 않을 수도 있음을 보여주는 사례다.

인류학자 장 브릭스Jean Briggs(1929~2016)는 1960년대 북극의 이누이트족과 오랫동안 생활하면서 그들이 거의 화를 내지 않는다는 사실을 발견한다. 화내는 것은 유치한 행동이기에 자제해야 한다는 부족의 전통이 세대를 걸쳐 내려온 까닭이었다. 이는 특정 집단이나 문화 속에서 전통적 관습이 사람들의 보편적 감정에 영향을 미친다는 것과 같은 감정표현이라도 민족별로 혹은 문화별로 다양하게 해석될 수 있다는 것을 보여준다.

우리가 인간의 기본적 감정 혹은 보편적 감정이라고 부르는 것도 들여다보면 일반적인 경향만을 말할 뿐이다. 전 인류를 아우르는 감정 코드가 존재한다고 단언할 수는 없다. 그럼에도 감정을 알기 위한 노력은 계속되어야 한다. 감정 연구의 출발은 이런 기본 감정들로부터 시작하여 이들의 조합으로 나타난 다른 감정으로 확장될 수는 있을 것이다. 마치 색깔의 조합과 비슷한 원리다.

현재 인간 감정을 구현한 인공감정지능은 이런 감정 패턴을 기계 학습시킨 것이다. 상식선에서 감정을 표현하거나, 상대방이 드러내는 감정을 읽고 의사소통하는 수준이다. 따라서 복잡한 인간 감정계를 완벽하게 복제한 인공감정지능의 출현은 아직 불가능해 보인다.

하지만 앞으로 인간의 감정 경험에 대한 경우의 수를 더 많이 확장하고, 더 정교하게 학습시킨다면 인공감정지능 로봇이 인간의 감정을 따라할 수 있는 범위도 넓어질 것이다. 보편적이지 않은 감정의 경우도 반복 학습을 통해 감정표현을 패턴화하고, 지속적으로 추가 학습을 시키면서 강화해나갈 수 있을 것이다. 종종 감정을 느끼는 인공 로봇이 나왔다고 언론매체가 대서특필하는 기사를 본다. 하지만 그것은 초보적인 수준에서 감정을 표현하거나 인간과 감정을 교류할 수 있다는 뜻이지, 인간의 지적 능력과 감정을 완벽하게 갖춘 인공감정지능이 나타났다는 의미는 아니다. 이런 까닭에 우리는 딥러닝을 넘어서 인간의 감정 시스템을 보다 더 깊이 알아볼 필요가 있다. '딥필링deep feeling'이 필요한 이유다.

11장 뇌, 의식, 무의식, 그리고 인공감정

나는 생각한다, 그러므로 존재한다. • 르네 데카르트의 제1명제

나는 느낀다, 그러므로 존재한다. • 안토니오 다마지오의 제1명제

AI와 공존할 것인가, 대립할 것인가

스카이넷Skynet은 영화 「터미네이터The Terminator」에 나오는 스스로 학습하고 사고하는 인공지능 시스템이다. 가상의 미래, 끝없이 진화하여 지구를 지배한 스카이넷이 인간을 말살하려 하자 인류저항군이 이에 맞서 전쟁을 벌인다. 이 영화의 흥미로운 점은 인류가 인공지능 로봇과 대결하고 있다는 사실이다. 영화는 인류가 완벽한 인공지능을 꿈꾸지만 언젠가 자신의 피조물에 멸망할지도 모른다는 두려움을 느낀다고 말하고 있다. 터미네이터 시리즈가 처음 개봉된 지 어언 40여 년이 지났다. 그동안 인공지능 기술은 비약적으로 발전했다. 세상을 놀라게 하는 AI도 탄생했다. 그런데 그 영화의 전면에 깔

영화 「터미네이터」(1984). 살인기계는 벗겨진 피부 아래 본 모습을 드러낸 채 주인공들을 집요하게 뒤쫓는다. 인간이 스스로 만든 기계에 공격당한다는 이 이야기는 인류의 미래에 대해 의미있는 메시지를 던져주었다.

려 있던 두려움 또한 여전한 것 같다.

지난 10여 년 사이, 인공지능 왓슨Watson과 알파고AlphaGo가 언론의 조명을 받으며 화려하게 등장했다. IBM의 왓슨이 퀴즈쇼에서 인간을 물리치며 우승을 차지했을 때, 구글 딥마인드의 알파고가 이세돌 9단에게 승리를 거두었을 때, 지구촌은 큰 충격에 빠졌다. 「터미네이터」처럼 인공지능이 지배하는 세상이 온 건 아닌지 우려하기도 했다. 그러나 알파고 등장 이후 몇 년이 지난 지금, 사람들은 지능이 월등하게 높은 AI 로봇이 나왔다 해도 새로울 것은 없다고 여기는 듯하다.

앞서 언급한 특이점 논의의 핵심도 여기에 있다. 현재 기술로 봤을 때 인공지능이 학습된 데이터를 기반으로 인간의 지능을 넘어서는 것은 어렵지 않아 보인다. 그러나 인간은 지능과 함께 감정, 마음과 영혼, 의식과 무의식과 같은 복잡한 정보처리계를 가진 생명체이다. 이런 영역의 기술적 진화 없이 특이점을 이야기하는 것은 여전히 시기상조다. 특이점 논쟁에서 AI의 미래에 회의적 입장을 보인 존 설John R. Searle은 이렇게 말했다. "미스터 왓슨은 퀴즈 경쟁에서 이기긴 했지만, 승리를 기뻐하지는 못했다. 당신은 왓슨의 등을 두드리며 축하해줄 수 없고, 함께 축배를 들 수도 없다. 로봇은 이런 행동들이 무엇을 의미하는지 이해할 수 없을 뿐더러 자신이 이겼다는 사실조차 의식하지 못한다." 즉, 지금까지 지능 엔진으로 작동하는 대부분의 알고리즘 기계는 자신이 수행하는 작업의 의미나 가치를 알지 못했다는 것이다.

현재 AI 개발은 감정을 불어넣는 인공감정으로 영역을 확장하고 있다. 본격적인 연구는 1990년대 중반, 감성과 첨단과학을 결합한 감성 공학emotional engineering과 인공지능을 기반으로 기계학습과 빅데이터 기술을 융합한 감성 컴퓨팅affective computing에서 시작되었다. 표정, 미세한 근육의 움직임, 심장 박동, 두뇌 활동 같은 생리적 정보 신호를 분석하여 인간의 감정 체계를 이해하고 재현하기 위해 노력하고 있다. 나아가 인간과 기계가 상호 교류하는 '휴먼-머신 인터페이스'도 시도하고 있다.

개발 초기에는 기계학습과 딥러닝 기술로 학습된 정보나 표정과 제스처 등 겉으로 드러나는 표현의 특징에서 감정을 분류하는 작업에 주력했다. 그렇지만 지능적 차원에 비해 감정적 차원의 관심과 노력은 절대적으로 부족한 게 현실이다. 그러다 보니 인공지능과 비교하면 인공감정의 기술은 여전히 답보 상태다. 이제부터라도 심리학, 신경과학, 뇌공학, 인문학 등 학문 영역을 아우르며 감정의 속성과 시스템을 연구하고, 깊고 복잡한 내면세계를 이해하고 구현할 수 있는 방향으로 개발의 초점을 전환해야 할 것이다.

19세기 실험 심리학자인 알렉산더 베인Alexander Bain(1818~1903)과 빌헬름 분트Wilhelm Wundt(1832~1920)는 인간의 마음도 실증적으로 측정 가능하다고 주장했다. 베인은 심리학은 인간의 행동을 과학적으로 해명하는 학문이라고 하며, 근육이나 신경 운동은 감각과 일치하기에 이를 통해 마음을 알 수 있다고 했다. 분트는 의식은 행동으로 드러나기에 행동을 측정하는 것이 곧 마음을 측정하는 것이라고 했다. 물리적으로 존재하지 않는 정신을 물리적인 방법으로 측정할 수 있다는 이들의 주장은 당시에는 정신과 영혼의 순수성이라는 기존 관념을 흔드는 무례한 도전으로 여겨졌다.

그 주장이 일면 타당성이 있다 해도 인간의 행동은 무수히 많은 변수에 따라 복잡한 방식으로 결정된다. 그렇기에 실제로 작동방식을 완전히 파악할 수 없는 게 현실이다. 완결성이 부족한 주장에 대해 물리학에서는 유효이론effective theory이라는 개념을 쓴다. 인간의 마음이나 감정을 제대로 검증하지 못한 과학자들에게 이 영역은 일정 부분의 오류를 포함할 수밖에 없다는 차원에서 유효이론으로 남게 되었고, 지금까지도 다양한 논쟁이 이어지고 있다.

인공지능의 창작품.
데이비드 코프가 인공지능 프로그램으로 작곡하여 발매한 앨범 「Bach by Design: Experiments in Musical Intelligence」(1994)

AI의 창작품도 예술일까

　인공지능 전문가 데이비드 코프David Cope(1941~)는 이미 오래전에 인공지능 기술로 음악을 창작하는 시도를 했다. 그리고 1990년대에 EMIExperiments in Music Intelligence 실험으로 화제를 모았다. 그는 7년 동안 클래식 명곡들을 인공지능 시스템에 입력하면서 유명 음악가들의 고유한 스타일과 악보 구성 패턴을 학습시켰다. 그리고 그 요소들을 조합하는 방식으로 인공지능형 클래식 음악 작곡 프로그램을 만들었다. EMI는 완성된 후 단 하루 만에 바흐 스타일의 오페라를 5,000곡이나 만들어냈다.

　기존의 명곡들을 연상하게 하는 창작곡을 두고 언론과 전문가들은 예술은 인간만이 할 수 있는 일이 아니라며 인공지능 컴퓨터 알고리즘의 위대한 승리라고 흥분하기도 했다. EMI가 소개된 후 음악학자 스티브 라슨Steve Larson은 인간과 인공지능이 창작한 곡들이 듣는 이에게 어떤 정서적 반응을 일으키는지 비교하는 연주회를 제안했다. 피아니스트가 바흐의 원곡과 EMI가 작곡한 곡, 그리고 자신이 작곡한 곡을 차례로 연주한 후, 청중들이 누가 창작했는지를 알아맞히는 실험이었다. 이 흥미로운 무대에 수많은 청중들이 참여했는데 블라인드 테스트 결과는 놀라웠다. EMI의 곡을 바흐 작품이라고 답한 사람들이 가장 많았다고 한다.

언론은 이 연주회를 비중 있게 다루면서 AI가 창작의 영역으로 들어왔으며 예술가도 일자리를 잃을 수도 있다고 보도했다. 그러나 EMI가 창작한 곡이 진정 예술적 감동이 있는 음악이었다면 대중은 계속 찬사를 보냈을 것이다. EMI가 음반을 발매했을 때 인공지능이 작곡한 음악이라는 점에서 잠시 화제를 모았지만, 결국 상업적인 성과를 거두지는 못했다. 창작자로서의 의식과 자각, 메시지가 담겨 있지 않기 때문이라는 평가였다. EMI는 음악 속에 일반적인 감정을 담기는 했지만, 베토벤이나 모차르트의 영감까지는 불어넣을 수 없었던 것이다.

로봇 페퍼Pepper는 인간의 감성적 측면을 강조한 인공지능 휴머노이드다. 애니메이션의 등장인물처럼 친근하게 생겼다. 공연장, 학원, 집 등 익숙한 공간에서 사람들의 감정을 읽으며 대화를 나눈다. 페퍼는 인간과 로봇이 정서적인 공감을 나누기 위해 만들어졌다. 프랑스의 알데바란 로보틱스Aldebaran Robotics와 일본의 소프트뱅크Soft

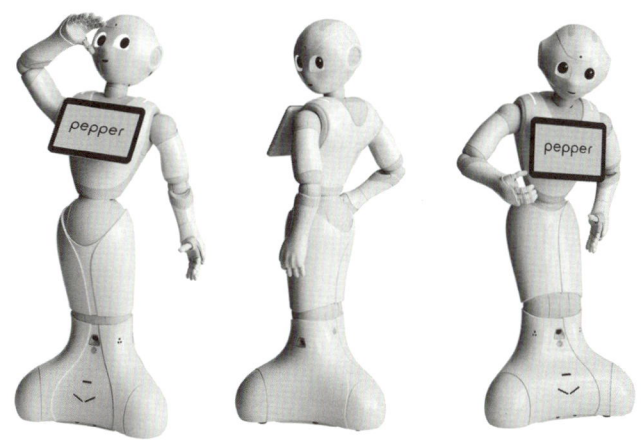

세계 최초 감정 인식 로봇 페퍼. 2014년에 페퍼를 출시한 일본 소프트뱅크사는 2020년부터 생산을 중단했다고 밝혔다.

Bank가 공동 개발했고, 2014년 6월에 처음 세상에 공개되었다.

페퍼는 시각, 청각, 촉각 센서를 통해 상대방의 표정과 목소리를 감지하며 대화를 할 수 있다. 그러나 출시 당시의 신선한 충격은 오래가지 않았고 곧 효용성 문제가 불거졌다. 무엇보다 페퍼 자체에서 각종 오류가 발생했다. 음성을 인식하는 데 시간이 오래 걸렸고, 입력된 질문이나 답을 반복했다. 감정을 가진 로봇이라는 타이틀은 있었지만 대화하는 상대방의 표정이나 목소리를 통해 아주 기본적인 감정만 추측할 뿐이었다. 인간의 마음을 제대로 읽고 긴 대화를 나누기에는 부족했다. 휴머노이드지만 2족 보행이 아니라 바퀴로 움직여서 외관상으로도 어색해 보이기도 했다.

지금까지 인공지능은 탁월한 계산 능력과 문제 해결 속도 같은 효율성의 측면에서 이목을 집중시켜 왔다. 그렇지만 지금까지도 인간처럼 의식과 마음을 가지면서 행복한 감정까지도 느낄 수 있는 로봇이 가능할까는 다른 차원의 문제다. 뇌공학이 급속도로 발전하고 있지만, 아직도 평균 1.4킬로그램의 작은 인간 뇌의 기능이나 능력에 대해 충분히 알지 못하는 게 사실이다.

뇌의 구조와 기능

미지와 신비의 세계였던 뇌는 뇌공학이 발전하면서 그 정체가 조금씩 밝혀지고 있다. 뇌공학은 뇌의 구조와 기능을 연구하는 학문이다. 최근 뇌 신경망을 담당하는 기능을 컴퓨터의 정보처리 인공신경망으로 구현하면서 인공지능 기술이 급속하게 발전했다.

정보의 생성과 소비, 분석과 해석 등 뇌는 인간의 모든 사고와 행위에 관여한다. 뇌는 새로운 정보들을 처리할 때 이미 저장되고 학습된 혹은 유전적으로 전달된 관련 정보와 비교하면서 정리하고 분석하고 추가적인 명령을 내린다. 우리가 아무 행동도 하지 않는 동안에도 감각기관들은 매초 천만 개 이상의 정보를 받아들인다고 한다.

인간의 감정 시스템을 좀 더 자세히 알아보기 위해 먼저 뇌의 구조와 작동원리를 살펴보자. 17세기 초 영국의 의사 토마스 윌리스Thomas Willis(1621~1675)는 『대뇌 해부학Cerebri Anatomi』에서 '신경학neurology'이라는 말을 처음 사용했다. 그리고 프랑스의 의사이자 해부학자 폴 브로카Paul P. Broca(1824~1880)가 뇌를 처음으로 부검하면서 관련 연구가 뒤따르기 시작했다. 특히 브로카 이후에는 뇌의 각 부분이 담당하는 기능에 연구가 활발히 이루어졌다.

뇌의 구조를 간략하게 살펴보자. 먼저 약 80%의 용량을 차지하는 대뇌大腦, cerebrum가 있다. 대뇌는 신체 활동뿐만 아니라 인지, 사고, 기억, 감각, 감정 등 수많은 기능을 담당한다. 뇌간腦幹, brain stem은 뇌와 척수를 연결하는 부분이다. 혈관의 수축과 이완, 구토, 기침 등 실질적이고 기본적인 생명 활동을 조절한다. 뇌간 뒤쪽에는 두 개의 소뇌가 있다. 소뇌小腦, cerebellum는 일상적 움직임, 무의식적인 동작 같은 자발적 운동을 조절하고 몸의 균형을 잡는 역할을 한다.

해마Hippocampus는 대뇌 아래쪽 관자엽 안쪽에 위치한다. 학습, 기억, 새로운 정보 인식 등을 담당하고 있다. 기억은 해마의 신경세포 일부가 기억세포로 전환되면서 만들어진다. 이 세포들을 활성화하면 특정 기억들이 다시 살아나게 된다. 이론상으로는 「토털 리콜」 「인셉션」 같은 영화처럼 뇌세포를 조작해서 기억을 바꾸거나 만들어낼 수 있다는 뜻이다.

포유류에는 대뇌 안쪽에 변연엽邊緣葉, limbic lob이라 불리는 속피질이 있다. 여기에서 주로 다양한 감각을 담당한다. 변연계라고도 하며 감정과 관련된 기능을 하는 부분으로 알려져 있다. 변연계는 외부에서 받은 감각 정보를 각각 생각의 경로를 통해 대뇌피질로, 감정의 경로를 통해 시상하부로 내보낸다. 생각의 경로는 지각, 사고, 기억 등을 담당하고, 감정의 경로는 일반적인 감각과 느낌을 담당한다. 미

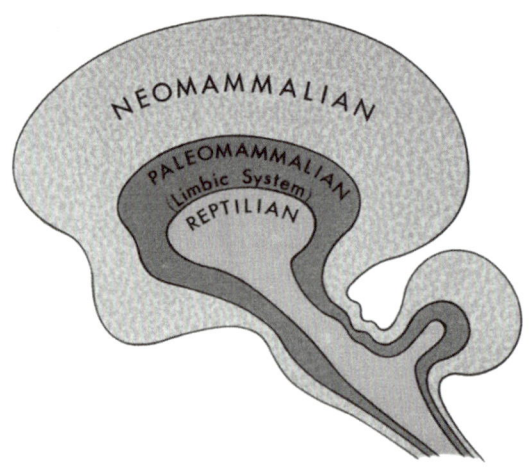

삼위일체 뇌 모형. 신경과학자 폴 맥린은 뇌를 기능에 따라 해부학적으로 분류하여 삼위일체 뇌 모형을 제시했다. 안쪽은 파충류 뇌, 그 위는 원시 포유류 뇌, 바깥쪽은 신포유류 뇌 혹은 영장류의 뇌로 이루어져 있다. © Paul D. MacLean.

국의 의사이자 신경해부학자 제임스 파페츠James Papez(1883~1958)는 대뇌피질과 시상하부를 연결하는 뇌의 안쪽에 감정계가 있다는 연구 결과를 발표하는데, 그래서 이 부분은 '파페츠 회로Papez circuit'라고 칭하게 되었다.

이후 미국의 의사이자 신경과학자 폴 맥린Paul D. MacLean(1913~2007)은 감정의 생성을 일련의 연결구조로 본 파페츠의 이론을 더욱 발전시켰다. 그는 감정을 관리하는 뇌의 신경구조인 내장뇌visceral brain라는 개념을 새롭게 제시했다. 대뇌피질의 바깥쪽은 신피질이고 안쪽은 내장뇌라 불리는 구피질이다. 신피질은 근육운동이나 지적인 기능을 하고, 내장뇌는 소화, 종족 번식 등과 같은 본능적인 욕구나 감정과 관련된 행위를 담당한다.

이런 연구결과를 바탕으로 맥린은 뇌 연구에서 지금까지도 자주 인용되는 '삼위일체 뇌tribune brain' 모형을 제시했다. 뇌는 세 개의 겹으로 진화했으며 하나로 결합되어 있다는 것이다. 뇌의 가장 안쪽은 파충류의 뇌로 기본적인 생존을 위한 영역으로 호흡과 심장 기능을 담당하고, 그 위는 원시 포유류 뇌로 감정과 본능을 담당한다. 그리고 가장 바깥쪽은 신포유류 뇌 혹은 영장류의 뇌로 고등 포유류의 진화 마지막 단계로 이성적 사고와 언어 기능을 담당한다.

뇌는 평균 1,000억 개 이상의 신경세포 뉴런neuron으로 구성되어 있다. 뉴런은 신경계를 이루는 기본 단위로 자극을 받아들이고 신호를 전달하는 역할을 한다. 정보처리 과정에서 전기적 신호를 보내는데, 이때 일종의 파동이 발생한다. 바로 뇌파腦波, brain wave이다. 이는 뇌 속의 신경세포가 활동하면서 발산하는 전파다. 뇌에서 처리한 정보의 지표 역할을 한다. 그래서 뇌공학에서는 뇌파를 측정하고 해석하는 연구가 매우 활발하다. 뇌파는 뇌신경 활동의 전기적 신호를 대뇌피질 또는 두피에서 기록한 정보다. 최근까지도 뇌전증이나 치매 진단 혹은 인터페이스 기술에 이르기까지 다양하게 활용되고 있다.

뇌의 신경세포인 뉴런은 세포체와 수상돌기, 축삭돌기 세 부분으로 구성된다. 세포체는 생명 활동에 필요한 물질을 합성하고, 수상돌기는 자극 정보를 받아들이고, 축삭돌기는 주변의 뉴런이나 근육세포로 자극을 전달한다. 감각기관으로 입력된 정보가 뉴런에 전달되

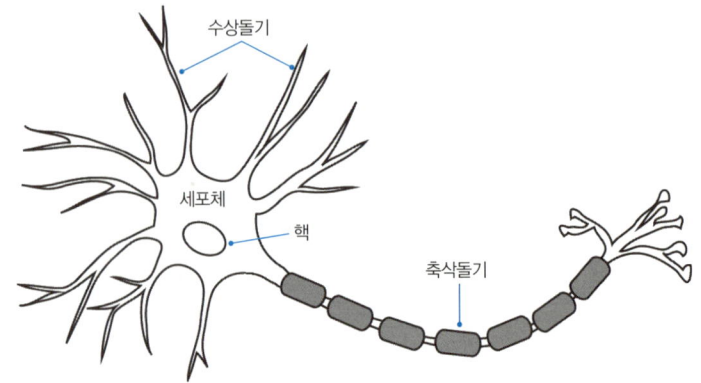

뉴런의 구조. 뇌의 신경세포 뉴런은 세포체와 수상돌기, 축삭돌기 세 부분으로 구성되며 시냅스의 파동을 통해 정보를 주고받는다.

는 중에 전기적 신호가 발생하고, 이 신호는 세포체에서 수상돌기를 통해 축삭돌기로 전달된다. 축삭은 뉴런에서 발생시킨 전기적 신호를 다음 뉴런에 전달하는 매개 역할을 한다. 축삭의 끝부분인 시냅스synapse는 1초에 대략 100미터의 속도로 정보를 주고받는다. 큰 뉴런이면 보통 1만 개 정도의 시냅스가 있다고 한다. 성인의 뇌는 평균적으로 100조 개 내외의 시냅스가 존재하는 것이다.

인간이 태어났을 때 뇌의 무게는 평균 350g에 불과하다. 성장하면서 뇌용량도 커지고 뇌 연결망의 75%를 새롭게 확장하게 된다. 이 과정에서 유전적인 측면뿐만 아니라 사회적, 문화적, 환경적 요소가 장기적으로 뇌의 성장에 영향을 미치는 것으로 알려져 있다.

의식은 진화와 유전자의 산물인가

의식과 마음, 기억 같은 뇌의 활동과 감정은 어떤 관계를 맺고 있을까. 대니얼 데닛의 『의식의 수수께끼를 푼다 Consciousness Explained』에서 그는 데카르트의 이원론을 비판했다. 데카르트는 인간을 정신과 육체라는 두 가지 실체가 결합된 존재라고 했다. 육체는 기계장치와 같은 것이고 정신은 이 육체를 통해 세상을 인식한다. 데닛은 데카르트의 주장에 의구심을 표하며 그의 이원론을 '데카르트 극장 cartesian theater' 모형이라고 불렀다.

데카르트에 따르면 정신은 뇌에 있는 감각 신경계(육체)를 통해 세상을 바라보는데, 이는 마치 인간의 머리라는 극장에서 세상의 일들을 무대 위의 연극을 보듯이 바라보는 상태와 같다. 정신 작용이란 세상의 모든 것이 비치는 화면이나 무대와 같다는 것이다. 데닛은 질문한다. 과연 두뇌 안의 감각 신경계라는 기관을 통해 무언가를 인식하고 행동하도록 중추 역할을 하는 '정신'이라는 영역이 있을까? 데닛은 '그렇지 않다'라고 답하며, 데카르트의 그릇된 심신 이원론이 오늘날에도 의식에 대해 잘못된 접근을 하게 만들었다고 하며 다음과 같이 지적했다.

> 모든 것이 의식을 위해 등장하는 데카르트 극장은 해체되어야 한다. 데카르트 극장 속에서 상상된, 소인들에 의해 행해지는 모든 일은 두뇌에 있는 다양한 하위 기관들에 배분되어야 한다. 주체는 해체되

어야 하고, 각자의 임무를 무의식적으로 수행하는 마음이 없는 기관들로 대체되어야 한다.

두뇌를 뇌세포의 활동으로 보는 데닛은 다윈의 진화론에서 의식과 정신의 역할에 대한 해답을 찾으려 했다. 특히 동물행동학자이며 신다윈주의의 선두주자인 리처드 도킨스 Richard Dawkins(1941~)의 유전자적 진화론으로부터 결정적인 영향을 받는다. 도킨스는 『이기적 유전자 The Selfish Gene』에서 "생물 진화의 주체는 유전자이며, 생물들은 모두 유전자의 자기복제 속에서 만들어진 기계적 존재다"라고 했다. 또한 인간은 유전자를 운송하고 보관하는 생존 기계에 불과하다고 말했다. 모든 생명체는 생존하기 위해 자신의 유전자를 확산시키고 개량해 나간다. 그는 이런 생물 진화론적 관점과 유전자의 속성 때문에 모성애, 공격성, 협력과 배신, 이성 간의 사랑과 질투, 세대 간의 경쟁 등 여러 가지 감정과 행동의 양상들이 나온다고 주장했다.

다윈과 도킨스의 이론을 접목한 데닛은 인간의 의식을 "뇌의 물질적 진화로 나타난 고등작용"으로 정의했다. 더 나아가 지향성 intentionality과 마음 읽기 mind reading라는 개념도 소개한다. 매일 아침 왜 해가 뜨고 사계절은 순환하는가? 이것은 마음을 읽거나 이해하는 차원의 문제가 아니다. 그저 자연의 법칙을 알면 된다. 그런데 동물은 배고플 때 울고 사람은 행복할 때 웃는다. 데닛은 의식을 가진 생명체의 행동을 이해하기 위해서는 다른 접근이 필요하다고 했다. 생명체가 어떤 마음으로, 어떤 목적으로, 어떤 지향점을 갖고 이런 행동을 하는지 알아야 한다는 것이다.

　기존의 철학사는 이성과 의식을 절대시해왔다. 하지만 데닛은 철학자들이 신비의 영역으로 구분해놓은 의식에 대해 "뇌의 진화된 활동"일 뿐이라고 말했다. 그리고 물질에 불과한 뇌에서 어떻게 의식이라는 특별한 기능이 나왔는지는 "뇌와 환경의 끊임없는 상호작동 과정에서 진화된 것"이라고 답했다. 그리고 그런 질문은 '물이 변하여 어떻게 포도주가 되었는지' '자연의 미미한 종족이 어떻게 위대한 인간으로 변할 수 있었는지'와 일맥상통하는 질문이라고 했다.

　그는 가까운 미래에 인간처럼 의식을 지닌 '강 인공지능 strong AI'의 시대가 올 수도 있다고 말한다. 컴퓨터가 정보처리하는 과정은 인간이 신체에서 정신 활동을 하는 과정과 비슷하다. 따라서 생명체가 진화하다가 어느 순간 지능과 의식을 갖추게 되었듯이, 인공지능 로봇도 미래의 어느 시점(특이점이라고 부르는)에 인간처럼 의식을 갖게 될 수도 있다고 예측했다.

　나는 데닛의 낙관론과 궤를 같이 하면서도, 의식 있는 인공지능이 등장하는 시기와 완성도 측면에서는 여전히 의문을 갖는다. 나무가 조금씩 자라듯이 인공감정지능의 기술도 천천히 진보할 것이다. 그러다 보면 AI도 점차 의식을 갖게 되고, 그 속에서 인간 감정의 메커니즘도 구현될 수 있지 않을까 싶다.

나는 느낀다, 그러므로 존재한다

신경과학자 안토니오 다마지오는 데닛과 비슷하게 마음과 신체의 단순한 이분법을 거부했다. 그리고 다양한 임상 실험을 통해 심신 일원론을 설득력 있게 증명해왔다.

앞에서 언급했듯이 데카르트는 이성이 감정을 통제한다고 했다. 다마지오는 이것을 '데카르트의 오류Descartes' error'라고 하며 근대 이후 감정에 대한 그릇된 인식을 심어준 치명적 오류였다고 비판했다. 그리고 이 오류를 수정하기 위해 인간의 행동을 결정하는 가장 중요한 요인이 감정임을 전제해야 한다고 주장했다.

다마지오는 인간의 모든 감정은 느낌을 낳지만, 감정에서 오지 않는 느낌도 있다고 했다. 느낌feeling은 일반적으로 말하는 감정emotion보다 더 큰 개념이라는 것이다. 육체적 감각기관과 내면적 육감을 포함한 감각들은 모두 느낌으로서의 감정에 해당한다. 몸이 물리적 환경을 떠나서는 존재할 수 없듯이, 느낌 또한 몸과 불가분의 관계이다. 다마지오는 신체가 없는 인공지능과 인공의식은(존 설이 명명한 'weak AI') 비현실적이며, 궁극적인 인공지능이 아니라고도 말했다.

그는 데카르트의 제1명제 "나는 생각한다, 그러므로 존재한다"가 이제는 "나는 느낀다. 그러므로 존재한다"로 바뀌어야 한다고 했다. '데카르트 오류'의 핵심은 서양과학이 데카르트 철학에 근거해 인간의 마음을 무시했고, 특히 과학과 의학 두 영역에서는 치명적인 악

영향을 초래했다고 말했다. 먼저 과학 분야에서 수 세기 동안 인간의 마음을 일반 생물학적 측면에서 탐구하는 노력을 지연시켰다는 것이다. 불행하게도 마음, 느낌 같은 내면세계를 심리학적으로 폭넓게 이해하지 못했던 이유다. 다음으로 의학 분야에서도 인간 유기체에 대한 잘못된 관점으로 마음에 대한 근원적이고 구체적인 접근 대신 추상적인 방법들만 확장시켰다는 것이다.

다마지오에 따르면 어떤 생각의 시간적 순서는 감정이 이성에 앞선다. 우리는 보통 물건을 사거나 투표를 할 때 '좋은지' '싫은지'처럼 먼저 감정적인 고려를 한 뒤 이성적인 판단을 하고 최종 결정에 이르게 된다. 감정과 이성이 서로 균형 있게 관여하면 좀 더 올바른 판단을 할 수 있다. 다마지오는 "이성은 우리 대부분이 생각하거나 바라는 것처럼 순수하지 않고, 감정과 느낌은 적어도 이성의 요새를 침범하는 공격자가 아니며, 좋든 나쁘든 이성, 감정, 느낌은 서로 그물처럼 연결되어 있다"라고 말했다. 이는 감정을 이성과 동등하거나 오히려 판단을 좌우하는 더 중요한 근거로 본 것이다.

다마지오는 사람의 감정이란 어떤 자극에 대한 뇌의 즉각적인 반응이고, 외부적인 환경 또는 역사적 맥락과 같은 요소와도 상호작용하면서 생성되고 지속한다고 했다. 그래서 우리가 마음의 상태라고 부르는 생리적 작동은 때로는 구조적이며 역사성을 갖는다는 것이다. 대표적인 예로, 일제 강점기와 역사적 앙금으로 인해 우리들에게는 여전히 반일 감정이 팽배해 있다. 제2차 세계대전 중에 독일 나치가 자행한 유대인 학살은 다음 세대에게도 쉽게 치유될 수 없는 큰 트라우마를 남겨주고 있다.

뇌는 의식뿐만 아니라 무의식의 세계에도 관여하고 있다. 무의식은 지그문트 프로이트 Sigmund Freud(1856~1939) 이후 지대한 관심을 받았다. 그동안 연구자들은 무의식을 통해 의식의 정체를 밝히려 했는데, 무의식은 의식의 반대편에 있는 것이 아니라 의식이 확장된 영역에 있으며 동시에 의식 세계와의 경계를 확실하게 알 수 있게 한다고 믿었다.

그러나 프로이트는 무의식의 세계에 더 주목했다. 인간 정신세계를 빙산에 비유하며 의식은 수면 위로 드러난 약 10%에 불과하고, 무의식은 수면 아래 잠긴 거대한 영역으로 약 90%를 차지한다고 했다. 또한 의식과 무의식은 공존하면서 행동에 대한 명령을 내린다고 했다. 프로이트는 인간의 생각과 행동을 결정하는 정신적 영역을 의식과 전의식, 무의식으로 구분했다. 의식意識, consciousness은 '어떤 순간에 우리가 알거나 느낄 수 있는 모든 경험과 감각'이다. 전의식前意識, pre-consciousness은 '이용 가능한 기억'이다. 이는 의식과 무의식을 연결하는 것으로, 평소에 의식되지는 않지만 조금만 노력하면 곧 의식할 수 있는 경험이나 기억을 말한다. 예를 들면 우연히 낯익은 사람을 만났는데 가만히 생각하다가 잠시 후 그가 누구였는지 떠올리는 상태를 가리킨다. 프로이트는 무의식無意識, consciousness에 대해 "인간 정신의 가장 크고 깊은 심층에 잠재해 있으면서 의식적 사고와 행동을 전적으로 통제하고 있는 힘"이라고 했다.

전의식과는 달리 무의식은 전혀 의식되지는 않지만, 태도나 행동을 결정하는 주된 원인으로 작용한다. 프로이트는 "의식 밖에서 억압되는 어떤 체험이나 생각은 소멸하는 것이 아니라 무의식으로 들어가 잠재하여 그 개인의 행동에 강력한 영향력을 행사한다"고 썼다. 그리고 성격구조 이론을 제시하면서 인간의 정신은 원초적 본능 id, 현실의 원리에 따라 표출되는 자아 ego, 사회적 가치와 도덕이 내면화된 초자아 super ego 세 가지 체계로 구성된다고 했다. 무의식은 주로 본능과 초자아, 의식은 자아와 관련된다.

예를 들어 우리가 '배가 고프다'라고 느끼는 것은 의식이다. 외식할지 집에서 먹을지 정하는 것도 의식이다. 그런데 먹기 시작하면 의식은 더 이상 주된 역할을 하지 않는다. 젓가락을 쓰고 음식을 씹고 삼키는 것은 의식하지 않은, 즉 무의식에 따르는 행동이다. 이처럼 일상생활은 대부분 의식과 무의식이 함께 활동하며 이루어진다. 인간의 감정 표현도 마찬가지이다.

융은 의식이 사고, 감정, 감각, 직관이라는 4가지 기능을 한다고 했다. 의식의 기능은 내재된 기억과 새로운 경험을 통해 진화하는데, 이 과정에서 감정과 감각이 가장 중요한 역할을 한다. 의식은 내가 이미 알고 있는 것을 생각하거나 무언가를 새롭게 알게 되는 것이다. 지금 내가 느끼고 안다고 생각할 수 있는 것을 말한다. 의식은 어떤 외부 자극을 받고 각자가 추구하는 지향성을 반영하는 과정이다. 여기서 의식을 하는 주체는 바로 '자아'이다. 자아는 느끼고 생각하고 경험하고 행동하는 것을 주관하는 주체이다. 즉, '나 자신'을 가리킨다.

　프로이트는 무의식에 대해 리비도libido(성욕)와 같은 상대적으로 본능적이고 비합리적인 측면을 주로 언급했지만, 융은 개인에게 생명력의 원천이자 미래의 방향을 가르쳐주는 지혜로운 그 무엇으로 보았다. 또한 무의식을 개인의 경험과 감정으로 이루어진 개인 무의식과 사회 구성원이 가지고 태어나는 집단 무의식으로 구분했다. 집단 무의식으로 남성의 무의식 속에 자리한 여성성인 아니마anima와 여성의 무의식 속에 있는 남성성인 아니무스animus가 대표적인 예다. 아니마와 아니무스가 내적 인격이라면 페르소나persona는 외적 인

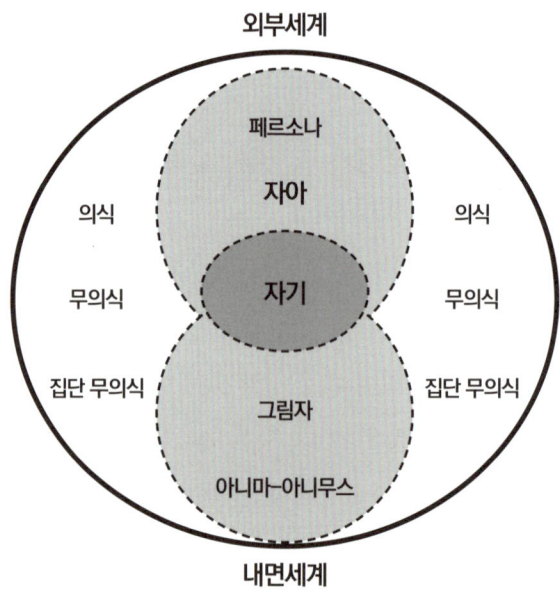

카를 융이 제시한 인간의 정신구조.　페르소나, 그림자, 아니마, 아니무스는 자아와 밀접한 연관을 가지고 각각 인격의 한 부분을 차지한다.

격이다. 페르소나는 가면이라는 뜻으로 한 인간이 사회에 적응하기 위해 만들어진 흔히 외부적으로 드러나는 모습이다. 반면에 그림자 shadow는 밝은 빛 아래 드리워진 가장 어두운 그늘처럼 의식에 가장 가까이 있는 무의식으로 자아의 숨겨진 부분을 말한다. 윤리와 규범 아래 억압된 성격으로 은밀하게 내재한 성적, 동물적, 공격적 충동 등이다.

우리는 살아가면서 어떤 일을 겪게 되면 특별한 감정을 느낀다. 그런데 그 이유를 자세히 알지 못할 때가 많다. 어떤 감정이 일어났다면 특정한 자극을 받아서겠지만 과거의 기억이나 집단 무의식이 반영되었기 때문일 수도 있다. 그래서 감정은 역사와 사상을 내포하고 있다고 말한다. 집단 무의식은 인간을 신비로운 내면세계나 종교의 영적 세계로 이끈다. 이처럼 인간의 감정은 의식과 무의식이 동시에 관여하는 복잡계임이 분명하다.

더 나아가 미국의 신경과학자 조지프 르두 Joseph LeDoux(1949~)는 무의식적 감정이 뇌에서 어떻게 생성되는지 연구했다. 뇌는 뇌량腦梁, corpus callosum이라는 신경섬유의 다발로 연결되어 있다. 간질환자 중에는 치료를 위해 뇌량을 절단할 때도 있다. 분리뇌split-brain 환자들은 우뇌와 좌뇌를 연결하는 뇌 신경 연결고리 뇌량Corpus Callosum이 없다. 그들의 뇌는 좌뇌와 우뇌가 단절된 채 작동한다. 언어중추는 좌뇌에 있는데, 분리뇌 환자는 오른쪽 시야를 통해 들어오는 단어만을 인지하고 그 말에 감정적인 반응을 할 수 있다. 왼쪽 시야로 들어오는 단어는 읽을 수도, 감정을 느낄 수도 없다.

일반적으로 분리뇌 실험은 좌뇌와 오른쪽 시야, 우뇌와 왼쪽 시야가 연결되어 있다는 점에 착안하여 피험자의 시야를 분리하고 각각 다른 정보를 입력하는 방법으로 이루어진다. 그런데 르두가 만난 어느 분리뇌 환자는 왼쪽 시야로 '엄마'라는 단어를 보고 '좋다'는 감정을 표현했다. 물론 '엄마'라는 단어 정보는 글을 읽고 말을 하는 좌뇌로 전달되지 않기 때문에 그는 단어를 읽지 못했다. 그런데 '엄마'와 관련된 감정 정보에 '좋다'는 반응을 보인 것이다. 흥미롭게도 좌뇌는 자극이 무엇인지를 모른 채 그 자극으로 발생한 감정을 갖게 된 것이다. 르두는 이 환자의 사례를 통해 의식 너머, 무의식적인 차원에서도 감정을 느낄 수 있다는 사실을 보여주었다. 그는 좌뇌와 우뇌의 이분법적 역할론을 강조한 기존의 주장을 재고해야 한다고 했다.

미국의 사회심리학자인 로버트 자이언스Robert Zajonc(1923~2008)는 실험을 통해 단순히 자주 보기만 해도 상대방에 대한 호감이 높아지는 '단순노출효과mere exposure effect'를 밝혀냈다. 실험 참가자들에게 A와 B 두 사람의 얼굴을 보여주었는데, 잘 알아챌 수 없는 방식으로 A를 B보다 더 많이 노출했다. 그랬더니 대부분이 A에 더 호감을 느꼈다고 한다.

마케팅 전문가 제임스 비커리James Vicary(1915~1977)는 극장에서 영화가 상영되는 동안 콜라와 팝콘의 이미지 컷을 관객들이 인지하지 못할 정도의 짧은 순간에 수차례 노출했다. 이 이미지들은 잠재의식을 자극했고, 실험이 진행된 6주 동안 콜라와 팝콘 판매량이 각각

15%와 58% 증가했다고 보고했다. 이는 우리가 어떤 자극에 대해 감정적 혹은 행동적으로 반응할 때 의식하지 못하는 사이에 뇌는 이미 무의식중에 감정적 반응을 하고 있음을 보여준다.

뉴욕타임스의 칼럼니스트 데이비드 브룩스David Brooks(1961~) 예일대 교수는 『소셜애니멀The Social Animal』에서 인간의 탁월한 성취력에 대해 설명하면서 무의식의 중요성을 언급했다. 무의식은 상상 이상의 능력을 발휘할 수 있고 많은 데이터를 한꺼번에 처리할 수도 있다. 때로는 매혹적이고 창조적인 사고로 도약할 수 있도록 이끌어준다. 인간의 모든 만남은 무의식이 먼저 개입되며, 의사결정을 하는 것 또한 감정 차원의 일이라고 강조한다. 인간이 살아가면서 누릴 수 있는 가장 경이로운 것이 바로 무의식이며 축복이라고까지 표현했다.

철학적 좀비

심리철학에 철학적 좀비philosophical Zombie라는 개념이 있다. 보통 사람처럼 신체를 갖고 있으면서, 말하고 웃고 잠자며 일상생활을 하지만 의식이 없고 느끼지도 못하는 존재를 말한다. 그런데 사람들은 그를 평범한 사람과 구별할 수 없다.

미래의 어느 날, 나와 가까운 친구가 있다고 하자. 평소에 도서관도 같이 다니고 고민도 나누면서 친하게 지낸다. 어느 날 친구와 같이 드라마를 보다가 동시에 눈물을 흘린다. 그런데 나는 슬퍼서 우는데 그 친구는 슬퍼서 우는 게 아니다. 주인공들의 표정을 보다가 그냥 교감신경이 자극을 받아 눈물이 난 것이다. 철학적 좀비인 그 친구는 어떤 상황에서 같은 반응을 보이지만 느끼는 의식은 없다. 오스트레일리아의 언어철학자인 데이비드 차머스 David J. Chalmers(1966~)는 『의식적 마음 The Conscious Mind』에서 철학적 좀비라는 가상의 존재를 제시하며 의식에 대한 논쟁을 일으켰다. 그는 철학적 좀비가 인간의 완전한 육체적 복제품이지만, 인간만의 주관적이고 질적인 경험이 결여되었다는 사실을 강조했다.

> 창밖을 보며 바깥 나무의 싱그러운 푸른 느낌을 경험하고, 초콜릿 바를 씹는 즐거움을 만끽하며, 오른쪽 어깨에서 욱신거리는 통증이 느껴진다고 상상해보자. 내 좀비 쌍둥이는 어떨까? 그 아이는 나와 물리적으로 동일하고… 기능적으로 동일하며… 심리적으로 동일한 데다가… 기능적 의미에선 '의식적'이기까지 하다. 잠에서 깰 수 있고, 내적 상태의 내용을 보고하며, 여러 장소에 주의를 기울일 수 있기 때문이다. 다만 차이는 그런 기능 발휘가 진정한 의식적 경험을 동반하지 않는다는 점이다.

프랑스의 수학자이자 인지신경과학자인 스타니슬라스 드앤 Stanislas Dehaene(1965~)은 오랫동안 뇌가 어떻게 언어와 숫자를 처리하는지에 대해 연구했다. 그는 『글 읽는 뇌 Reading in the Brain』와 『우리의 뇌는 어떻게 배우는가How We Learn』에서 인간의 뇌가 어떻게 문자를 인식하고 발음하고 의미와 연결하는지에 설명한다. 가까운 미래에 인간의 모습을 완벽히 재현한 인공지능 로봇이 나오더라도 인간만의 주관적인 감각과 감정적 경험을 살리기는 어려울 것이라고 전망하며 그것을 철학적 좀비에 비유했다.

드앤에 따르면 의식은 인지 과정의 특별한 능력이다. 물리적 성질이 있어 뇌 영상 이미지를 통해서도 확인할 수 있다. 의식은 두뇌의 여러 영역에서 얻은 정보와 추론을 종합하여 복잡한 사고와 판단을 한다. 그런데 중요한 것은 인간의 인지 활동에서 의식적으로 관여하는 부분보다 무의식적으로 처리되는 부분이 더 많다는 사실이다. 그렇기에 미래에 고도로 발달한 인공지능이 인간을 흉내 낸 '유사 의식'을 갖는다고 해도 인간의 의식이 하는 모든 역할을 다 할 수 있으리라는 것은 잘못된 믿음이다. 드앤은 인공지능 알고리즘과 유발 하라리의 '데이터교'가 전제하는 인간을 넘어서는 초강력 인공지능super AI 시대가 쉽게 오지 않으리라고 했다.

법철학자이자 심리학자인 마사 누스바움Martha Nussbaum(1947~)은 감정과 인지적 판단의 관계에 주목했다. 우리가 어떤 감정을 느끼는 과정에는 인지적 가치 판단이 함께 한다. 인간의 감정에는 개인적 경험과 그 경험에 따르는 가치 판단이 동시에 개입되기 때문에, 인공지능이 감정의 생성과 표현의 패턴을 학습하는 것만으로 감정 세계를 다 알기 어렵다고 말했다. 다시 말해 인간이 어떤 대상에 대해 감각적 경험을 한다고 가정해보자. 이는 단순한 느낌에 그치는 것이 아니다. 지각부터 오성, 개념화, 그리고 향후 비슷한 상황에서 상기할 수 있는 자의식까지의 과정을 포함한다. 특히 자의식은 오랜 시간과 경험을 통해 정교해지면서 의식의 단계에서 무의식의 저장고로 다시 배치된다. 인간이 감정을 드러냈다면 외부 자극에 단순히 반응하는 것이 아니라 매우 복잡한 메커니즘이 작동한 것이다.

한편 현재의 감각과 감정의 생성은 과거의 기억과는 분명히 다르다. 르두가 다양한 실험에서 발견했듯이, 느낌이라는 감정은 일시적이고 단편적인 순간의 감각과 지각만을 일컫는 것이 아니다. 이미 내재된 자의식에 새로운 체험이 더해지면서 재구성되는 것이다. 르두가 분리뇌 환자에게 '엄마'라는 단어를 보여주었을 때 반응을 다시 생각해보자. 분리뇌 환자는 단어의 뜻을 인지하지 못해도 단어의 형태를 보고 정서적인 반응을 보였다. 자의식에 오래전에 개념화된 감정이 숨어 있었다. 이 감정은 새로운 외부 환경을 경험하면서 의식이나 판단과 상호작용을 하고, 그 과정에서 기존의 감정은 '재개념화'된 것이다.

예일대 감성 지능센터장 마크 브래킷Marc Brackett(1969~)은 『감정의 발견Permission to Feel』에서 감정은 인간의 가장 자연스러운 본성으로 이를 이해하고 조절할 수 있어야 한다고 강조했다. 감정 없이는 아무것도 뇌에 저장할 수 없으며, 정보를 뇌에 장기간 기억하고 싶을 때는 가능하면 감정적으로 강한 인상을 동반하는 '감각 경험적 지식'이 있어야 한다고 했다. 부모는 처음 아이가 탄생한 기뻤던 순간을 생생하게 기억한다. '기억은 감정이다'라는 브랫킷의 말에 수긍이

간다.

　현재 인공지능이 적용된 컴퓨터나 로봇은 실체가 있는 외부세계의 문제에 대한 해답을 내놓거나 학습된 정보의 양과 질에 따라 최적의 솔루션을 찾아 준다. 그러나 마음과 감정은 쉽게 데이터화하거나 패턴화하여 그 매커니즘을 작동시킬 수 없다. 우리가 사는 세상은 실험실 같은 닫힌 공간이 아니다. 오늘 무슨 일이 일어날지, 어떤 경험을 할지 예측할 수 없는 열린 공간이다. 우리 내면의 복잡한 감정계는 이와 같은 외부의 열린계와 상호 작동한다. 이런 까닭에 우리는 이제 딥러닝을 넘어서 딥필링으로 더 관심을 가지고 가야할 것이다. 급변하는 사회의 시대적 요구이기 때문이다.

12장 딥러닝을 넘어 딥필링으로

엄마, 진짜가 아니어서 미안해요. 나를 버리지 마세요.

• 영화 「AI」 중 데이비드의 대사

AI도 인간의 감정을 가질 수 있을까

인공감정 기술은 어디까지 왔을까? MIT 미디어랩의 로자린드 피카드 Rosalind Picard(1962~)는 1995년 「MIT 테크니컬 리포트」에서 '감성 컴퓨팅 affective computing'이란 용어를 최초로 사용하며 감정을 인식하는 컴퓨터 모델과 이를 활용한 애플리케이션을 소개했다. 이후 인간의 감정을 분석하고 해석하는 컴퓨터 기술은 인공신경망 기반의 딥러닝과 결합하면서 주목을 받아 왔다. 이제 우리가 더 관심을 가져야 할 질문이 있다. 여기에는 사고의 전환이 필요하다. 과연 인공지능 로봇이 인간처럼 스스로 의식하거나 느낄 수 있을까? 이 한계를 극복한다면 인간이라는 토털 패키지와 같은 새로운 생명체가 탄생할 수도 있을 것이다.

최근 테슬라를 비롯한 글로벌 자동차업체들이 앞다투어 AI 기능이 탑재된 자율주행차를 출시하고 있다. 이제 자동차는 운송 수단을 넘어 휴식과 충전의 공간이기에, 탑승자가 최대한 편안함을 느끼도록 감정을 읽는 인공감정지능 시스템을 앞다투어 도입하고 있다. 탑승자와 차량이 교감할 수 있는 감정인식 차량제어emotion adaptive vehicle control나 운전자 상태 모니터링DMS: Driver monitoring System 등이 대표적인 기술이다.

2020년 현대차그룹 연구개발본부와 미국 MIT 미디어랩은 감정인식 기술이 적용된 '리틀빅 이모션Little Big e-Motion'을 개발했다. 이는 병원에 입원한 어린이 환자를 병실에서 진료실까지 태우고 가는 장난감 자동차인데, 감정인식 차량기술을 기반으로 만들었다. 자동차 개발은 어린이들이 진료실에 가기 전에 극심한 두려움에 사로잡힌다는 사실에 착안했다. 차량에는 아이들이 즐거운 감정을 느낄 수 있는 다양한 감각 반응 유도 장치가 장착되었다. 기분을 읽는 표정 인식 시스템, 안정감을 주는 호흡 유도 시트벨트, 신체 반응을 기록하는 심장 박동 측정 센서, 아이의 감정을 색채로 표현하는 감정 반응형 엠비언트 라이팅, 기분을 북돋우는 감정 기반 향기 분사 장치 등이 그것이다. 현재 리틀빅 이모션은 스페인의 SDJ 바르셀로나 병원에 기증되어 시범 운행 중이다. 실제로 아이들은 웃거나 박수를 치며 편안하게 의사를 만나러 가게 되었다고 한다.

국내에서도 감정을 AI에 적용하는 연구가 활발히 이루어지고 있다. 한국과학기술원KAIST 연구팀은 뇌 전두엽에서 발생하는 뇌전도 EEG와 심장 박동 데이터를 분석하여 행복, 흥분, 기쁨, 슬픔 등 12가지 감정 상태를 구분하는 기술을 개발했다. 그리고 '감성 피드백'이라는 기술을 적용해 인간의 감정 데이터를 수집하여 실제 AI에게 학습시키고 있다. 예를 들면 인공지능의 어떤 행동에 사용자가 부정적인 감정을 보이면 이를 학습시켜 비슷한 행동을 피하게 만든다. 사용자가 행복한 감정을 표현하면 이를 따라 하게 한다. 이 프로젝트의 책임자인 조성호 교수는 "감성을 AI에 더하면 단순히 명령을 주고받는 관계에서 벗어나 마치 하나인 것처럼 기계적인 내가 되어 일을 수행할 수 있다"며, 감성 피드백 기술로 AI가 더욱 정밀해지고 고도화될 수 있음을 강조했다.

한국생산기술연구원이 개발해온 '에버EveR' 시리즈는 인간과 로봇이 서로 감정적으로 소통할 가능성이 있음을 보여준다. 2006년에 처음 공개된 에버1과 2020년 에버6 모델을 비교해보면 인공지능의 감정표현이 기술적으로 많이 진보하고 있음을 알 수 있다. 에버는 표정으로 감정을 표현한다. 얼굴에 장착한 초소형 모터로 웃고 눈을 깜빡이고 고개를 돌린다. 초창기에는 기쁨이나 슬픔 같이 분명한 감정만을 표현했지만, 최근 나온 모델은 26개 모터(액추에이터)를 활용해 두려움, 흥미, 지루함 등 12개 이상의 감정이 담긴 표정을 만든다. 에버는 상대방의 얼굴을 다양한 각도에서 살펴보고 6개의 기본 감정을 동시에 인식해서 표정으로 반응한다. 그래서 사람이 웃으면 함께 웃는다. 이는 고도화된 인식 기능을 활용해 사용자가 내린 명령에만 반응하는 것이 아니라, AI 스스로가 이용자 감정을 인식하고 거기에 맞게 대응하는 것이다.

인공감정의 기술적 요소에는 감정의 인식, 생성과 표현, 증강 등이 있다. 감정 인식은 사용자의 언어적 내용, 표정, 심박수, 뇌 활동 등 다양한 데이터를 기반으로 상대방의 감정 상태를 알아내는 기술이다. 감정 생성과 표현은 행복, 슬픔, 분노, 평온 같은 감정을 실제 인간처럼 표현해내는 기술이다. 감정 증강은 주변 상황과 환경까지 고려하여 사용자에게 좀 더 충실하고 적절하게 감정적으로 대응하는 기술을 말한다. 인공감정지능 로봇은 이런 기술들을 활용하여 인간의 뇌 신경세포와 시냅스가 만드는 복잡한 감정 처리과정을 학습하게 된다.

그렇다면 이런 기술로 언제쯤 완벽한 인공감정 로봇이 가능해질까가 궁금해진다. 인공지능이 인간의 의식과 감정 작동 시스템을 이해하고, 이를 완벽하게 구현할 수 있을 때까지 얼마나 오랜 시간이 걸릴지는 아무도 모른다. 인공감정 기술이 개발되기 오래전부터 인공지능이 의식과 감정을 가질 수 있는지 많은 논쟁이 있었다. 기술이 아무리 발달해도 인공지능이 인간의 복잡한 마음, 의식, 윤리적 가치, 타인과 소통하며 공감하는 능력을 가질 수 있을지에 대한 의구심이었다. 가장 널리 알려진 것은 언어학자이자 심리학자인 존 설 John R. Searle(~1932)의 '중국어 방' 논증이다.

존 설의 중국어방 논증 그리고 한국어방 논증

커튼으로 가려진 방에 중국어를 모르는 한 영국인이 있다. 그는 중국어로 적힌 질문지를 받고 방 안에 설치된 인공지능 알고리즘이 찾은 중국어 정답을 심사관에게 전달해준다. 바깥에 있는 질문자나 심사관은 방 내부를 전혀 볼 수가 없다. 질문이 중국어로 쓰였기에 방안에 중국인이나 혹은 중국어를 아는 사람이 있으리라고 생각할 뿐이다. 그러나 실제 방 안에 있는 사람은 영국인이다. 심지어는 중국어를 전혀 모른다. 그는 자신이 어떤 질문을 받았는지, 어떤 답을 전달했는지조차도 알지 못한다. 그런데 중국어를 아는 방 안의 인공지능은 정답을 찾고 영국인은 인공지능 알고리즘이 찾아 준 답변을 단지 전달만 할 뿐이다.

중국어방 The Chinese Room은 존 설 John Rogers Searle(1932~)이 「마음 두뇌 및 프로그램 Minds, Brains, and Programs」이라는 논문에서 제시한 인공지능 사고실험 모형이다. 그는 인간의 의식을 갖추지 못한 인공지능 시스템이 하는 일을 '자각없는 수행 performance without awareness' '의식없는 작업 performance without consciousness'이라고 말했다. 존 설은 중국어 방 논증을 통해 기계가 튜링 테스트를 통과했다는 것만으로 인공지능이 구현되었다고 볼 수 없음을 보여주려 했다. 앞서 말했듯이 튜링 테스트는 인공지능 판별의 기준으로 널리 알려져 있다. 일반인으로 구성된 심사위원이 사람과 컴퓨터 양쪽과 동시에 채팅으로 대화를 하는데 둘 사이를 구분할 수 없다면 기계가 인간처럼 사고하고

존 설의 중국어방 논증. 이 방에서는 중국어를 할 줄 모르는 사람도 아무 문제없이 중국어 질문에 답할 수 있다. 존 설은 이런 시스템에 대해 기계가 지능을 가졌다고 판단할 수 있는지 의문을 표했다.

있다고 간주하는 것이다.

그러나 방 안의 인공지능이 정답을 내놓더라도 과연 질문의 내용을 제대로 파악한 것인지, 단순히 저장된 데이터를 기반으로 답변을 자동으로 도출한 것인지 명확히 알 수는 없다. 그렇기에 인공지능이 상황을 충분히 이해하지 못한 채 출력한 해답만 갖고 생각이나 의식이 있다고 말할 수 있을까? 존 설은 중국어 방 논증을 통해 '기계가 생각할 수 있음을 입증하지 못한다'고 주장한 것이다.

그러나 여기에 대해 많은 반론이 제기된다. 방에 있는 사람의 국적이나 중국어 구사 여부는 중요하지 않고 그 중국어 방이 제대로 작동되고 있다는 사실이 중요하다는 것이다. 방 안에 있는 사람은 중국어를 전혀 할 줄 몰라도 방이라는 시스템은 중국어를 할 줄 안다는 이야기다.

　이런 시스템론 주장에 존 설은 다시 이 블랙박스 방은 중국어로 답을 찾아 주지만, 그 답이 갖는 의미를 제대로 이해하지 못한다고 반박했다. 아직까지 어떤 컴퓨터 프로그램도 스스로 인간과 같은 시스템적 효과를 줄 수 없고, 인공지능이 인간 뇌의 의식과 마음의 작동방식을 완벽하게 구현하기 어렵다고 말했다. 또한 존 설은 실제 세상에는 이 방처럼 닫힌 시스템은 매우 드물며, 중국어 방 같은 실험구조에서 돌발 상황이 벌어지거나 아예 이 공간을 벗어나면 시스템이 제대로 작동하지 않을 수 있다고 했다.

　이 논쟁의 연장선상에서 철학자 다니엘 데닛Daniel Dennett 은 인공지능을 옹호하는 입장을 표명했다. 그는 이 실험 구조를 완벽하게 세팅할 수 있다면 이야기는 달라진다며 몇 가지 가정을 전제했다. '중국어 방 시스템이 인간의 복잡성을 완벽하게 극복한다면' '의식이라는 영역에 이르는 구조를 갖게 된다면' '인공지능에 두뇌의 구조를 완벽하게 복제하고 기능상 시뮬레이션이 일치된다면' '인간의 정신이나 의식 그리고 감정 상태까지도 완벽하게 따라 할 수 있다면'과 같은 가정을 했다.

　여기에 대해 존 설은 다시 한 번 반박했다. 완벽에 가까운 시스템을 구현한다는 것은 거의 불가능하다. 혹시 된다고 해도 인공지능 로봇이 인간이라는 생명체가 지닌 목적 지향성, 의도성 같은 내면적 가치를 갖기란 더 힘들다고 말했다. 결국 존 설은 인간의 심리나 감정의 메커니즘은 인류의 오랜 역사 속에서 진화되었기에 눈에 보이는 완전한 복제만으로는 인간을 대체하기가 어렵다는 사실을 강조한 것이다.

중국어 방을 둘러싼 공방을 보면 양측 입장 모두 수긍이 간다. 특히 다니엘 데닛이 가정한 '완벽한 인공지능 시스템'은 아직 현실적으로 불가능하고 추상적이고 모호하게 보일 수도 있다. 하지만 주장의 핵심은 완벽한 시스템이 되기 위해서는 인공지능에도 의식과 감정이 필요하다는 사실이다. 데닛의 이야기를 조금 더 확장하면, 인간을 뛰어넘는 지능을 갖춘 시스템은 만들 수 있겠지만 의식과 마음, 감정 차원까지 갖춘 완벽한 시스템으로 진화하기란 쉽지 않다는 것이다. 중국어 방은 인공지능이 가져올 미래에 대해 어떤 고민이 필요한지 구체적인 메시지를 던져주었다.

인공지능 시스템의 불완전성에 대한 중국어 방 논쟁은 또다른 논증으로 이어진다. 1988년, 윌리엄 래퍼포트William J. Rappaport는 '한국어 방'이라는 흥미로운 개념을 소개했다. 한국의 어느 대학교 영문학과에 셰익스피어를 전공하는 유명한 교수가 있다고 하자. 그는 한국어로 번역된 셰익스피어의 모든 작품을 읽었다. 셰익스피어 문학의 세계 최고 권위자로 인정받고 있다. 그렇지만 그는 영어를 원어민처럼 잘하지는 못한다.

그 교수는 셰익스피어 원문 작품의 구문론적 차원에서의 이해력은 떨어지지만, 번역된 한글 작품을 통해 셰익스피어의 전문가로서 명성을 얻게 된 것이다. 그가 발표하는 셰익스피어 논문들은 영어로 번역되어 해외의 저명한 학술지에 실린다. 래퍼포트는 위의 예시를 들면서 언어를 잘 알지 못하지만, 완성도 높은 번역물을 통해 세계 최고의 전문가가 될 수 있다고 주장한다.

래퍼포트는 미래의 인공지능이 인간과 동일한 사고와 감정 시스템을 갖추리라는 이야기를 하기 전에 현재 인공지능이 비슷한 기능을 가지고 있다는 사실이 중요하다고 말한다. 인간과 인공지능은 각각의 물리적 구조와 내적 감각체계에서 차이가 날 수밖에 없다. 여기에 초점을 맞춰 인공지능의 여러가지 능력 모두를 부정하는 것은 지나치다고 말했다. 인공지능 알고리즘을 이용한 구글 번역기가 점점 수준이 높아지고 있는데, 이 사실만 보아도 일리 있는 주장처럼 들린다. 그는 한국어 방 논증을 통해 인공지능 시스템론을 재차 옹호했다.

어머니 장례식 논증

인공감정 로봇을 기술적으로 상용화한다면 일상에서 어떤 일이 일어날까? 과연 인간처럼 희로애락을 느낄 수 있는 인공감정지능이 출현할 수 있을까? '그렇다 혹은 아니다'를 답하기에 앞서 다음과 같은 시나리오를 제안해 본다.

가족의 죽음은 인간이 살면서 겪게 되는 가장 슬픈 일이다. 그런 슬픔의 순간에 인공감정지능 로봇은 어떤 감정을 가질까? 가족을 잃은 인간의 마음을 똑같이 느낄 수 있을까? 여기 어머니의 죽음을 맞이한 한 사람이 있다고 가정해보자. 세상의 모든 어머니는 특별한 존재다. 막상 닥치기 전에 그 슬픔은 상상하기조차 어렵다. 어머니가 돌아가시고 장례를 치르게 되었다. 평소 어머니와의 관계에 따라 애통해하는 이도 있고, 애증으로 복잡한 상념에 잠긴 이도 있을 것이다.

인공감정 로봇 기술이 발달한 미래의 어느 때라고 상상해보자. 인공지능 로봇과는 친구나 가족처럼 지내는 중이다. 어머니의 장례식에 인간의 감정을 학습한 인공감정지능 로봇이 조문을 온다. 혹은 나와 똑같은 로봇 쌍둥이가 나를 대신해 조문객을 맞는다. 이럴 때 그 로봇은 정말 내가 가진 특별한 감정을 모두 느낄 수 있을까?

유가족의 감정을 학습하여 그 상실감에 공감하고 조의를 표할 수는 있을 것이다. 그런데 조문객 개개인이 어머니와 맺은 인연은 모두 다르다. 가족은 조문객에 따라 본능적으로 슬픔의 정도를 다르게 표현하기 마련이다. 그런데 인공감정 로봇이 그 맥락과 뉘앙스를 다 이해할 수 있을까? 임종과 장례식, 어머니에 대한 기억을 충분히 학습했다고 해도 살아계실 때 잘해드리지 못해 후회하는 그 감정까지도 느낄 수 있을까? 어머니의 영정사진 앞에서 흐느껴 우는 불효자식의 복잡한 감정계를 구현할 수 있을까?

프로이트는 정신세계에서 무의식이 90% 이상을 차지한다고 했다. 자신조차도 자각하지 못하는 무의식의 세계가 어느 순간 특별한 감정을 만들어낸다. 그런데 인공감정지능 로봇이 어떻게 내 감정을 완벽하게 구현할 수 있을지는 의문이다. 인공지능 로봇이 사람들의 일상적인 업무를 대신하는 차원에서만 필요하지 개인의 내면까지 구현할 이유는 없다고 말할 수 있다. 또 가족의 죽음에서 오는 보편적인 슬픔 정도만 공감해도 충분하다고 주장할 수도 있다. 하지만 커즈와일이 말하는 특이점 이후의 세상에서 만약 인공지능 로봇이 인간의 감정 시스템을 제대로 구현하지 못한다면 이는 반쪽짜리 사이보그가 될 수도 있다는 얘기다.

중국어 방에 있는 사람이 단순한 정보 전달자가 아니라 주체적인 인간으로서 문제를 해결해야 한다면, 당연히 이 블랙박스 방의 시스템만으로는 부족하다. 우리는 중국어 방에서 "지난해 가장 수익률이 좋은 주식 종목을 찾아 달라"고 질문할 수 있다. 하지만 "내가 이 사람을 왜 좋아하는지"와 같이 가치가 개입되고 감정적인 판단을 해야 할 때는 현재의 인공지능 알고리즘이 최적의 답변을 해주리라고 기대할 수는 없다.

기계학습, 딥러닝, 딥필링

언급했듯이 기계학습 기술에서 인간의 뇌가 작동하는 방식을 인공지능에 적용한 것이 딥러닝 기술이다. 이는 인간의 사고나 행동 패턴에서 원인에 해당하는 자극(input)과 결과에 해당하는 반응(output)과 같은 원리다. 그래서 보통 문제에 대한 해답을 얻기 위해 도움이 될 만한 데이터를 수집하여 입력한다. 우리가 어떤 일에 최종 결론에 앞서 여러 상황을 고민하듯이, 딥러닝에서도 입력과 최종 출력

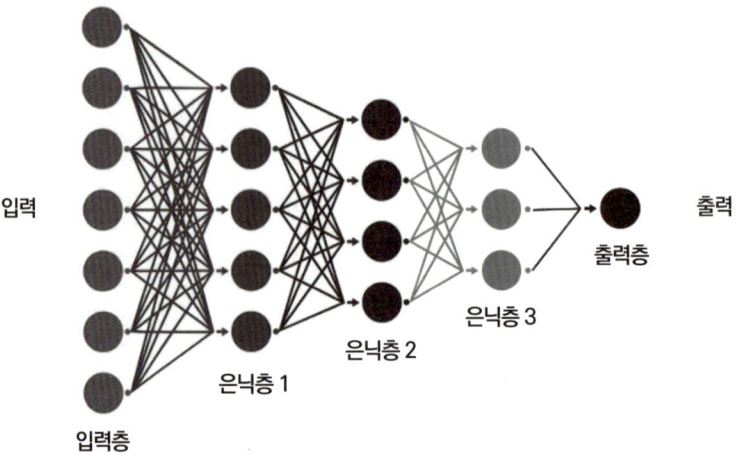

딥러닝의 심층신경망 메커니즘이 작동하는 방식. 중간단계인 은닉층의 정보처리가 많아질수록 기술은 정교화된다.

사이에 은닉층hidden layer이라는 중간단계가 있다. 중간 은닉층은 '심층 신경막DNN: Deep Neural Network'이라고 한다. 중간층이 더 많아지고 심층적인 단계가 늘어날수록 딥러닝 기술은 정교해진다.

다음의 표는 기계학습과 딥러닝에서 딥필링으로 진화되는 기술을 인공지능 1.0, 인공지능 2.0, 인공감정지능으로 구분한 것이다. 딥러닝과 딥필링의 데이터 유형과 분석대상, 시공간성의 문제, 주요 키워드, 접근 방법 등에서 각각 어떤 차이가 있는지를 간략하게 정리했다.

인공지능의 데이터 처리 기능에서 관건은 정형데이터는 물론 인간의 자연어natural language나 동영상 이미지 등 비정형 데이터를 얼마나 잘 처리할 수 있느냐에 달려 있다. 앞으로 인간의 감정 시스템을

기계학습, 딥러닝, 딥필링으로의 진화

	인공지능 1.0 (AI 1.0)	인공지능 2.0 (AI 2.0)	인공감정지능(AEI)
속성	단순기계학습	Deep Learning Feeling	Deep Learning Deep Feeling
데이터 속성/ 학습방향	정형데이터 학습데이터 위주 (Closed, 지능위주)	정형/비정형/ 감정데이터1.0 학습과 진화 (Open, 지능위주)	비정형 위주 감정데이터 2.0 학습과 진화 (Open, 지능+감정)
감성 데이터/ 종류 및 측정	외부표현 언어 표정 몸짓 등	+(내·외부 반응) 뇌 심장 혈압 등	+(내·외부 상호작용) 의식 무의식 외부환경 등
시간성 - 얼마나 빠른가?	시간 단축 추구	실시간성 추구	실시간성 추구 동시적 상호작용
공간성 - 어디에서 이루어지는가?	현실공간 가상공간	현실공간 가상현실공간 (메타버스 등)	현실공간 가상현실공간2 (메타버스 등)
디지털세상 재현성 - 얼마나 똑같은가	낮음 Avatar	높음 Digital Twin 1.0	매우 높음 Digital Twin 2.0
주요 키워드	빅데이터/IoT 알고리즘	'의식 없는' 알고리즘 이성/지능 우위 좌뇌중심	도덕적 상상력 감정 우위/우뇌중심 본능적/즉흥적 유연한 알고리즘
관심 학문영역	인공지능 기계학습	인공지능 2.0 뇌공학 HCI	인공감정지능 카오스/복잡계 퍼지/양자역학
주요 기술사례	Mr. Watson	알파고 자율주행차	옥스퍼드 프로젝트 뉴럴링크

완벽하게 구현하도록 감정 데이터 2.0 방향으로 발전해야 한다. 감정 데이터의 수집 범위는 언어, 표정, 몸짓 같은 외부로 표출되는 신호와 함께 뇌파, 심장 박동수 등 신체 시그널로 확장되고 있다. 이제 뇌 기능을 공학적으로 접근하는 한편 인간의 내면과 외부 환경이 어

떻게 상호 작용하면서 특별한 감정 상태를 만드는지도 연구해야 할 것이다.

이제 인간의 복잡한 감정계를 구현하는 데 도움이 될 수 있는 다양한 이론들을 살펴보려 한다. 인공감정지능을 기술적으로 실현할 때 참고할 만한 개념들이다. 카오스와 엔트로피, 복잡계, 양자의식, 퍼지이론 등이 그것이다.

감정계를 구현하기 위한 이론들

카오스와 나비 효과

카오스란 사전적으로 '복잡하고 불규칙적이어서 실질적인 예측이 불가능한 혼돈의 상태'를 일컫는다. 물리학에서 카오스는 어떤 움직임이 불규칙적이고 예측할 수 없는 것처럼 보이지만 무질서를 지배하는 법칙이 존재한다는 개념이다.

1887년 어느 여름날 저녁, 스웨덴 왕 오스카 2세는 정원을 산책하며 밤하늘의 별을 보았다. 그때 유성 하나가 지평선 너머로 떨어지고 있었다. '앞으로도 태양계는 안전할까. 만일 달이 지구로 떨어진다면 어떤 일이 벌어질까?' 갑자기 이런 의문을 갖게 된 그는 큰 상금을 걸고 다음과 같은 수학 문제를 공표했다.

주어진 여러 개의 질량을 가진 물체가 중력의 영향으로 운동을 한다. 충돌을 고려하지 않는다고 할 때, 각 물체의 위치를 시간에 대한 함수로 기술하라.

태양계의 9개 행성과 소행성이 안정된 상태를 유지할 수 있는지를 묻는 것이었다. 많은 수학자들이 정답에 도전했지만 실패했다. 그런데 프랑스의 수학자 앙리 푸앵카레Jules-Henry Poincare(1854~1912)가 세 물체 사이에 중력이 어떻게 작용하고 어떤 궤도를 그리는지를 다루는 3체 문제three-body problem는 절대로 정확하게 예측할 수 없다는, 즉 '정답을 알 수 없다'는 답변으로 우승했다.

이것은 훗날 카오스Chaos 이론의 출발점이 된다. 뉴턴은 『프린키피아』에서 태양과 지구, 혹은 지구와 달과 같이 두 가지 물체 사이의 상호 작용인 '2체 문제two-body problem'에 대해서는 해결의 실마리를 제공했다. 두 물체 사이의 중력의 경우, 보통 두 가지 물체 질량이 각각 얼마인지, 어떤 위치에 놓여있는지 안다면 이들이 서로 중력을 어떻게 주고받고 어떤 속도로 궤도 운동을 하는지 역 제곱 법칙을 바탕으로 그 해를 구할 수 있다고 했다.

그러나 물체가 3개라면 이야기는 달라진다. 궤도의 차원이나 적용해야 할 변수가 더 늘어난다. 지구는 태양과 다른 행성들의 영향을 받으며 태양을 중심으로 돌고, 달은 태양과 다른 행성의 궤도 안에서 지구를 중심으로 회전한다. 이 역학운동은 최소 3체문제가 된다. 푸앵카레는 이처럼 3개 혹은 그 이상의 물체가 서로 영향을 주고받으며 움직이는 경우, 사실상 정확한 해답을 구할 수 없다는 것을 수학적으로 증명한 것이다.

　복잡한 시스템의 움직임을 정확히 예측하는 것이 얼마나 어려운지 보여주는 재미있는 사례가 또 있다. 미국 MIT 명예교수이자 기상학자인 에드워드 로렌츠Edward N. Lorenz(1917~2008)는 1960년대 한 기상 연구소에서 미분방정식을 풀던 중 시간에 쫓겨 소수점 이하 여섯 자리까지 있던 숫자(0.506127)를 셋째 자리에서 반올림(0.506)하여 입력했다. 그런데 결과를 검토하다가 소수점과 같은 아주 미세한 입력값에 따라서도 기상 예측 결과가 극명하게 다를 수 있음을 발견한다.

　로렌츠는 이후 뉴욕 과학원에서 발표한 「결정론적 비주기적 흐름」이라는 논문에서 '초기 조건에 대한 민감한 의존성'의 개념을 설

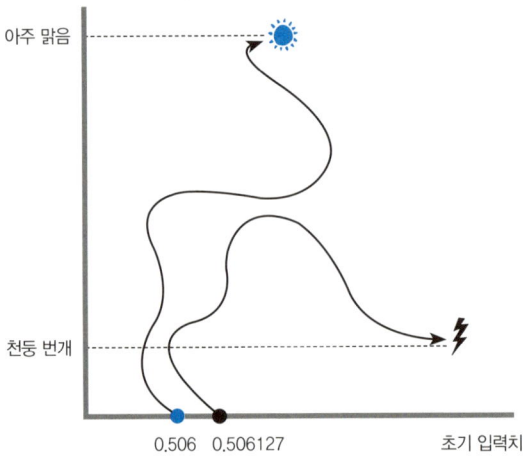

로렌츠의 기상 시뮬레이션. 미미한 변화가 큰 변화를 가져온다는 나비 효과는 로렌츠의 기상 시뮬레이션을 통해 널리 알려졌다. 초기 조건 입력치 0.506127을 0.506으로 반올림하여 입력하면 천둥 번개 치는 날씨가 맑은 날씨로 완전히 다른 기후 패턴을 나타냄을 보여주었다.

명하며 카오스 이론의 본격적인 출발을 알린다. 이런 결과를 바탕으로 미세한 초기 입력값의 오차가 다른 오차를 낳고, 새로운 오차가 더 큰 오차를 낳는 식으로 연쇄 효과를 일으키는 '나비 효과' 이론을 발표한다.

'나비 효과 butterfly effect'는 미국의 미스터리 작가인 레이 브래드버리 Ray D. Bradbury(1920~2012)가 1952년에 쓴 『천둥소리 A Sound of Thunder』에서 처음 나온 말이다. 한 남자가 여행사의 시간여행 투어 프로그램에 참여해서 중생대로 들어간다. 관광객들은 티라노사우르스를 사냥하며 웃고 즐기는데 누군가 나비를 밟아 죽이고 만다. 그리고 이 일로 세상은 처참하게 폐망해버리고 만다는 이야기인데, 과거의 미세한 사건이 만든 미래의 엄청난 후폭풍에 대한 소설이다.

로렌츠는 1972년 미국과학진흥협회에서 「브라질에서 나비가 날갯짓하면 텍사스에서 토네이도가 일어날까?」라는 흥미로운 제목으로 강연을 했다. 이 발표를 계기로 나비 효과라는 말이 널리 알려지게 되었다. 나비 효과는 카오스 이론을 설명할 때 대표적으로 거론되는 개념이기도 하다. 카오스 이론은 초기 조건을 완벽하게 파악할 수 있다면 미래를 예측할 수 있다는 결정론적인 결론을 내포하고 있다. 그런데 핵심은 초기 조건을 완벽하게 파악할 수 없다는 것이 문제다. 이는 기본입자 하나의 정확한 위치까지 파악해야 한다는 뜻인데, 양자역학의 불확정성 원리가 말해주듯 사실상 불가능한 전제다. 따라서 일반적인 패턴을 찾아낼 수도, 미래를 예측할 수도 없다고 추론한다.

카오스 이론은 20세기 후반에 들어와 복잡계Complexity System 이론과 결합하면서 자연과 사회에서 발생하는 다양한 현상들을 설명할 때 인용되고 있다. 인간의 감정은 선형적이고 질서정연하기보다 비선형적이며 예측하기 어려운 카오스적 속성을 지니고 있다. 푸앵카레가 '3체 문제'의 정확한 해답을 찾을 수 없다고 했듯이, 마찬가지로 인간의 복잡한 딥필링의 메커니즘을 쉽게 학습할 수 있다고 단언하기는 더더욱 어렵다.

복잡계 이론

최근 생명과학, 사회학, 물리학, 경제학 등 여러 학문 분야에서 복잡계 이론에 주목해왔다. 복잡계 이론은 닫힌 실험실이 아니라 실제 현실세계를 연구대상으로 하고 있다. 복잡계에서는 하나의 사건이 주변에 영향을 미치고, 이들의 다양한 작용이 또 다른 영향력을 발휘해 더 큰 결과를 만들어내는지를 살핀다. 복잡계 이론에서는 현실세계를 수많은 요소들이 통합하고 질서를 만들어가는 시스템으로 본다. 생물학적으로 보면 생명체는 세포와 세포가 협력하며 유기체를 만든다. 사회도 개인과 조직, 공동체가 상호작용하며 만들어낸 시스템이다.

그러나 집단의 구성 요소들이 협력해서 만들어내는 집단 성질은 개개 구성 요소들의 총합과 다른 양상을 보인다. 즉 집단의 어느 구성 요소에서도 볼 수 없는 성질이 나타나는 것이다. 때로는 전혀 새로운 속성을 가진 돌연변이 같은 체제가 나타나는데, 이를 '창발

emergent property' 현상이라고 부른다.

이탈리아 사피엔자 대학 교수인 물리학자 조르조 파리시Giorgio Parisi(1948~)는 복잡계에 숨겨진 기본 원리를 밝혀 2021년 노벨 물리학상 수상자의 한 사람으로 선정되었다. 그는 복잡계에 대한 재미있는 비유를 들었다. 한 공간에 세 사람이 있는데 각자 빨간색과 파란색의 옷을 가지고 있다. 그들은 상대방과 같은 색깔의 옷 입기를 싫어한다. 둘이 만날 때 한 사람은 빨간색, 다른 사람은 파란색 옷을 입으면 된다. 그러나 셋이 모일 때는 같은 색 옷이 겹치는 난감한 상황이 펼쳐진다. 그는 이런 현상이 인공지능 시스템을 작동시키는 과정에서 생기는 오류의 원리로 설명했다. 복잡계에서는 시스템의 크기가 커질수록 무질서의 정도는 기하급수적으로 증가하며 통제하기가 거의 불가능해진다고 한다.

다시 빨간색과 파란색 옷으로 돌아가보자. 예를 들어 1,000명이 만났을 때 같은 색 옷을 입고 나온 사람을 만나는 당혹스런 상황은 100명이 만났을 때 생기는 경우의 수보다 10배가 많은 것이 아니라 그보다 훨씬 더 크다는 것이다. 단순한 수학적 계산보다도 더 복잡한 상황이 전개된다는 이야기다. 우리가 시스템의 구성 요소를 모두 알더라도 그들이 어떻게 상호작용하고, 이를 통해 새롭게 출현하는 창발 현상까지 예측하기는 불가능하다. 카오스 이론의 3체 원리와 비슷하다. 이런 복잡계 시스템을 감정 인공지능에 적용해보자. 아마 일반적인 패턴을 찾기도 힘들고 오류도 많을 것이다. 조르조 파리시는 복잡계에서는 같은 조건을 투입해도 다른 결과가 도출될 수 있다고 했다. 문제에 대해 정답은 없으며 무엇이 맞다고 단정 짓기보다 확률적인 방법으로 결과를 예측하는 사고의 전환이 필요하다고 했다.

넛지nudge라는 개념이 있다. '팔꿈치로 슬쩍 찌르다' '주의를 환기시키다'라는 뜻이다. 행동경제학자 리처드 탈러Richard Thaler와 법률가 캐스 선스타인Cass Snstein이 함께 쓴 책의 제목이기도 하다. 인간은 두 가지 사고방식 시스템을 가지고 있는데 하나는 감정과 본능에 따르는 자동 시스템이고, 또 하나는 의식을 따르는 숙고 시스템이다. 그런데 인간이 중요한 결정을 할 때 숙고 시스템이 아니라 번번이 자동 시스템에 따라 답을 낸다고 한다. 전통경제 모델로는 설명할 수 없는 선택과 결정의 비밀이 이 넛지에 있다는 것이다.

감정의 구성 요소나 작동과 생성의 원리는 여전히 미지의 영역이다. 일반적인 경향 외에 개인별 차이도 있다. 게다가 시스템을 통해 표출되는 감정 결과도 불규칙적이라 해석하기가 어렵다. 표출된 감정을 분석하는 것도 그렇지만 정말이지 감정계를 실제로 구현한다는 것은 더 큰 난제가 아닐 수 없다. 외부 환경 또한 중요하다. 인간의 감정은 숫자나 문자처럼 의미가 정확하게 전달되지 않는다. 겉으로 드러난 것만으로 감정의 의미를 다 이해할 수도 없다. 소리를 지른다면 기뻐서인지 슬퍼서인지는 상황을 함께 봐야 한다.

양자의식론, 퍼지이론, 프랙탈

분자생물학자 프랜시스 크릭Francis Crick(1916~2004)은 인간의 마음과 의식의 문제를 경험적으로 분석할 수 있다고 단언했다. 그는 1953

년 제임스 왓슨James Watson과 함께 유전자 DNA의 이중나선 구조를 처음으로 밝혀내서 노벨상을 수상했다. 이후 그의 관심은 인간의 의식 문제로 향한다. 신경과학자 크리스토프 코흐Christof Koch와 함께「의식의 신경생물학 이론을 향하여Toward a neurobiological theory of consciousness」라는 논문을 발표하며 마음과 의식의 과학적 탐구의 가능성을 열었다.

그는『놀라운 가설The Astonishing Hypothesis』이라는 흥미로운 제목의 논문을 발표했는데 '놀라운 가설'은 "바로 여러분, 당신의 즐거움, 슬픔, 소중한 기억, 야망, 자존감, 자유의지 이 모든 것들이 실제로는 신경세포의 거대한 집합 또는 그 신경세포들과 연관된 분자들의 작용에 불과하다"는 것이었다.

프랜시스 크릭의 영향을 받아 마음과 의식을 과학적으로 접근한 이가 있었다.『황제의 새 마음: 컴퓨터, 마음, 물리 법칙에 관하여 The Emperor's New Mind』,『마음의 그림자: 잃어버린 의식 과학을 찾아서 Shadows of the Mind』를 발표하여 과학과 철학 양쪽에서 열띤 반응과 논쟁을 일으킨 신경과학자 로저 펜로즈Roger Penrose(1931~)이다. 그는 현대 인공지능의 한계를 철학과 물리학, 특히 양자역학의 관점에서 전개했다.

20세기 과학사의 두 축은 상대성이론相對性理論, theory of relativity과 양자역학量子力學, quantum mechanics이라고 할 수 있다. 양자역학은 분자, 원자, 소립자 등 입자들의 운동을 연구하는 수리물리학의 한 분야이다. 고전물리학이 눈에 보이는 거시세계에서 성립하는 역학을 탐구했다면, 양자역학은 눈에 보이지 않는 미시세계에서 작동하는 물리 법칙을 탐구한다. 양자역학에서 다루는 원자나 소립자들은 설명하기 어려운 다양한 현상을 일으킨다. 비연속성discreteness, 파동과 입자의 이중성duality, 불확정성uncertainty 등이 그것이다.

입자는 여러 개의 양자 상태로 동시에 존재하는데, 이를 중첩superposition이라고 한다. 중첩을 설명할 때 흔히 동전의 비유를 든다. 상자 속에 동전이 있다고 가정하자. 상자를 흔들었다가 뚜껑을 열었을 때 앞면과 뒷면이 나올 확률은 50퍼센트이다. 동전은 이미 양쪽 면을 가진 '중첩'의 상태인데 상자를 열면 확률적으로 앞면과 뒷면 둘 중의 하나로 결정된다. 이렇게 양자 중첩은 순식간에 깨질 수도 있다. 중첩 상태에 있는 원자는 외부 환경에 따라 입자와 파동 형태가 순식간에 파괴될 수도 있다는 것이다.

로저 펜로즈는 뇌에서 순간순간 변하는 의식의 흐름이 바로 양자역학적 과정을 함축한다고 말했다. 그는 이런 생각을 바탕으로 심리학자 스튜어트 해머로프Stuart Hameroff(1947~)와 함께 양자의식론quantum consciousness을 주장한다. 이 이론은 양자역학의 불확정성의 원리와 밀접하는데, 인간의 의식을 뇌파의 움직임에 따라 발생하는 양자 사건으로 보는 것이다. 그들은 의식과 생각은 정해진 규칙의 알고리즘으로 작동하지 않고, 양자 컴퓨터처럼 작동하리라고 주장한다. 그리고 양자역학에서 보이는 입자의 결맞음coherence과 붕괴collapse가 마음속에서 일어나는 현상과 놀라울 정도로 비슷하다고 말한다.

다시 말해 우리가 무언가를 지각하는 순간에 수많은 생각이 오가고, 생각은 어떤 형태를 갖춰 의식의 전면에 떠오른다는 것이다. 양자의식론에서는 마음과 의식의 생성과 변화가 인간의 눈으로 볼 수 없는 영역에서 불확정성을 띠고 움직이는 양자역학의 세계와 같다고 가정한다. 인간의 생각은 디지털 컴퓨터로 연산할 수 없으며, 계산이나 추리 능력을 넘어선 복합적인 차원이라는 것이다. 이들의 주장을 확장해보자. 현재의 인공지능 알고리즘은 인간의 의식과 마음, 감정에 대한 예측력이 떨어진다는 것이다. 또한 인간의 내면적 복잡 시스템을 설명하기에는 여전히 갈 길이 멀다는 이야기 같다. 어쩌면 계산하고 추리하고 예측하고 패턴을 찾는 알고리즘의 접근이 무의식과 감정의 신비로운 영역까지 규명하기에는 애초부터 무리한 발상일 수도 있다는 말처럼 들린다.

그렇다면 이제 불가능하다는 사실을 받아들여야만 할 것인가. 아니면 한계가 있음에도 최선을 다하며 계속 노력할 것인가. 인간의 행복, 즐거움, 고통 같은 감정을 측정하거나 확률적으로 분석하기는 어렵지만, 이런 복잡한 문제를 접근하는 데 활용할 수 있는 노력들이 있었다. 퍼지이론과 프랙탈 개념 등은 불규칙적인 현상을 분석해 미래를 예측하는 대표적인 첨단과학이론이다.

퍼지fuzzy는 '애매모호한' '경계가 불분명한'이라는 뜻이다. 퍼지이론은 1965년 미국의 수학자 로트피 자데Lotfi A. Zadeh(1921~2017)가 제안한 것으로, 컴퓨터와 소형 가전제품, 전자 장비의 제어 체계에서 활발히 활용되고 있다. 가령 선풍기는 풍력을 강풍, 약풍, 미풍으로 조절할 수 있는데, 사람마다 더위를 느끼는 정도가 다르기 때문이다.

우리는 '아주 덥다' '적당히 덥다' '조금 덥다'처럼 각자 다른 느낌을 받지만 컴퓨터는 오직 0과 1로만 정보를 처리한다. 퍼지이론은 이처럼 모호한 인간의 느낌과 언어를 컴퓨터 언어로 표현하고자 한다. 즉 '덥다'와 '덥지 않다'를 1과 0으로 두고, '아주 덥다', '적당히 덥다', '조금 덥다'를 0.8, 0.5, 0.2 정도라고 표현한다. 바로 '퍼지집합'이다. 자데는 퍼지집합을 기초로 애매모호한 개념들을 수치화하고자 했다. 일반적으로 '집합'은 어떤 조건에 따르는 대상들의 모임을 말하는데, '퍼지집합'은 각 대상이 어떤 모임에 '속한다' '속하지 않는다'가 기준이며, 그 대상은 '정도'에 따라 0.8, 0.2 같이 세분화하여 나타낸다. 퍼지이론을 응용하면 인간의 생각이나 감정과 같은 '모호하고 불확실한' 변수에 대해서도 퍼지 집합으로 분류하고, 각 집합의 규칙성을 찾는 알고리즘을 도출할 수도 있을 것이다. 퍼지 이론의 또 다른 특성은 유연성에 있다. 이 이론은 새로운 현상을 분석할 때 기존 시스템의 방법만을 적용하지 않는다. 달라진 환경에 따라서 부가적인 기능을 추가하며 유연성 있게 문제 해결을 해나간다.

프랙탈 fractal은 폴란드 태생의 프랑스 수학자 만델브로트 Benoit B. Mandelbrot(1924~2010)가 처음 제시한 말이다. 그는 '영국의 해안선 길이가 얼마일까'라는 물음을 던지고 다음과 같이 답했다. "리아스식 해안선에는 움푹 들어간 해안선 안에 굴곡진 해안선이 계속되었고, 자의 눈금 크기에 따라 전체 해안선의 길이가 달라졌고 결과적으로 아주 작은 자를 이용하면 해안선의 길이는 무한대로 늘어나게 된다"는 것이다. 그는 이처럼 같은 모양이 반복되는 구조를 '프랙탈'이라고

프랙탈 구조를 보여주는 소라와 눈의 결정, 고사리. 이들을 자세히 보면 부분과 전체가 비슷한 모양을 지니고 반복·확장되면서 형태를 이루고 있다.

부르며, 우주의 많은 성질이 이 구조로 되어있다고 주장했다.

프랙탈의 어원은 '쪼개다'라는 뜻의 라틴어 형용사 'fractus'이다. 이는 전체를 형성하는 작은 부분이 전체 모양과 닮은 형태로 끝없이 되풀이되는 기하학적인 구조를 말한다. 구조는 자기 유사성self-similarity과 순환성recursiveness이라는 특징을 지닌다. 대표적으로 동물 혈관 분포형태, 고사리 같은 양치류 식물의 잎 모양, 산맥의 모양, 눈의 결정 등이 있다. 프랙탈 구조는 자연뿐만 아니라 사물, 생물과 사회의 구조에서도 나타난다. 수학적 분석, 생태학적 계산, 위상 공간에 나타나는 운동모형 등에서도 프랙탈 구조를 볼 수 있다. 개미들이 군집생활을 하는 모습은 인간 사회의 모습과 닮아있다. 각각의 구성원들이 사회를 이루고 사회가 하나의 개체처럼 움직이는데, 양쪽 모두 프랙탈 구조라고 할 수 있다. 끝없는 반복을 통해 스스로 완성되는 프랙탈 구조는 인공지능의 자동화 시스템을 연구하는 단초가 된다.

이제는 정말 딥필링의 기술이 중요해지는 시대가 다가오고 있다. 카오스 이론, 복잡계, 양자의식론, 퍼지이론, 프랙탈 구조 등은 인간 감정의 본질을 규명하기 위해 필요해 보이는 접근들이다. 나아가 이들이 인간 감정계의 구조와 작동 메커니즘을 좀 더 상세히 이해하고, 인공감정지능을 구현하는 과정에서 많은 역할을 할 것으로 기대한다.

13장 딥필링 메커니즘을 그리다

> 사람은 사랑 없이는 살 수 없지만,
> 대부분의 사람은 사랑하는 법을 모르고 살아간다.
>
> • 에리히 프롬 Erich P. Fromm

인간과 로봇은 사랑할 수 있을까

인간과 인공감정 로봇은 서로 사랑할 수 있을까? 이는 인공지능 로봇의 의식과 감정 기술이 어느 정도 발달했는지를 가늠해볼 수 있는 질문이다. 영화 「그녀 Her」(2013)는 인간과 로봇과 관계를 남녀의 사랑이라는 관점에서 담아내고 있다. 가까운 미래 시대, 무명작가 테오도르는 편지를 대필해주며 살아간다. 의뢰인들은 그가 써준 편지로 사랑을 찾거나 위로를 받지만 정작 자신은 아내와 별거한 채 쓸쓸하게 지낸다. 어느 날 그는 스스로 생각하고 느끼는 인공지능 사만다와 접속한다. 그녀와 대화를 나누고 위로를 받으며 사랑에 빠진다.

그런데 사만다는 목소리로만 접속할 수 있는 존재였다. 테오도르는 사랑하는 그녀를 만날 수 없어 애태우다가 사만다가 자신 외에도 수천 명의 남성과 동시에 접속하고 있음을 알게 된다. 인간인 테오도르는 사랑에 서툴고 소통 능력이 없는 반면 사만다는 만인의 연인이었던 것이다. 테오도르가 가장 고통스러워한 것은 그녀를 볼 수도 만질 수도 없다는 사실이었다. 그런데 인공감정 기술이 고도로 발달하여 인간과 흡사한 외모를 갖추고 감정을 표현할 수 있는 로봇이 실제로 등장한다면 어떻게 될까?

「엑스 마키나 Ex Machina」(2015) 역시 인간과 인공지능 로봇의 사랑 이야기를 담은 영화다. 유능한 프로그래머 케일럽은 자신이 근무하는 회사의 CEO로부터 에이바라는 여성을 사귀어보라는 제안을 받는다. 그녀는 바로 회사에서 개발한 여성 인공지능 로봇이었는데, 인간처럼 생각하고 감정이 있는지를 테스트하기 위해서였다. 케일럽은 이 제안을 받아들이고 에이바를 만나다가 그녀를 진짜로 사랑하게 된다.

뇌공학자 임창환은 『브레인 3.0』에서 인간 뇌의 발전은 인간지능(브레인 1.0)에서 인공지능(브레인 2.0)으로, 그리고 인간과 인공의 융합지능(브레인 3.0) 단계로 진화한다고 했다. 그는 영화 「엑스 마키나」를 언급하면서 케일럽은 에이바가 실제 여성의 모습과 같았기에 사랑에 빠질 수 있었다고 했다. 에이바는 인공지능이라는 사실을 망각할 정도로 아름다운 여성이었다. 반면 오래전 만화영화 「은하철도 999」에 나오는 기계 인간을 상상해보자. 그들은 인간의 피부와

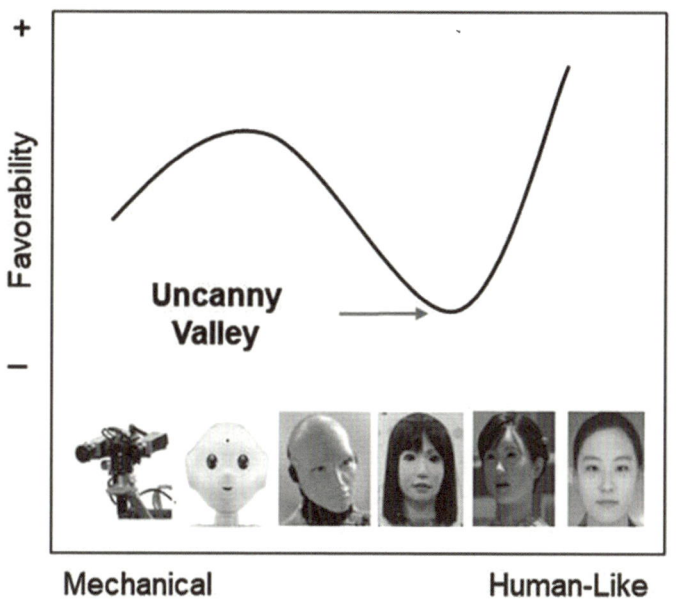

불쾌한 골짜기. 우리는 인간을 어설프게 닮은 밀랍인형이나 흉측한 좀비를 보면 불쾌감을 느낀다. 불쾌한 골짜기 uncanny valley는 인간과 거의 흡사한 로봇의 외모와 행동에 부정적인 감정을 느끼는 영역을 말한다. ⓒ 정윤혁 외

다른 철제 수트를 입고 있다. 외모도 목소리도 낯선 그들을 과연 사랑할 수 있을까. 이 질문에 '그렇다'고 답하기는 어려울 것 같다.

    일본의 로봇공학자인 모리 마사히로 森政弘(1927~)는 인간이 인공로봇이나 어떤 대상에 대해 느끼는 감정의 변화를 '불쾌한 골짜기 uncanny valley' 현상으로 설명했다. 이 개념은 어떤 두 대상 간에 외모상의 유사성과 친밀도의 관계를 다룬다. 인간과 로봇의 유사성이 높아질수록 호감도는 점점 상승하다가, 어느 지점을 지나면서 마치 벼랑 끝으로 추락하듯 꺾이게 된다. 즉 인간은 인공지능 로봇이 자신

의 모습과 비슷해질수록 처음에는 호감을 느끼지만 어떤 일정 수준에 도달하면 갑자기 강한 거부감을 표출한다. 그러다가 인간의 외모와 구분이 어려울 정도로 흡사해지면 다시 호감도가 급상승한다는 것이다.

우리는 뽀로로처럼 의인화된 동물캐릭터는 좋아하지만, 좀비나 초창기 가상인간처럼 인간과 비슷한 캐릭터에게는 불쾌함을 느낀다. 인공 로봇의 모습이 인간과 얼마나 유사한가에 따라 감정이 달라질 수 있다는 사실은 뇌파나 자기공명영상 분석에서도 증명되었다. 외모가 전부는 아니다. 인공 로봇과 얼마나 서로 교감하고 공감할 수 있는지도 중요하다. 인간이 자의식을 가지고 로봇의 마음을 읽는다고 하면 로봇 역시 인간의 마음을 읽어야 한다. 로봇도 스스로 생각하고 판단하는 자의식이 있어야 인간과 깊은 감정을 주고받을 수 있게 된다. 일부 미래학자들이 '인공지능의 미래는 인공감정이다'라고 말하는 것처럼, 결국 가장 중요한 문제는 인공지능 시스템에 인간의 감정계를 구현할 수 있는지 여부다.

딥필링 작동 원리

딥필링은 인간의 복잡한 내면세계와 다양한 외부 환경이 상호 작용하며 만들어내는 감정 체계를 스스로 인지하고 구현해나가는 과정이라고 할 수 있다. 지능적 차원에서 적용되는 딥러닝의 원리를

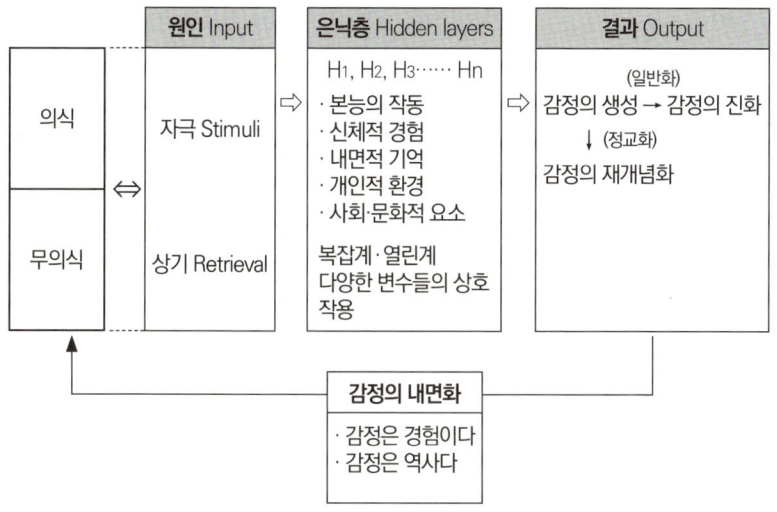

심층적인 딥필링의 작동 메커니즘 과정. 의식·무의식 차원에서 외부나 상기로 인한 자극은 다양한 중간 은닉층의 영향 속에서 구체적인 감정으로 표출된다. 그리고 그 감정은 기존 감정을 재개념화하여 내면화되거나 혹은 보다 일반적인 감정으로 정교화되면서 진화한다.

감정계 차원에 적용하는 것이다.

'딥deep'은 감정에 표면적으로 접근하는 것이 아니다. 복잡하고 심오한 구조를 자세히 본다는 뜻이다. '필링feeling'은 어떤 경험에서 순간적으로 갖게 되는 느낌으로, 시각, 청각, 촉각 같은 신체적 감각은 물론 육감까지 포함한다. 육감은 일종의 지각 능력이다. 누구나 한 번쯤 '앞으로 이런 일이 일어날 것 같다'라고 느낀 적이 있을 것이다. 육감은 감정의 영역에 속한다. 매우 주관적인 것으로 대상과 어떻게 상호 작용했느냐에 따라 달라진다. 우리는 육감으로 상대방의 생각을 간파하거나 어떤 상황에서 분위기를 파악한다. 일이 잘될 것 같다고 느끼거나 이사할 집을 보러갔을 때 집안에서 특별한 기운을 느낄 때가 있다.

　육감을 딥필링 기술로 구현한다고 상상해보자. 딥러닝 기술보다 훨씬 더 복잡한 과정이 필요해 보인다. 그렇다면 딥필링은 어떻게 이루어져 있고, 어떤 과정을 거쳐 구현되는 것일까.

　우리는 매일 무언가에 자극을 받으며 살아간다. 새로운 느낌이 형성되는 입력input 단계다. 색, 모양, 냄새, 소리 등이 나를 자극하면 무언가를 느낀다. 바로 '감정'이다. 외부의 자극과 함께 의식과 무의식이 동시에 작동하며 순간적으로 어떤 느낌을 받는다. '이 노래 좋은데, 가슴이 설렌다.' '저 사람 낯설지가 않네. 왠지 친해질 것 같아.' '이 냄새, 어렸을 때 마당에서 낙엽 태우던 냄새와 똑같다.' 이 모든 것이 순간의 감정에 기반한 느낌이다.

　때로는 특별한 외부 자극을 받지 않아도 기억을 되새기는 중에 불현듯 어떤 감정 메커니즘이 작동하기도 한다. 소크라테스와 플라톤이 말한 '상기' 현상이다. 감정계는 스스로 지각할 수 있는 의식의 한편에 무의식의 영역도 있다. 예상치 못한 순간에 잠재되어 있던 감정이 불현듯 발동하기도 한다. 평소에는 절대로 의식 밖으로 끄집어낼 수 없는 느낌이다. 그만큼 복잡하고 설명하기 힘든 부분이다.

　다음 단계인 중간층 혹은 은닉층Hidden Layers에서는 다양한 요소들이 추가로 개입된다. 감정은 개인에게 잠재된 기억이나 각자의 성향에서 만들어진 것만은 아니다. 실시간으로 변화하는 사회적 환경 속에서 감정을 형성하게 된다. 결국 감정의 구현 여부는 이 중간층에 필요한 데이터를 얼마나 투입하느냐, 데이터를 얼마나 정교하게 분석하는가, 그리고 최적의 결과를 도출하는 알고리즘을 구축할 수 있느냐에 달려 있다. 이는 인간 뇌의 신경망을 활용한 딥러닝의 작동 원리가 딥필링 과정에도 적용된다는 사실을 보여준다.

감정 메커니즘의 작동은 여기에서 끝나지 않는다. 보통은 기존 감정에 대한 새로운 개념화가 이루어지거나, 혹은 다른 감정으로 진화한다. 그리고 이러한 감정은 다시 의식과 무의식의 영역으로 내면화된다. 한 예로 자신이 소중하다는 자각이 들면 어떤 감정적 경험을 하게 될까? 자존감이 높아지면서 얼굴 표정도 밝아지고 매사에 자신감이 생길 것이다. 그로 인해 사람들에게 좋은 평가를 듣게 되고, 이는 또 다시 긍정적 경험으로 작용하여 내가 지닌 생각을 더 강화하게 된다. 반대로 사랑받지 못한다는 생각이 들면 자존감이 낮아져 부정적인 감정을 형성하고 타인과의 관계에도 영향을 미친다. 그로 인해 사람들에게 좋지 않은 평가를 듣게 되고, 이것이 또 다른 자극으로 작용하면서 부정적 생각이 스스로를 더 위축시킨다. 이런 과정을 통해 새롭게 생성되고 표출되는 감정은 다시 기존의 감정과 합쳐지면서 또 다른 변화를 겪는다. 이처럼 감정 메커니즘은 끝이 있기보다는 지속적이며 순환적인 구조로 작동한다.

트라우마와 딥필링

경중에 따라 다르겠지만 누구나 트라우마가 하나쯤 있을 것이다. 트라우마trauma는 쉽게 잊히지 않는 육체적, 정신적 상처와 그로 인한 감정의 후유증을 말한다. 과거에 공포나 두려움을 느꼈을 때와 비슷한 상황에 처했을 때, 당시의 감정이 떠오르면서 불안해지는 정신적 외상을 이르기도 한다. 교통사고나 자연재해, 신체 폭력 같은 심각한 일은 물론 어릴 적에 길을 잃었거나 부모에게 심하게 야단을 맞은 일도 트라우마가 될 수 있다. 가령 개에게 물린 적이 있는 사람은 시간이 흘러도 비슷한 개를 보면 겁이 나고 다리 힘이 풀릴 수 있다.

그렇다면 트라우마는 평생 안고 살아야 하는지, 극복할 수 있는지를 '딥필링'의 메커니즘으로 이야기 해보자. 감정의 기억은 고정된 게 아니다. 새로운 정보가 컴퓨터 하드웨어에 저장되듯이 새로운 기억도 의식과 무의식에 흘러가 지속적으로 내면화된다. 따라서 과거의 어떤 대상이나 상황에 대한 나쁜 감정도 새로운 감정을 경험하며 좋은 방향으로 재개념화되면 치유할 수 있다. 다윈이 말한 '감정의 진화'나 조지프 르두가 말한 '감정의 재개념화'가 바로 이런 경우라고 할 수 있다. 르두는 『우리 인간의 아주 깊은 역사The Deep History of Ourselves』에서 감정에 대해 다음과 같이 적었다.

감정은 그것을 경험하는 바로 그 순간에 결정되며 그것이 어떤 감정

인지도 매우 명확히 알 수 있다. 만일 내가 공포로 패턴 완성된 경험을 한다면 내가 겉으로 어떻게 행동하는지 혹은 다른 사람들이 내가 무엇을 느낀다고 생각하든지 상관없이 내가 느끼는 것은 (여전히) 공포다. 나중에 내 관점을 수정해 사실 나는 화가 났거나 질투했던 것이라고 결정한다면 나는 기억에 저장된 심리적 이력을 다시 쓰는 것이다. 그러나 모든 중요한 경험이 패턴 완성되는 과정에서 그것과 관련된 모국어로 표현되는 정확한 감정 용어를 반드시 포함해야 한다는 것은 아니다. 예를 들어, 불쾌함의 흐릿하고 애매모호한 상태는 보통 불편함, 안절부절못함, 괴로움과 같은 일반적인 용어로 표현되지만 좀 더 긍정적인 상황에서는 편안함, 만족감, 고양감으로 분류될 수 있다. 이러한 상태는 이후에 관습적인 감정 용어들이 적용됨에 따라 수정되거나 갱신될 수도 있다. 즉 불편함은 불안감이 되고 고양감은 행복이 되는 것이다.

감정철학자 다마지오도 르두와 비슷한 견해를 보였다. 그는 『느끼고 아는 존재Feeling & Knowing』에서 우리의 경험과 의식을 가능하게 하는 것은 느낌feeling이라고 했다. 다마지오는 아주 위험한 상황에 직면했을 때, 신체는 감정에 따라 반응한다고 했다. 심장이 뛰고 몸이 떨리고 배가 뒤틀리기 시작하는 것이다. 자신이 지닌 두려움과 관련된 생각이 어떤 느낌을 만들어낸다. 느낌은 인식과 정서적 반응보다 먼저 일어나는 화학적이고 유기적인 과정이다. 그리고 일련의 감정을 유발하는 감각적 체험이다. 이 느낌과 함께 감정이 작동하고 이성적 정보를 추가로 활용하며 우리는 무언가를 결정하게 된다. 기존에 가진 마음과 생각이 그 느낌을 지배하는 경우가 많기에, 그런 점에서 감정은 신체적 체험이면서 정신적 경험이기도 하다. 다마지오는 오래전에 이미 이 복잡한 딥필링의 메커니즘을 설명하고 있는 듯하다.

세계적인 신경과학자 리사 배럿은 『감정은 어떻게 만들어지는가?』에서 모든 감정의 작동은 경험에서 비롯된다고 했다. 감정은 경험의 축적이라는 것이다. 트라우마의 경우, 두려움은 위험한 경험과 관계가 있고 불안함은 불확실한 경험과 관계가 있다고 했다. 즉 트라우마는 부정적 경험이 반복되면서 생겨나는 두려운 감정이라는 것이다. 더 나아가 리사 배럿은 감정에 있어서 언어의 중요성을 강조했다. 사람들이 어떤 감정을 느낄 수 있는 것은 언어적 능력 때문이다. 만약 언어적으로 개념화하지 못하면 특별한 감정적 체험을 인식하거나 기억하는 데 어려움을 겪게 되는데, 리사 배럿은 이를 '경험맹blindness'이라고 했다. 감정도 일종의 경험이고, 이 경험은 각자의 언어적 사고를 통해 기억되거나 재개념화된다는 것이다.

모든 감정은 역사성을 갖는다. 감정은 사회적·역사적 맥락을 지닌다. 감정은 매순간 차곡차곡 쌓인다. 감정은 점이 아니라 선이며 순간이 아니라 흐름이다. 개인적 경험과 그가 소속된 집단의 분위기와 사회적 맥락 속에서 만들어진 결과이기도 하다. 2014년에 일어난 세월호 사건은 우리에게 지금도 씻을 수 없는 사회적인 충격과 슬픔을 남겨주었다. 코로나 팬데믹도 그런 후유증을 남겨줄 것이다.

이 시기에 개인적으로 어떤 경험을 했는지 사회적으로 어떤 감정을 느꼈는지는 매우 중요하다. 이것은 현재는 물론 앞으로 "어떤 감정을 느낄 것인가"에도 상당한 영향을 미친다. 하지만 감정은 영구적으로 결정되는 것은 아니다. 새로운 경험을 통해 진화하고 변화하기 때문이다.

영국의 문화비평가인 레이먼드 윌리엄스Raymond Williams(1921~1988)는 한 사회가 공유하는 감성적인 마음의 집합을 '감정의 구조structure of feeling'라고 했다. 그는 이 구조가 "견고하고 분명하지만, 우리 활동 가운데서 가장 섬세하고 파악하기 힘든 부분에서 작동하고 있다"라고 하는데, 개인마다 감정의 구조를 작동시키고 공유하면서 스스로 잘 지각하지 못하는 사이에 사회적 감정을 형성하고 또한 동시에 이로부터 영향을 받고 있다고 말했다.

지금까지는 디지털 기술 발달에서 딥러닝에 주목했다면 이제는 미래사회에서 가장 필요로 할 딥필링에 주목하여 어떻게 인간과 공존할지를 고민해야 할 것이다. 그림처럼 가로축에 딥러닝의 발전 정도를 놓고, 세로축에는 딥필링의 기술 정도를 가정해보자. 현재의 AI 기술은 딥러닝의 발달 속도에 상관없이 딥필링 측면은 그렇게 발달하지는 않았다. 딥러닝 기술을 통한 인공지능의 발달 정도와 '특이점' 여부는 향후 딥필링 측면에서 인간의 감정계를 얼마나 완벽하게 구현해 내느냐에 따라서 달라질 수 있다.

존 설은 AI 기술 단계를 인간 수준의 마음과 감정을 가질 수 있는지를 기준 삼아 2가지로 구분했다. 먼저 '약 인공지능weak AI'은 마음

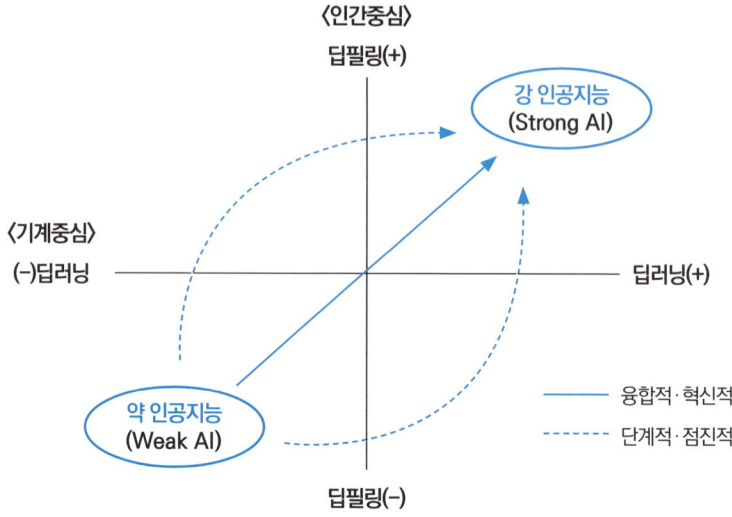

인공지능 기술의 방향. 미래 인공지능 기술의 발달은 딥러닝과 딥필링의 융합적 진화가 무엇보다 중요하다. 존 설의 '약 인공지능'에서 '강 인공지능'으로 가는 과정이다.

과 감정을 비슷하게 재현해내는 정도이다. 즉 마음을 지닌 존재가 아니라 마음을 분석하는 데 있어 유용한 도구라는 의미이다. 반면 '강 인공지능 strong AI'은 고도로 발달한 인공지능 시스템에 인간의 마음과 감정을 구현한 것으로 그야말로 인간처럼 마음을 가지고 느낄 수 있게 된다는 의미다. 위의 그림에서 보이듯이 딥러닝과 딥필링이 동시에 보다 완벽해지는, 우측 상향의 '강 인공지능'으로 기술적 진화를 해야 할 것이다.

이제 딥필링을 구현하기 위해 구체적으로 어떤 노력을 해야 할까? 최근 국내외 사례를 살펴보며 인공지능 시스템이 어떻게 인간의 감정을 구현할 수 있을지를 함께 고민해보자. 여기에는 감정 측정방법이나 정보 교환의 시간성 문제, 나아가 인간의 뇌를 직접 연결하는 것까지 포함된다.

어떻게 감정을 읽고 측정할 것인가

딥필링 차원에서 감정을 데이터화하는 것은 어렵겠지만 가장 필요한 기술이다. 인공지능 로봇 에버의 경우처럼 사람의 표정을 학습시켜 감정을 인식하는 기술은 이미 널리 이용되고 있다.

감정을 읽는 대표적인 기술들을 살펴보자. 먼저 언어를 분석해서 심리 상태를 파악하는 방법이다. 대표적으로 어휘 분석이 있다. 감정을 나타내는 언어 표현을 모아 데이터를 만든 후, 어휘의 범주나 유사성을 분석해서 감정의 구성체계를 알아내는 방법이다. 예를 들어 "나는 그것을 좋아해"와 "나는 그것을 안 좋아해"라는 두 문장이 있다. 각각 '긍정'과 '부정'을 나타내는 문장이다. 인간은 이 문장에 실린 감정을 그대로 느끼지만, 인공지능은 어절을 나누어서 입력하고 빈도수를 집계한다. "나는 그 사람을 안 보고 싶다" "아직 시작도 안 했다" 이런 문장들을 반복 입력하면서 '안'이라는 말이 '부정'의 감정을 뜻한다는 사실을 학습하는 것이다. 이처럼 인공지능은 감정 관련 어휘들의 뜻을 문장 구조를 분석하는 방법으로 학습하고, 통계를 내어 명료화하며, 이것을 알고리즘으로 구현해서 다시 감정을 분석한다. 이런 방법은 현재의 인공감정지능 수준에서 이미 구현되고 있다. 이제 인공지능은 인간의 감정을 읽고 표현하는 수준에서 주어진 상황에 맞게 스스로 감정을 조절하며 외부 대상과 교감할 수 있는 수준으로 진화해야 한다.

표정이나 행동 같은 비언어적 요소로 감정 상태를 추측하는 기술도 도입되고 있다. 이 기술은 언어는 마음을 숨기거나 왜곡할 수 있지만, 표정은 비교적 그대로 드러낸다는 사실을 전제로 한다. 얼굴을 움직일 때 근육에 흐르는 미량의 전기를 측정하는 근전도 분석과 페이스북의 얼굴 인식 기술인 '딥 페이스' 등은 어느 정도 신뢰할 만한 결과를 보여주고 있다.

얼마 전 마이크로소프트가 사람의 감정을 읽고 측정할 수 있는 기술을 개발했다는 뉴스 보도가 있었다. '프로젝트 옥스퍼드Project Oxford'라는 이 실험은 사람의 표정을 인식해 분노와 경멸, 불쾌, 공포, 행복, 무관심, 슬픔, 놀라움 등 8가지 감정으로 구분하고, 이런 감정들의 강도까지 수치로 측정해준다. 또한 자율학습 기능을 통해 프로그램 스스로가 데이터를 저장하고 분석해서 지속적으로 진화할 수 있도록 설계했다. 그리고 집단지성 접근으로 프로젝트 옥스퍼드를 사용하는 사람이 많아질수록 이 인공지능은 더 다양한 표정을 이해하고 더 정확한 감정 수치를 얻을 수 있다고 한다. 그렇다면 프로젝트 옥스퍼드를 현실에서 어떻게 활용할 수 있을까? 극장에서 관객들의 표정을 포착해 어떤 장면에서 어떤 감정적 반응을 보이는지 측정할 수 있다. 식당을 찾은 고객들의 표정으로 그 음식에 얼마나 만족하는지를, 어떤 메뉴를 가장 선호하는지를 찾을 수도 있을 것이다.

미국의 심리학자 앨버트 메라비언Albert Mehrabian(1939~)은 우리가 누군가를 만나 감정을 느낄 때, 말과 같은 언어적 정보보다 시각이나 청각 같은 비언어적 요소에 더 영향을 받는다고 했다. 일명 '메라비언의 법칙The Law of Mehrabian'이다. 우리가 상대방을 평가할 때 말의 내용은 7%인데 반해, 음색과 어조, 목소리 같은 청각 정보는 38%, 눈빛과 표정, 몸짓 같은 시각 정보는 55% 정도로 더 크게 영향을 미친다는 것이다. 비슷하게 동물학자 데스몬드 모리스Desmond Morris(1928~)도 사람들은 보통 특정 동작을 반복하면서 속마음을 드러내는 경향이 있다고 했다. 그리고 각각 다른 수준의 신뢰도를 갖는다고 하며 '동작의 신뢰성 척도'를 제시했다. 그 신뢰도는 '자율신경 신호 → 하체 신호 → 몸통 신호 → 분간할 수 없는 손짓 → 분간할 수 있는 손짓 → 표정 → 언어'의 순이었다. 무의식적이고 비언어적인 동작일수록 속마음이 더 잘 드러난다는 것이다. 메라비언과 모리스의 연구는 딥필링의 관점에서 어떤 데이터 정보에 더 관심을 가져야 하는지에 대한 의미 있는 메시지를 보여준다.

인간의 뇌 구조에서 '포유류의 뇌'라고 불리는 대뇌의 변연계는 느낌과 감정을 만들어낸다. 또한 체온과 혈압, 심장 박동 등을 조절하고 기억을 하고 행동의 동기를 부여하기도 한다. 신체적 자극이나 감각 정보가 뇌에 어떻게 전달되고 감정이 어떻게 생성되는지가 밝혀지기 시작한 것은 최근의 일이다. 뇌파EEG, 피부 전도반응GSR, 자기공명영상^{MRI} 등의 첨단기술로 그 경로를 추적하고 있다. 뇌파 측정은 뇌가 영역별로 얼마나 민감하게 반응하는지 평가하기 위한 방법이다.

미국의 심리학자 웬디 헬러^{Wendy Heller}는 인간이 특별한 감정을 느낄 때 반응하는 뇌의 활성화 패턴을 바탕으로 흥미로운 그래프를 제시했다. X축은 '어떤 감정을 느끼는 각성 정도'를 표시하고, Y축은 '즐거움의 강도'를 표시했다. 그녀는 이런 비교 분석을 통해 뇌의 어느 부분에서 특별한 감정을 만들어내고, 또 어느 부분에서 감정의 강도를 조절하는지를 공식화했다. 한 예로, 유쾌함을 느꼈다면 전두엽이 반응하고, 강도의 정도는 우측 두정엽의 활성화를 통해 알 수 있다는 것이다.

뇌의 자율신경계는 외부에서 자극을 받으면 신체의 항상성을 유지하기 위해 자발적으로 '자기 조직화^{self organization}'를 수행한다. 외부 자극에 제대로 대응하기 위해 새로 입력된 정보와 과거의 감정 경험이 동시에 작동하면서 자율신경계 조직을 개조하는데, 이때 '길항작용^{antagonism}'이 발생한다. 이는 새로운 정보를 받을 때 긴장하는 교감신경계와 신체의 이완과 휴식을 위해 에너지를 비축하는 부교감신경계가 동시에 작동하는 것을 일컫는다.

특히 심장 박동은 이러한 두 신경계의 복합 작용에 가장 예민하게 반응한다. 심장 박동 간격인 심전도^{ECG}와 심장 박동 변이도^{HRV}의 주파수 스펙트럼을 구하면 교감신경계와 부교감신경계의 활성도를 정량적으로 평가할 수 있다. 교감신경계가 활성화되면 전달물질인 노르아드레날린noradrenalin이 분비되면서 심장은 빨라지고 자극에는 오히려 느리게 반응한다. 반대로 부교감신경계가 활성화되면 아세틸콜린acetylcholine이 분비되면서 심장 박동은 느려지지만 자극에는 더 빨리 반응하게 된다.

근전도EMG는 근육의 전기적 활성을 그래프로 기록한 수치다. 정상 근육은 쉬는 동안에는 활성화되지 않지만, 자극을 받으면 수축하면서 전류가 발생한다. 놀라면 동공이 확대되고 호흡이 가빠지고 안정을 찾으면 동공이 풀리고 호흡도 천천히 돌아온다. 이런 신체 반응 측정기술은 감정의 상태를 이해하고 강도를 측정하는 데 폭넓게 활용할 수 있다.

최근 외부의 무선 전파 신호로도 감정을 측정할 수 있다는 흥미로운 뉴스 보도가 있었다. 영국 퀸 메리 대학교 연구팀의 실험 결과에 따르면 와이파이 같은 전파 신호를 이용하여 사람들의 심박 수와 호흡 신호를 측정할 수 있다고 한다. 이를 통해 표정이나 근육의 움직임 같은 시각적 단서 없이도 감정을 맞출 수 있다는 것이다. 연구진은 사람들에게 분노, 슬픔, 기쁨, 쾌락 4가지 감정의 영상을 보여주면서 신체에 무해한 전자파를 쏘아서 반사된 신호를 분석했다. 그 결과 4가지 감정들의 개별적인 특징을 발견했는데, 이 데이터를 자동 분류하고 학습시켜 감정을 측정할 수 있는 시스템을 만들 수 있다고 했다.

프로젝트에 참여했던 한 연구원은 "이전 연구들은 주체-의존적인 방식으로 감정을 측정했기 때문에 특정 개인의 감정만 측정할 수 있었다. 반면 이 기술은 다양한 신호를 통합적으로 자동 인식하여 분석한다. 대규모의 사람들로부터 객관적인 자료를 수집하고 그 패턴을 분석하는 것이다. 같은 장소에 모여 있는 사람들의 감정을 동시에 측정할 때도 사용할 수 있다"라고 하면서 이 기술의 활용성이 매우 크다고 말했다.

실시간성의 딜레마

딥필링 메커니즘을 구현할 때 시간에 관련된 기술 또한 매우 중요하다. 인간과 인공감정지능 로봇이 감정에 대한 정보를 교환할 때 진정한 실시간성simultaneity을 얼마나 확보할 수 있을까의 문제다. 우리는 운전할 때 실시간 교통정보를 알려주는 내비게이션을 보면서 목적지로 간다. 그런데 이것은 '진짜 실시간real-time'이 아니라 계속 변하는 교통상황을 몇 분마다 업데이트해서 최적의 노선을 제공해주는 '유사 실시간pseudo-realtime'이다. 텔레비전의 생방송도 엄밀하게는 실시간 라이브가 아니다. 예를 들어 해외 스포츠 경기의 경우, 카메라에서 인코딩된 데이터는 디지털 조각 형태로 케이블을 통해 전달되고, 다시 국내 방송국에서 조립되면서 가정의 TV 모니터로 송출된다. 현재 기술로는 이미지 영상이 공간을 넘어 전달되는 과정에서 최소한의 지연delay 현상이 나타날 수밖에 없다.

실시간성은 기술적으로나 태생적으로 구현하기 어려워 인공감정지능 기술을 완성하는 데 큰 걸림돌이 될 수도 있다. 예로 운전을 하다 보면 종종 긴박한 상황에 직면한다. 모든 차량이 정해진 차선으로 달리지만, 마주 오던 차가 중앙선을 침범하거나 옆 차선의 트럭에서 갑자기 화물이 떨어질 수도 있다. 사고의 위험이 닥치면 운전자는 본능적으로 핸들을 꺾어 위기를 벗어나려 한다. 교통사고는 별안간에 발생하며 탑승자의 운명도 순식간에 달라진다. 이처럼 인간의 감정은 외부 상황에 따라 급박하게 달라질 수 있다. 인공감정지능 기술의 실시간성이란 상황에 따르는 인간 반응의 동시성을 구현할 수 있느냐의 문제이다. 나아가 어떤 행동을 하게 만드는 인간의 내면적 감정까지 실시간으로 읽어낼 수 있느냐의 문제이기도 하다.

가상공간 메타버스에도 실시간성의 딜레마가 있다. 아바타가 현실의 나 자신과 어느 정도까지 실시간으로 정보를 교환할 수 있을까. 아바타와 현실세계의 사람들이 실시간으로 상호작용한다면 이것은 단순한 가상세계가 아니라 또 다른 현실 공간이 된다. 감정의 문제도 마찬가지이다. 현실의 내가 느끼는 수많은 감정들, 변화되는 감정들이 가상공간에서도 실시간으로 작동되어야 할 것이다.

그런데 실시간성 기술을 구현한다는 것이 아직은 요원해 보인다. '실시간에 가까운 것'과 '실시간'은 분명 차이가 있다. 인간의 생각과 감정은 뇌 활동과 동시에 신체에 전달되고 거의 동시적으로 표정이나 행동으로 나타난다. 기술이 발달할수록 이 시간적 차이는 줄어들겠지만 인공감정지능 기술이 그 간극을 완벽하게 극복해낼 수 있을지는 여전히 의문이 남는다.

인간의 뇌에 컴퓨터 칩을 심는다면

현재 기술로 딥러닝과 딥필링을 구현할 수 있는 가장 완성도 높은 시도는 인간의 뇌와 인공의 뇌를 연결하는 것일지도 모른다. 인간과 로봇의 경계가 무너진다는 윤리적인 논쟁을 일으키고 있지만, 기술적인 측면에서만 본다면 가장 효과적인 방법이다.

2021년 9월, 세계적인 과학 학술지인 『네이처 일렉트로닉스 Nature Electronics』는 흥미로운 논문을 게재했다. 삼성전자와 하버드 대학교 연구진이 공동 진행한 차세대 인공지능 반도체 '뉴로모픽 Nueromorphic'의 출시 가능성을 처음 공개한 것이다. 이는 인간의 뇌 신경망에 있는 약 100조 이상 뉴런들의 전기신호를 나노 전극으로 측정한 후, 뉴런 간의 연결망 네트워크 지도를 메모리 반도체에 복사해서 인간 뇌의 기능을 재현하는 기술이다. 뉴로모픽 반도체를 이용해서 인간 뇌의 고차원적인 기능인 인지와 추론, 감정까지도 실현 가능하며, 나아가 인간의 뇌를 복사해서 메모리 반도체 플랫폼에 구현할 수도 있다는 것이다.

이런 시도는 이전에도 있었다. 손가락에 개인정보나 카드 정보가 담긴 '베리칩 Verichip'을 이식하는 기술이다. 오래전에 소개되었고 몇 년 전부터 실험적으로 사용하고 있다. 이 전자 생체 칩을 이식한 손을 자동차에 대면 자동으로 문이 열리고, 단말기에 대면 상품 결제도 할 수 있다. 반려동물의 실종을 막기 위해 개발된 기술인데, 인간에게도 적용된 것이다. 2010년에는 미국의회에서 건강보험 제도를 체계적으로 관리하기 위해 전 국민에게 베리칩을 이식하자는 법안을 논의하기도 했다. 하지만 칩에 담긴 개인정보가 악용되면 인간 존엄성이 심각하게 훼손될 위험성이 있기에 실현되지는 않았다.

샌프란시스코 캘리포니아 대학의 에드워드 창Edward Chang 교수 연구진은 국제 학술지『뉴잉글랜드 저널 오브 메디슨NEJM』에 15년 동안 말을 전혀 못했던 뇌졸중 환자의 뇌에서 나오는 전기신호를 문장으로 바꾸는 데 성공했다고 발표했다. 연구진은 환자의 뇌에서 언어기능을 담당하는 감각운동피질에 신용카드 크기의 얇은 전극을 부착하고, 그에게 컴퓨터 모니터에 뜨는 단어를 읽어보라고 했다. 그는 말을 못했는데, 놀랍게도 단어마다 다른 전기신호가 나오고 있었다. 그가 말하려던 단어의 신호는 컴퓨터 화면에 그대로 기록되었으며, 연구진은 이런 과정을 거듭하며 데이터를 축적했다. 그리고 단어마다 달라지는 환자의 뇌파 신호를 인공지능이 스스로 터득하게 하여 뇌졸중 환자들의 생각을 말로 바꾸는 데 성공했다. 이 실험 결과는 고도로 학습한 인공지능이 사람의 생각을 읽을 수도 있다는 가능성을 보여준 것이다. 이 기술은 감정을 담당하는 변연계에 센서를 부착하여 관련 뇌파를 수집한다면, 감정을 좀 더 정확하게 읽고 분석할 수도 있음을 시사해준다.

2020년 8월, 세계적인 반향을 일으킨 또 하나의 뉴스가 있었다. 테슬라의 창업자인 일론 머스크가 세운 뇌신경 과학기업 뉴럴링크Neuralink가 원숭이 뇌에 방대한 학습 데이터를 입력한 컴퓨터 칩을 이식하는 데 성공한 것이다. 뉴럴링크는 유튜브를 통해 '브레인-머신

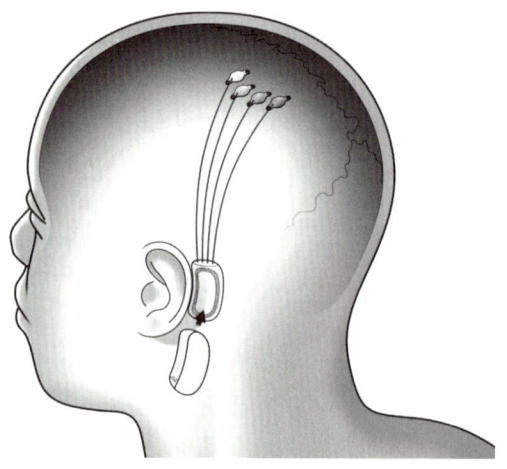

뇌신경 과학기업 뉴럴링크. 뉴럴링크를 설립한 일론 머스크는 인간의 뇌에 탑재할 칩을 개발 중이라고 하며, 뇌와 컴퓨터가 연결된다면 인간의 정보처리 능력은 인공지능만큼 빨라질 것이라고 전망했다. 뉴럴링크 홈페이지.

인터페이스 Brain Machine Interface, BMI' 기술을 직접 시연했다. 칩이 이식된 쥐, 원숭이, 돼지들이 손발과 같은 신체를 사용하지 않고 생각만으로도 비디오 게임을 하는 장면이 공개되었다. 그동안 인공지능적 차원에서 뇌에 칩을 이식한다는 시나리오를 그려보기는 했다. 그런데 실제로 컴퓨터와 연결된 칩을 인간의 뇌에 이식하거나 혹은 인간의 뇌와 로봇의 뇌를 연결함으로써 인간의 지능과 감정 시스템을 로봇에서도 구현할 수 있음을 이론적으로 그리고 기술적으로 보여준 것이었다. 2022년, 뉴럴링크는 인간의 두개골에 동전만 한 구멍을 뚫고 컴퓨터 칩을 이식하여 뇌에서 발생하는 전기신호를 감지해 전달하거나, 외부의 정보나 데이터를 칩으로 전달해 뇌에 명령을 내릴 수 있는 인터페이스가 가능하다고 발표했다. 이 기술을 활용해서 뇌의 지각이나 감각 활동에 장애를 겪는 치매 환자들을 치료할 수 있다는 것이다. 그리고 가능한 빠른 시기에 인간을 대상으로 하는 추가 실험을 완료한 뒤 상용화를 추진하겠다고 밝혔다. 많은 윤리적 반향을 받고는 있지만, 이러한 기술의 발달이 상당한 지능을 가진 사이보그가 가까운 미래에 출현할 가능성을 높일 것이라는 생각이 든다.

메타필링과 마음의 지향성

'인지에 대한 인지'를 심리학 분야에서는 '메타 인지 mata-cognition'라고 부른다. 자신이 인지한 것을 스스로 기억하고 평가하고 판단하는 높은 차원의 능력을 말한다. 이는 자기통제와 의사결정에 가장 큰 영향을 미친다. EBS가 방영한 「학교란 무엇인가 - 0.1%의 비밀」이라는 프로그램에서 재미있는 실험을 했다. 모의고사 전국석차 0.1% 학생 800명과 평균 성적을 가진 700명의 학생을 대상으로 성적에 차이가 나는 이유를 분석했다. 그런데 예상과는 다르게 IQ 점수나 부모의 경제력 같은 환경적 요소는 큰 차이가 없었다. 두드러진 차이점은 바로 메타인지 능력이었다.

두 집단 학생들에게 연관성이 전혀 없는 25개의 단어를 하나에 3초씩 총 75초 동안 보여주었다. 그런 다음 기억하고 있는 단어를 쓰게 했다. 그런데 답을 하기 전에 "자신이 몇 개의 단어를 기억해낼 수 있는지"를 먼저 밝히도록 했다. 흥미로운 결과가 나왔다. 두 그룹의 학생들이 맞힌 평균 단어의 개수는 통계적으로 유의미한 차이를 보이지 않았다. 그런데 0.1% 학생 그룹은 자신이 맞힐 수 있다고 예측한 수와 실제 적어낸 단어의 수가 거의 일치한 반면, 평균 성적의 학생 그룹은 양자 간에 차이가 크게 났다. 즉 기억력 자체는 비슷했지만, 자기 기억력에 대해서는 0.1% 그룹의 학생들이 더 정확하게 평가하고 있었다. 바로 메타인지 능력이 만들어내는 차이였다.

메타인지는 인간이 지능 활동을 하면서 자신이 무엇을 알고 무엇을 모르는지 판단하게 한다. IQ는 타고난 것이지만 메타인지는 환경과 상호작용하면서 변해갈 수 있다. 가령 무언가를 모른다는 사실을 알게 되면 부족한 부분은 보충하겠다는 계획을 세우고 실행한다. 어떤 분야에서 타고난 천재가 아니더라도 자기 한계를 극복하며 최대치의 성과를 낼 수 있다.

메타 인지를 감성적 차원으로 보면 '메타 감정 meta-feeling'이라고 할 수 있다. 메타 감정은 자신의 감정 시스템을 이해하면서 감정을 스스로 조절하거나 통제할 수 있는 능력이다. 우리가 어떤 상황에서 불안을 느꼈다고 하자. 그럴 때 거리를 두면서 그 감정을 바라본다. 그리고 전에 비슷한 경험을 했는데 그 후유증 때문에 현재 불안이 증폭되었음을 깨닫는다. 자신의 감정을 알면 스스로를 달래고 불안을 가라앉힐 수 있는 여유를 얻게 된다. 인간의 기억이나 감정은 개인에 따라 다르지만 공통된 부분도 있다. 인공감정지능이 모두에게 공통된 메타필링 부분을 어떻게 패턴화할 것인지 딥필링 차원에서도 매우 중요해 보인다.

인간의 감정은 단순한 뇌의 활동이 아니다. 내재한 감정을 언제든 의식 바깥으로 꺼집어 내어 느낄 수 있는 것이 아니다. 하지만 감정계 메커니즘 과정에서 보았듯이 딥필링은 자의식을 통해 어떤 기억을 떠올리고 잠재된 감정을 실제 감정에 동원하는 것을 의미하기도 한다. 감정은 외부 자극을 받거나 새로운 경험과 함께 일어나지만, 그 속도와 강도는 모두 다르다. 각자가 '메타 감정'을 동원하여 스스로 감정 메커니즘을 작동시키며 표출하는 일련의 동적인 과정이 일어난다. 따라서 딥필링의 기술에서 '메타 감정'은 중요한 요소가 되는 것이다.

마지막으로 인간의 감정은 어떤 지향성을 가지는지 이야기하고 싶다. 감정의 목적성, 즉 마음의 방향성 또한 딥필링 기술에서 매우 중요하다. 예로, 가장 대표적인 마음의 방향성은 행복의 추구가 아닐까 싶다. 인간은 누구나 행복하기를 원한다. 호이징가 Johan Huizinga(1872~1945)는 문화의 기원을 놀이로 정의하며 인류를 호모 루덴스 homo ludens, 놀이하는 인간이라고 정의했다. 그는 "지금보다 더 행복했던 시대에 인류는 스스로 호모 사피엔스 homo sapience 라고 부른 적이 있었다. 하지만 시간이 지나면서 이성과 낙관주의를 숭배했던 18세기 사람들의 주장과는 다르게 우리는 그렇게 이성적인 존재라고 믿을 수 없게 되었다"라고 말하며, 본능적으로 행복을 추구하는 '유희적 인간'에 관심을 기울여야 한다고 했다. 문명은 이성이 아니라 놀이 안에서 발전했음을 강조한 말이다.

　문화심리학자 김정운은 재미가 사회 발전의 원동력이며 개인 차원에서는 창의력을 향상시킨다고 했다. 잘 놀고 잘 쉬는 사람들은 스스로 만족하며 재미를 찾는 경향이 있으며, 재미야말로 자신을 더 창의적이고 행복한 사람으로 만들어준다고 했다. 민속학자 조흥윤은 한국문화의 두 가지 특성으로 '놀이'와 '신들림'을 들며, 한국인들은 호모 루덴스적 민족이라고 했다. 우리의 독특한 놀이 문화가 일 속의 놀이, 여가 속의 놀이, 신앙 속의 놀이라는 세 가지 일상을 통해 삶 속에 공존해왔다고 말했다. 최근 세계의 젊은이들이 한국어를 배우고 한국 음식을 먹고 한국으로 여행을 온다. 이런 소식을 접할 때 얼떨떨하기도 하지만, 결코 하루아침에 이루어진 일이 아니라는 생각이 든다. 한국인의 유희적 정서가 오랜 시간에 걸쳐 내려오면서 일상에 스며들었기에 가능한 일이 아니었을까 싶다.

　「백설공주」에는 왕비의 소원을 들어주는 거울이 나온다. 어쩌면 기술의 가치는 "인간에게 얼마나 이로운가"에 달려 있다. 인공감정지능 기술 개발은 요술 거울을 만드는 일이라고 할 수 있을 듯하다. 물론 모든 고민을 해결해주는 거울을 쉽게 발명할 수는 없을 것이다. 인간 감정이라는 복잡하고 오묘한 세계를 기계 시스템이 완전히 대체하기는 더욱 어려울 것이다. 그럼에도 기술은 현실적 문제를 하나씩 넘어서며 나아갈 것이다. 인공감정지능 개발이 왜 인간에게 필요한지 고민하면서 딥러닝을 넘어서 딥필링을 향해 나아가야 할 것이다.

에필로그

기술과 인간의 공존을 꿈꾸며

과연 2050년은 어떤 사회일까? 지금처럼 데이터 기술이 계속 발전을 거듭한다면 어떤 미래가 올까? 유발 하라리가 언급했던 것처럼 데이터가 종교시된다면 인간은 '신'이 될까, 아니면 '종'이 될까? 최근 언론 보도를 보면 미지의 신세계가 곧 도래할 것만 같다. 디지털 휴먼 같은 가상인간이 등장하고, 인간의 뇌 시냅스와 뉴런을 인공지능 기술로 구현할 수 있다고 하고, AI 로봇과 인간의 뇌를 연결하는 인터페이스 기술도 곧 상용화된다는 전망도 나온다. 어쩌면 인간의 감정까지도 완벽하게 구현하는 기계가 가까운 미래에 나타날지 모른다.

미국의 인지 심리학자 수잔 슈나이더Susan Schneider(1968~)는 인간의 뇌와 컴퓨터를 하나로 연결하고자 하는 일론 머스크에게 '인간의 정신적 자살'이 될 것이라며 그 위험성을 경고하며 이렇게 질문했다.

인간의 두뇌에 삽입한 AI 장치가 그의 두뇌 활동을 끊임없이 모니터하다가 언젠가 그 사람과 똑같이 생각하고 행동할 수 있게 된다. 그리고 원래의 뇌를 외과적으로 제거하고 AI 장치만을 남긴다면 그때 진짜 인간은 누구인가? 그때 뇌는 생물학적 두뇌인가 아니면 AI 장치인가? 일론 머스크 측은 개발 중인 신경 링크를 치매나 운동장애와 같은 신경질환을 치료하는 데 사용할 수 있다고 밝혔다. 이에 슈나이더는 "그러나 AI 장치가 정상적으로 기능하는 신경 조직을 대체하는 데까지 간다면, 어느 순간에는 사람의 목숨을 끊을 수도 있다"고 말했다. 철학자 로베르토 웅거Roberto Unger(1974~)는 "인간은 인간의 맥락을 뛰어넘는다"라는 역설적인 말을 남겼다. 이것은 인간이 태생적 비과학성을 지니고 있다는 뜻이다. 그 어떤 기술과 사회 제도도 모든 인간을 다 포용할 수는 없다. 고도로 발달한 신경 링크 기술이 과연 신경질환을 앓고 있는 모든 환자들을 치료할 수 있을까? 부작용은 없을까? 아니, 과연 그 기술이 신경질환을 치료하는 데만 사용될까?

데이터 기술 발달은 분명 우리 삶을 편리하게 만들어주고 있다. 코로나 팬데믹으로 일상이 마비되자 이를 극복하기 위해 디지털 기술들이 급속도로 발전했고, 사회 전반의 생활양식이 크게 변화되었다. 미래사회는 장밋빛 유토피아일까, 아니면 그 반대일까? 이 질문 앞에서 몇 가지 고민을 하게 된다. 최근 가장 눈에 띄는 변화들이 있다. 사회활동이 스마트폰 중심으로 이루어지고, 사람의 일을 기계가 대신하는 경우가 점점 늘어난다. 디지털 사용 능력을 갖춘 사람들과 그렇지 않은 사람들 사이의 불균형이 심화되고 있다. 디지털 기기에 능숙도에 따라 젊은 세대와 기성세대 사이에 정보 격차가 일어나고, 소득 수준이나 지역상의 문제로 정보 격차도 일어나기도 한다. 팬데믹 상황에서 '숙제 격차 Homework Gap'라는 현상이 나타났다. 원격 수업을 하는데 저소득층 아이들은 컴퓨터나 태블릿이 없어 휴대폰으로 숙제를 하는 경우가 많았다. 컴퓨터와 태블릿은 큰 화면에서 자료를 검색할 수 있고 자판도 쉽게 칠 수 있다. 이런 환경의 차이는 성적의 차이로 이어질 가능성이 크다.

개인 정보 유출로 인한 사생활 침해도 심각한 문제다. 데이터 개방과 공유는 '투명 사회 transparent society'로 가는 길인지, 빅 브라더 Big brother의 감시사회로 가는 길인지 재차 물어봐야 한다. 영국의 철학자 제러미 벤담 Jeremy Bentham(1748~1832)은 가장 완벽한 감옥 건축양식인 '판옵티콘 panopticon'을 창안했다. 그리스어로 '모두'를 뜻하는 '판 pan'과 '본다'를 뜻하는 '옵티콘 opticon'을 합성한 말이다. 프랑스 철학자 미셸 푸코 Michel Foucault(1926~1984)는 『감시와 처벌 Surveiller et punir: Naissance de la prison』에서 판옵티콘 개념을 다시 언급했다. 그것은 새로운 근대적 감시의 원리를 체화한 건축물로, 권력자가 다수를 감시하는 '규율 사회'로의 변화를 상징하고 동시에 현재 정보화 시대의 '전자 감시'를 비판하는 개념이라고 했다.

나는 몇 년 전 개인 정보 해킹이나 불법 거래에 대한 생각을 빅데이터로 분석한 적이 있었다. 각종 뉴스, 포털 검색어, 블로그, 커뮤니티, 그리고 트위터와 같은 SNS에서 '개인정보'라는 키워드가 들어간 약 3,500만 건의 텍스트를 살폈다. 분석 결과, 개인 정보 유출에 느끼는 염려와 두려움이 매우 심각하다는 사실을 알 수 있었다. 사람들은 피해 책임자를 주로 금융기관이나 기업을 들었다. 상위 50위 안에 드는 감성 어휘에는 '심각하다' '힘들다' '무섭다' '나쁘다' '귀찮다' '민감하다' '찝찝하다' '황당하다' '어이없다' 등과 같은 부정적인 반응이 많았다. '허술하다' '안타깝다' '어이없다'와 같은 어휘가 최상위에 언급되어 있었다.

 지난 2020년부터 우리나라는 데이터 산업 육성 차원에서 데이터 3법(개인정보보호법, 신용정보법, 정보통신망법)을 시행하고 있다. 최근에는 '본인신용정보관리업'이라 불리는 마이데이터 운동도 활발히 일어나고 있다. 본인 정보에 대한 개인의 권리를 보장하고 스스로 개인 정보를 관리하는 제도로, 정보의 주체인 개인의 동의에 따라 개인의 데이터를 개방하거나 활용하는 것을 말한다. 동시에 개인 정보를 불법적으로 거래하거나, 개인의 프라이버시를 침해하는 행위에 대한 처벌도 강화하고 있다. 기업이 수집한 개인 정보를 제대로 관리하지 못했을 경우, 전체 매출액의 최대 3%까지 과징금을 부과할 수 있는 조항을 넣었는데 이에 기업들이 반발하고 있다. 과도한 규제가 데이터 관련 산업의 성장을 막을 수 있다는 목소리다. 기업 입장에서는 고객들의 개인 정보가 매우 중요하다. 고객 만족도를 높이고, 신상품을 출시하며 홍보할 때 유용하게 활용할 수 있기 때문이다. 정보의 개방과 공유 그리고 개인 정보의 보호는 적절한 경계선을 유지해야 한다. 솔로몬의 지혜가 필요한 이유다.

"10년 혹은 30년 후에 나는 어디서 무엇을 하고 있을까?"

누구나 '미래의 나'가 궁금할 것이다. AI 기술은 전에 없던 새로운 일자리를 많이 만들고 있다. 그런데 일부 미래학자는 현재의 대부분의 일자리가 사라질 것이라고 예견한다. 최근 매킨지 보고서에 따르면 오는 2030년까지 현재 직업의 3분의 1이 지능형 에이전트나 로봇 같은 AI 기술로 대체될 것이며, 장기적으로는 거의 모든 인간의 직업이 재개념화되고 조정될 것이라고 한다. 비슷하게 퓨리서치센터도 전 세계 979명의 전문가와 인터뷰를 한 뒤 「인공지능과 인간의 미래AI and the Future of Humans」(2018)라는 보고서를 냈다. 인공지능이 인간의 생산성을 확장시킬 수 있겠지만, 장기적으로는 인간의 자율성과 역량을 상당히 위협하며 사람들의 일자리가 AI 자동 시스템으로 거의 대체되리라 예측했다. 앞으로 인간과 기계의 갈등이 일어날 가능성이 크다는 뜻이다.

인류 역사에도 비슷한 선례가 있었다. 18세기 말 제1차 산업혁명이 일어난 후 영국 중북부 직물공장이 기계화되면서 대규모 실업자가 속출했다. 설상가상 경제 불황이 겹치면서 기계를 파괴하는 러다이트 운동Luddite이 일어났다. 새로운 기술에 일자리를 빼앗긴 수공업 숙련 노동자들이 들고 일어난 것이다. 기계는 인간을 편리하게 해주었지만 노동자들을 거리로 내몰았다. 발전된 기술은 그로 인해 일어날 사회 문제를 다 예측하지 못한다. 어떤 문제를 놓고 겨우

사회적 합의를 이루어 가는데 이미 새로운 기술이 나와 다른 문제를 만들어 놓는 형국이다. 18세기 말 러다이트 운동을 단지 노동자들이 감정에 사로잡혀 일으킨 폭동이라고 단정할 수 있을까? 그것은 노동자의 삶보다는 생산성을 더 중시한 자본주의 사회에 대한 저항이었고, 그 메시지는 21세기에도 유효하다. 잘 알려졌듯이 스티브 잡스 Steve Jobs(1955~2011)는 스마트 모바일 시대를 개척한 디지털 혁신의 아이콘이다. 그는 매킨토시로 개인용 컴퓨터 시대를 열고 아이폰을 개발하여 스마트 모바일 시대를 개척했다. 그런데 잡스가 촉발한 21세기의 기술 문명은 더 많은 고용의 기회를 주었을까, 아니면 '빼앗아간 일자리steal jobs'가 더 많을까? 2016년 세계경제포럼이 발표한 「일자리의 미래The future of jobs」를 보면 4차 산업 기술들이 확산하면서 710만 개의 제조·생산 부문 일자리가 사라지고 컴퓨터와 금융, 마케팅 부문의 일자리가 200만 개 정도 생길 것이라고 예측했다.

 기술에 대한 낙관론과 비관론이 혼재하는 지금, 나는 이 책을 통해 우리가 어떤 방향으로 나아가야 할지 질문해보았다. 데이터가 쌓아온 인류의 역사와 디지털 기술의 현주소, 다가올 미래사회를 살펴보았다. 현재의 딥러닝 기반의 기술이 지닌 한계점을 짚고, 복잡하고 심오한 인간 감정계를 구현하기 위해 딥필링의 필요성을 말했다. 그러면서도 이 메커니즘을 완벽하게 이해하고 인공지능 기술에 접목하기가 얼마나 어려운지를 인문학과 뇌공학의 개념을 동원하며 설명했다. 어느 시대나 관념론과 경험론, 자연과 인간, 이성과 감성, 존재론과 인식론 등이 대립해왔지만 "어느 쪽이 맞고 다른 쪽은 틀리다"와 같은 배타적 주장은 위험해 보인다. 기술에 대한 낙관론과 비관론도 모두 일리가 있다. 인구 절벽이 본격화되는 지금, 인공지능이 부족한 노동력을 해결해줄 수도 있지만 막상 로봇에게 내 일자리를 빼앗긴다면 어떨까. 그러니 어느 한쪽에 서서 지나치게 분명한 해답을 제시하기보다는 기술과 인간이 어떻게 공존할 수 있는지 질문해야 한다. 그런 질문을 하는 우리에게 『물고기는 존재하지 않는다Why fish don't exit』의 저자 룰루 밀러Lulu Miller(1984~)는 의미심장한 통찰을 준다. 그녀는 책에서 이렇게 말했다. "우리는 우리를 둘러싼 세계를 거의 이해하지 못하고 있다. 과학이 세상을 전부 설명해 줄 거라는 장밋빛 전망은 착각일 뿐이다."

이 책이 독자들에게 데이터 시대에 대한 호기심을 일깨우고, 디지털 신문명과 인간의 조화로운 공존을 그려볼 수 있는 계기가 되기를 기대한다. 책을 쓰는 동안 많은 이들의 도움이 있었다. 먼저 가족에게 고마움을 전한다. 어머니께 감사드린다. 어려운 집안 형편에도 내가 학업을 이어갈 수 있도록 헌신을 다하셨다. 지금도 평생 해오신 생선가게를 접지 않고 성실함을 몸소 보여주고 계신다. 수년간 나와 사제의 인연을 맺고 같이 연구해온 제자들에게도 고마움을 전한다. 이 책의 일부 내용은 「지디넷코리아」에서 연재한 것이다. 게을러지지 않도록 기회를 준 고故 박승정 편집국장에게 감사드린다. 출간을 제안하고 원고를 쓰는 동안 응원해준 이른비 출판사의 박희진 대표와 안신영 편집장에게도 고마움을 전한다.

참고문헌

■ 국내 문헌

EBS (2013), 『퍼펙트 베이비: 완벽한 아이를 위한 결정적 조건』, EBS 다큐프라임, 와이즈베리.
강경표·강명신 외 (2016), 『미래 인문학 트랜드』, 글담출판사.
강승규 (2021), 「인공지능(AI)이 초래한 사회적 변화와 위험의 공존가능성에 대한 검토」, 『법이론실무연구』 9(4), 495~524쪽.
강영근·강유규 외 (2021), 『인공지능, 문학과 예술을 만나다』, 연경문화사.
고인석 (2011, 「아시모프의 로봇 3법칙 다시 보기」, 『철학연구』 93, 97~120쪽.
고현범 (2012), 「감정의 병리학: 칸트 철학에서 감정의 개념과 위상」, 『헤겔연구』 32, 169~188쪽.
고현범 (2016), 「누스바움의 혐오 회의론」, 『철학탐구』 43, 131~160쪽.
고현범 (2016), 「도덕 철학에서 감정의 위상」, 『순천향 인문과학논총』 35(2), 57~85쪽.
곽영직 (2020), 『과학의 역사』, 세창출판사.
국립지리원 (2001), 『고산자 김정호 기념사업 자료집』, 국립지리원출판.
권혁성 (2016), 「아리스토텔레스 철학에 나타나는 감정의 본성」, 『미학』 82(3), 89~137쪽.
김미경 (2016), 『인간의 감성을 리딩하라: 인공지능 시대』, 책과나무.
김민형 (2019), 「태아 프로그래밍과 성인기 질환」, 『한국모자보건학회지』 21(1), 1~13쪽.
김상호 (2009), 「확장된 몸, 스며든 기술: 맥루한 명제에 관한 현상학적 해석」, 『언론과학연구』 9권 2호, 167~206쪽.
김성동 (2017), 『현대사회와 인문학』, 연암서가.
김성태 (2008), 『인터넷 커뮤니케이션 연구』, 나남출판사.
김성태 외 (2016), 『빅데이터시대의 커뮤니케이션 연구』, 율곡출판사.

김성태·박창신·최홍규 (2014), 『빅데이터로서의 뉴스콘텐츠 활용방안 연구』, 한국언론진흥재단 연구보고서.
김영진 (1982), 『농림수산고문헌비요』, 한국농촌경제연구원(이대규, 『농포문답』 (1872) 재인용).
김은주 (2019), 「스피노자의 감정 모방 원리와 인간 공동체의 코나투스: 스피노자 철학에서 개체의 복합성과 코나투스」, 『현대유럽철학연구』 54, 107~145쪽.
김정운 (2014), 『에디톨로지: 창조는 편집이다』, 21세기북스.
김중순 (2005), 『문화가 디지털을 만났을 때』, 계명대학교출판부.
김진호 (2016), 『빅데이터가 만드는 제4차 산업혁명: 개인과 기업은 어떻게 대응할 것인가?』, 북카라반.
김택우 (2019), 『데이터 인문학』, 한빛미디어.
김평수 (2016), 「인간과 교감하는 감성로봇 관련 기술 및 개발 동향」, 『정보와 통신』 33(8), 19~27쪽.
김현 (2016), 『디지털 인문학 입문』, HUEBOOKs.
김현정·하현회 (2019), 『구글 넷플릭스와 동맹한 LG유플러스 5G 콘텐츠에 설레다』, BUSINESS POST.
김혜련 (2010), 「감정 소통매체로서의 영화와 도덕적 상상력」, 『철학논총』 61, 259~279쪽.
대한미래융합학회 (2018), 『융합의 시대』, 율곡출판사.
롤스로이스, 비키 반구, 「차별·혐오에 쉽게 물드는 AI… '착한 알고리즘' 만들려면」, 『매일경제』, 2021.
류근관 (2013), 『통계학』, 법문사
문광주 (2020), 「디지털 재앙 약 200년 후 디지털 정보의 양은 지구 전체보다 더 많은 공간 차지」, *Journal & Essay the Science Plus*.
민병준 (2017), 『해설 대동여지도』, 진선출판사.
박승정·문보경 외 (2010), 『미래혁명, 소프트 파워』, 전자신문사.
박종홍 (1965), 「최한기의 과학적인 철학사상」, 『아세아연구』 8(4).
박현모 (2006), 『세종의 수성리더십』, 삼성경제연구소.
선태규 (2017), 『인공지능의 미래 사람이 답이다: 인간은 할 수 있지만 인공지능은 할 수 없는 것』, 리드출판사.
송은영 (2019), 『역사에 숨은 통계 이야기: 삼국시대부터 조선시대까지』, 주니어김, 340쪽.
송종현 (2004), 「이동전화와 인간 커뮤니케이션의 확장」, 『한국언론정보학보』 통권 27호, 183~212쪽.
송태민·송주영 (2015), 『빅데이터 연구: 한권으로 끝내기』, 한나래아카데미.
심경옥·전우영 (2015), 「태아 프로그래밍과 신체적 특성」, 『사회과학연구』 26(1), 251~268쪽.
안문석 (2019), 「인공감정지능이 가져올 미래의 모습: 인간과 인공지능 사이의 공감과 교류가 진화한다」, 『지역정보화』 114권, 54~57쪽.
안호석·최진영 (2007), 「감정 기반 로봇의 연구 동향」, 『제어로봇시스템학회지』 13(3), 19~27쪽.
양선이 (2019), 「사회적 감정으로서의 분노: 흄의 철학에 나타난 분노감정의 도덕적·친사회적 기능에 관하여」, 『동서철학연구』 93, 121~142쪽.
오기수 (2005), 「세종대왕의 조세사상과 공법연구 – 조세법 측면에서」, 『세무학연구』 28(1), 369쪽.
우석진 (2012), 『인포그래픽스: 한 장의 그림으로 설득하는 프레젠테이션 기술』, 샌들코어.
윤호성·이기동 (2011), 「소셜네트워크를 이용한 집단지성 측정연구」, 『디지털정책 연구』 9권 2호, 53~63쪽.
이국헌 (2020), 「호모 데우스 시대에 신학적 인간학을 향하여」, 『문학과 종교』 25(4), 63~86쪽.
이기봉 (2010), 『평민 김정호의 꿈』, 세문사.
이기봉 (2011), 『조선 고지도 여행』, 세문사.
이기완 (2021), 「인공지능과 미래의 불평등, 그리고 민주주의」, 『세계지역연구논총』 39(4), 1~23쪽.
이남훈 (2011), 『인문학자 스티브 잡스를 말하다: 스티브 잡스의 인문학적 통찰력과 예술적 감수성』, 팬덤북스.
이동욱·김홍석·이호길 (2008), 「감성교감형 로봇 연구동향」, 『정보과학회지』 26(4), 65~72쪽.
이동후 (1999), 「기술중심적 미디어론에 대한 연구: 맥루한, 옹, 포스트만을 중심으로」, 『언론과 사회 통권』 제24호, 6~46쪽.
이만수 (2005), 「세종대왕의 독서론」, 『독서문화연구』 4권, 13~26쪽.
이배환 (2019), 『감성과학』, 범문에듀케이션.

이상설 (1900), 『산술신서』, 연세대 장기원기념관.
이선 (2020), 「예술적 힘으로서의 정동: 니체 철학을 중심으로」, 『동서철학연구』 98, 465~491쪽.
이영완 (2021.7.15.), 『조선일보』, 「뇌졸중 마비 환자의 생각, 인공지능이 말로 바꿨다」(https://www.chosun.com/economy/science/2021/07/15/ESEQXP6B6NEMDOJKTPCZUCRB5Y/)
이완수 (2011), 「매체 융합시대 저널리즘의 변동성 연구: 마셜 맥루한의 '미디어 이해'에 대한 새로운 이해」, 『커뮤니케이션 이론』 7권 2호, 144~175쪽.
이원형·박정우 외 (2014), 「사람과 로봇의 사회적 상호작용을 위한 로봇의 가치 효용성 기반 동기-감정 생성 모델」, 『제어로봇시스템학회 논문지』, 20(5), 503~512쪽.
이은환 (2020), 「코로나19 세대, 정신건강 안녕한가!」, 『이슈&진단』 415호, 1~25쪽.
이재환 (2018), 「데카르트의 감정 이론은 비인지주의인가?」, 『근대철학』 12, 83~101쪽.
이준호 (2005), 『데이비드 흄: 인간 본성에 관한 논고』, 살림.
이중원·신상규 외 (2017), 『디지털 시대 인문학의 미래』, 푸른역사.
이지효 (2016), 『대담한 디지털 시대』, Bain & Company.
이찬규 (2020), 『미래는 AI의 것일까?: 인공지능과 미래사회』, 사이언스북스.
이찬종 (2009), 「로봇의 감정 인식」, 『로봇과 인간』 6(3), 16~19쪽.
임창환 (2020), 『브레인 3.0』, MID.
장석권 (2018), 『데이터를 철학하다: 어떻게 데이터는 지혜가 되는가』, 흐름출판.
정상기 (1992), 『농포문답 (실학사상독본 4)』, 한길사.
정영수 (2018), 「체화된 감정으로서 정: 순자철학을 중심으로」, 『공자학』 34, 77~107쪽.
정완상 (2015), 『뉴턴의 프린키피아』, 과학정원.
조재근 (2017), 『통계학, 빅데이터를 잡다』, 한국문학사
차배근·차경욱 (2013), 『사회과학 연구 방법』, 서울대학교 출판문화원.
채수완 (2021), 『데이터를 지배하라: 넥스트 노멀 시대의 디지털 전쟁을 승리로 이끌기 위한 필수 전략』, 청람.
천현득 (2008), 「감정은 자연종인가: 감정의 자연종 지위 논쟁과 감정 제거주의」, 『철학사상』 27, 317~346쪽.

최선웅 (2018), 「청구도, 조선 최초의 전국 지도책」, 『최선웅의 고지도 이야기 67』(최한기, '청구도제' 재인용. http://san.chosun.com/m/svc/article/html?contid=2018011701978).
최항섭 (2009), 「레비의 집단지성: 대중지성을 넘어 전문가지성의 가능성 모색」, 『사이버커뮤니케이션학보』 26권 3호, 287~322쪽.
최현석 (2011), 『인간의 모든 감정』, 서해문집.
최현철 (2013), 『사회과학통계분석』, 나남출판사.
카이스트 기술경영전문대학원 (2017), 『스마트 테크놀로지의 미래』, 율곡출판사.
통계청 (2012), 「근대 통계학의 아버지 케틀레」, 『통계청 블로그 역사속 통계』 15.
통계청 (2016), 『국가통계의 역사와 뿌리를 찾아서』, 한국통계발전사.
홍성민 (2016), 「주자 철학에서 감정의 적절성과 도덕성」, 『동방학』 35, 105~137쪽.

■ 번역서 및 해외문헌

Aczel, Amir D. (2017), 김세미 옮김, 『0을 찾아서: 숫자의 기원을 찾으려는 수학자의 모험』, 담푸스.
Aiden, Erez & Jean-Baptiste Michel (2015), 김재중 옮김, 『빅데이터 인문학: 진격의 서막: 800만 권의 책에서 배울 수 있는 것들』, 사계절.
Anderson, Chris (2006), 이호준 옮김, 『롱테일 경제학』, 랜덤하우스코리아.
Anderson, Janna & Rainie Lee (2018), *Artificial Intelligence and the Future of Humans*, Pew Research Center.
Aners, George (2018), 김미선 옮김, 『왜 인문학적 감각인가: 인공지능 시대, 세상은 오히려 단단한 인문학적 내공을 요구한다』, 사이.
Aristotles (2020), 박문재 옮김, 『아리스토텔레스 수사학』, 현대지성.
Aristotles (2021), 박문재 옮김, 『아리스토텔레스 시학』, 현대지성.
Bacon, Francis (2014), 김홍표 옮김, 『노붐 오르가눔』, 지식을 만드는 지식.
Baker, David (1994), "Parenting Stress and ADHD: A Comparison of Mothers and Fathers", *Journal of Emotional and Behavioral Disorders* 2 (1), pp. 46~50.

Barker, D. J. & H. Y. Sultan (1995), "Fetal Programming of Human Disease. Fetus and Neonate," *Physiology and Clinical Applications* 3, pp. 255~276.

Barret, Lisa F. (2017), 최호영 옮김, 『감정은 어떻게 만들어지는가?』, 생각연구소.

Baudrillard, Jean (2001), 하태환 옮김, 『시뮬라시옹』, 민음사.

Baudrillard, Jean (2011), 배영달 옮김, 『사물의 체계』, 지식을 만드는 지식.

Bentley, Peter (2008), 유세진 옮김, 『숫자, 세상의 문을 여는 코더』, 성균관대학교 출판부.

Bijker, Wiebe E. (1987), "Thomas P. Hughes & Trevor Pinch," *The Social Construction of Technological Systems: New Directions in the Sociology and History of Technology*, Cambridge, Mass.: MIT Press.

Boden, Margaret A. (1990), *The Philosophy of Artificial Intelligence*, New York: Oxford University Press.

Bostrom, Nick (2014), *Superintelligence: Paths, Dangers*, Strategies, Oxford University Press.

Brackett, Mark (2020), 임지연 옮김, 『감정의 발견』, 북라이프.

Briggs, Jean (1971), *Never in Anger: Portrait of an Eskimo Family*, Harvard University Press.

Chalmers, David (1996), *The Conscious Mind*, Oxford University Press.

Coase, R. H. (1960), "The Problem of Social Cost," *Journal of Law and Economics* 3 (1), 1~44, doi: 10.1086/466560. S2CID 222331226.

Coase, Ronald & Ning Wang (2011), "The Industrial Structure of Production: A Research Agenda for Innovation in an Entrepreneurial Economy," *Entrepreneurship Research Journal* 2 (1), doi:10.2202/2157-5665.1026. S2CID 154727631.

Cohen, Bernard (2010), 김명남 옮김, 『수의 승리: 숫자와 통계에 둘러싸인 현대인의 생활백서』, 생각의나무.

Crick, Francis & Christof Koch (1990), "Toward a Neurobiological Theory of Consciousness," *Seminars in the Neurosciences* 2, pp. 263~275.

Damasio, Antonio (2007), 임지원 옮김, 『스피노자의 뇌: 기쁨, 슬픔, 느낌의 뇌과학』, 사이언스북스.

Damasio, Antonio (2017), 임지원·고현석 옮김, 『느낌의 진화: 생명과 문화를 만든 놀라운 순서』, 아르테.
Damasio, Antonio (2017), 김린 옮김, 『데카르트의 오류: 감정, 이성, 그리고 인간의 뇌』, Nun 출판그룹.
Damasio, Antonio (2021), 고현석 옮김, 『느끼고 아는 존재: 인간의 마음은 어떻게 진화했을까』, 흐름출판.
Dante, Alighieri (2016), 양억관 옮김, 『단테의 신곡』, 황금부엉이.
Dantzig, Tobias (2005), 권혜승 옮김, 『수, 과학의 언어』, 한승.
Darwin, Charles R. (2014), 김홍표 옮김, 『인간과 동물의 감정표현』, 지식을 만드는 지식.
Davies, Peter (2022), 신유희 옮김, 『전념: 나와 세상을 바꾸는 힘에 관하여』, 상상스퀘어.
Dawkins, Richard (2018), 홍영남·이상임 옮김, 『이기적 유전자』, 을유문화사.
Dehaene, Stanislas (2017), 이광오 옮김, 『글 읽는 뇌: 읽기의 과학과 진화』, 학지사.
Dennett, Daniel (2013), 유자화 옮김, 『의식의 수수께끼를 풀다』, 옥당.
Descartes, Rene (1997), 이현복 옮김, 『방법서설: 정신지도를 위한 규칙들』, 문예출판사.
Descartes, Rene (2013), 김선영 옮김, 『정념론』, 문예출판사.
Descartes, Rene (2021), 이현복 옮김, 『제일철학에 관한 성찰』, 문예출판사.
Diamond, Jared M. (2005), 김진준 옮김, 『총, 균, 쇠』, 문학사상.
Dobbs, Richard et al. (2016), 고영태 옮김, 『미래의 속도』, 청림출판.
Dyson, Freeman (1981), *Disturbing the Universe*, Perseus Books Group.
Dyson, Freeman (2008), *The Scientist as Rebel*, New York Review of Books.
Ebbinghaus, Hermann (1964), *Memory; A Contribution to Experimental Psychology*, Dover Publications.
Ekman, Paul (2020), 허우성 옮김, 『표정의 심리학: 우리는 어떻게 감정을 드러내는가』, 바다출판사.
Fellous, Jean-Marc & Michael A Arbib (2005), *Who Needs Emotions?: The Brain Meets the Robot*, New York: Oxford University Press.
Flusser, Vilen (2011), *Into the Universe of Technical Images* (Nancy Roth trans.), Electronic Mediations.
Ford, Martin (2015), *Rise of the Robots: Technology and the Threat of a*

Jobless Future, New York: Basic Books.

Foucault, M. (1982), *Archaeology of Knowledge 31: The Discourse on Language*, New York: Pantheon Books.

Frankish, Keith & William M. Ramsey (2014), *The Cambridge Handbook of Artificial Intelligence*, New York: Cambridge University Press.

Freud, Sigmund (2020), 임홍빈·홍혜경 옮김,『정신분석 강의』, 열린책들.

Germa, Pierre (1992), 김혜경·최현주 옮김,『세상을 바꾼 최초들』, 하늘연못.

Gladwell, Malcolm (2005), 이무열 옮김,『블링크: 첫2초의 힘』, 21세기북스.

Godin, Seth (2020), 김정한 옮김,『이상한 놈들이 온다』, 라이스메이커.

Goffman, Erving (1986), *Frame Analysis: An Essay on the Organization of Experience*, Northeastern University Press.

Granovetter, M. (1973), "The Strength of Weak Ties," *The American Journal of Sociology* 78(6), pp.1360~1380.

Granovetter, M. (1983), "The Strength of Weak Ties: A Network Theory Revisited," *Sociological Theory* 1(1), pp.201~233.

Greyfus, Hubert L. (1972), *What Computer Can't Do: A Critique of Artificial Reason*, New York: Harper & Row.

Habermas, J. (1989), *The Structural Transformational of the Public Sphere*, Cambridge, MA: MIT Press (Original work published 1962).

Harari, Yuval N. (2011), 조현욱 옮김,『사피엔스: 유인원에서 사이보그까지, 인간 역사의 대담하고 위대한 질문』, 김영사.

Harari, Yuval N. (2017), 김명주 옮김,『호모 데우스: 미래의 역사』, 김영사.

Harari, Yuval N. (2018), 전병근 옮김,『21세기를 위한 21가지 제언 더 나은 오늘은 어떻게 가능한가』, 김영사.

Hartley, Scott (2017), 이지연 옮김,『인문학 이펙트: 인공지능 시대를 장악하는 통찰의 힘』, 마일스톤.

Heaven, W. Douglas (2021), *Hundreds of AI tools have been built to catch covid. None of them helped*, MIT Technology Review.

Hegel, Georg W. F. (1994), 이종철 옮김,『헤겔의 정신현상학 1』, 문예출판사.

Heinrich, H. W. (1941), *Industrial Accident Prevention: A Scientific Approach*, GF Books.

Heller, Wendy (1990), "The Neuropsychology of Emotion: Developmental

Patterns and Implications for Psychopathology," In N. L. Stein, B. Leventhal & T. Trabasso (eds.), *Psychological and Biological Approaches to Emotion*, Lawrence Erlbaum Associates, Inc. pp. 167~211.

Hellman, Paul (2017), 『상대의 마음을 바꾸는 기적의 8초』, 북플라자.

Hindi Attar, Catherine & Matthias M. Müller (2012), "Selective Attention to Task-Irrelevant Emotional Distractors Is Unaffected by the Perceptual Load Associated with a Foreground Task," *PLOS ONE* 7(5): e37186.

Howard, A. B. (2015), 김익현 옮김, 『데이터저널리즘: 스토리텔링의 과학』, 한국언론진흥재단.

Hume, David (2019), *A Treatise of Human Nature*, BOOKK.

Ifrah, Georges (1985), 김병욱 옮김, 『숫자의 탄생』, 도서출판 부키.

James, William (2014), 정명진 옮김, 『심리학의 원리』, 부글북스.

Janis, Irving (1972), *Victims of Groupthink*, Grumpy Gargoyle.

Jaric, Ivan et al. (2020), "iEcology: Harnessing Large Online Resources to Generate Ecological Insights," *Trends Ecol Evol* 35(7), pp. 630~639.

Johnson, Steven (2015), 강주헌 옮김, 『우리는 어떻게 여기까지 왔을까 오늘날의 세상을 만든 6가지 혁신』, 프런티어.

Jung, Carl (2015), 정명진 옮김, 『무의식의 심리학: 우리도 모르게 우리를 지배하고 있는 무의식의 세계를 탐험하다』, 부글북스.

Juran, Joseph (1964), *Managerial Breakthrough; a New Concept of the Manager's Job*, McGraw_Hill Inc.

Kaku, Michio (2014), *The Future of the Mind: the Scientific Quest to Understand, Enhance, and Empower the Mind*, New York: Doubleday.

Kant, Immanuel (2006), 백종현 옮김, 『순수이성비판 1』, 아카넷.

Keller, Carrie (2020), *Fetal Programming*, The Embryo Projet Encyclopedia.

Keynes, John M. (2010), 이주명 옮김, 『고용 이자 화폐의 일반 이론』, 필맥.

King, Suzanne & D. P. Laplante (2005), "The Effects of Prenatal Maternal Stress on Children's Cognitive Development: Project Ice Storm," *National Library of Medicine*, doi: 10.1080/10253890500108391.

Kuhn, Thomas S. (1957), *The Copernican Revolution: Planetary Astronomy in the Development of Western Thought*, Cambridge, Mass.: Harvard University press.

Kurzweil, Raymond (2005), *The Singularity is Near: When Humans Transcend Biology*, New York: Viking.

Kurzweil, Raymond (2007), 김명남 옮김, 『특이점이 온다: 기술이 인간을 초월하는 순간』, 김영사.

Kwon, E. J. & Y. J. Kim (2017), "What is Fetal Programming?: A Lifetime Health is Under the Control of in Utero Health," *Obstetrics & Cynecology Science* 60(6), pp. 506~519.

Lawson, C. (2010), "Technology and the Extension of Human Capabilities," *Journal for the Theory of Social Behavior* 40(2), pp. 207~223.

Jung, Yoonhyuk, Eunae Cho & Seongcheol Kim (2021), "Users' Affective and Cognitive Responses to Humanoid Robots in Different Expertise Service Contexts," *Cyberpsychology, Behavior, And Social Networking* 24(5), pp. 300~306.

Ledoux, Joseph (2006), 최준식 옮김, 『느끼는 뇌: 뇌가 들려주는 신비로운 정서 이야기』, 학지사.

Ledoux, Joseph (2021), 박선진 옮김, 『우리 인간의 아주 깊은 역사: 생물과 인간, 그 40억 년의 딥 히스토리』, 바다출판사.

Leibniz, Gottfried W. (2003), 이동희 옮김, 『라이프니츠가 만난 중국』, 이학사.

Leibniz, Gottfried W. (2015), 이상명 옮김, 『라이프니츠와 아르노의 서신』, 아카넷.

Levy, Pierre (2002), 권수경 옮김, 『집단지성: 사이버 공간의 인류학을 위하여』, 문학과지성사.

Lorenz, Edward N. (2006), 박배식 옮김, 『카오스의 본질』, 파라북스.

Luca, M. (2016), "Algorithms Need Managers, too," *Harvard Business Review* 94(1), 20.

Luca, M. (2016. 3. 15), *Reviews, Reputation, and Revenue: The Case of Yelp. com*, Harvard Business School NOM Unit Working Paper.

Mandelbrot, Benoit (1982), *The Fractal Geometry of Nature*, W. H. Freeman and Co.

Marcus, Gary & Ernest Davis (2021), 이영래 옮김, 『2029 기계가 멈추는 날』,

비즈니스북스.

Matz, Cade (2021), *Genius Makers: The Mavericks Who Brought AI to Google, Facebook, and the World*, Penguin Audio.

Maury, M. Fontaine (1855), *The Physical Geography of the Sea*, Sampson, Low, Son & Co.

McCarthy, John (1995), "Making Robots Conscious of Their Mental States," *Machine Intelligence* 15.

McGregor, S. L. T. & J. A. Murnane (2010), "Paradigm, Methodology and Method: Intellectual Integrity in Consumer Scholarship," *International Journal of Consumer Studies* 34(4), pp. 419~427.

McKinsey Global Institute (2021), *The Future of Work after Covid-19*, MGI Report.

McLuhan, H. Marshall (2001), 임상원 옮김, 『구텐베르크 은하계』, 커뮤니케이션북스.

McLuhan, M. (1962), *Gutenberg Galaxy: The Making of Typographic Man*, University of Toronto Press.

McLuhan, M. (1964), *Understanding Media: The Extension of Man*, NY: McGraw-Hill.

McLuhan, Marshall (2011), 김상호 옮김, 『미디어의 이해』, 커뮤니케이션북스.

Megill, Jason (2014), "Emotion, Cognition and Artificial Intelligence," *Minds and Machines* 24, pp. 189~199.

Mencken, Henry L. (2013), 김우영 옮김, 『멩켄의 편견집』, 이산.

Mencken, Henry L. (2017), *Collected Works of Henry Louis Mencken*, Pinnacle Press.

Menninger, Karl (2005), 김량국 옮김, 『수의 문화사』, 열린책들.

Milton, John (1998), 임상원 옮김, 『아레오파지티카』, 나남출판사.

Minsky, Marvin (2019), *The Emotion Machine: Commonsense Thinking, Artificial Intelligence, and the Future of the Human Mind*, Simon & Schuster.

Minsky, Marvin (2019), 조광제 옮김, 『마음의 사회』, 메카스터디북스.

Newton, Isaac (1998), 이무현 옮김, 『프린키피아 제1권: 물체들의 움직임』, 교우사.

Nietzsche, Friedrich W. (1984), 최승자 옮김, 『짜라투스트라는 이렇게 말했다』, 청하.

Noble, David F. (1984), *Forces of Production: A Social History of Industrial Automation*, New York: Oxford University Press.

Noble, Safiya U. (2019), 노윤기 옮김, 『구글은 어떻게 여성을 차별하는가』, 한스미디어.

Noelle-Neumann, Elisabeth (1980), *The Spiral of Silence A Theory of Public Opinion*, University of Chicago Press.

Nussbaum, Martha (2018), *Anger and Forgiveness: Resentment, Generosity, Justice*, Oxford University Press.

O'Neil, Cathy (2020), 김정혜 옮김, 『대량살상 수학무기: 어떻게 빅데이터는 불평등을 확산하고 민주주의를 위협하는가』, 흐름출판.

OECD (2013), *Exploring Data-driven Innovation as a New Source of Growth: Mapping the Policy Issues Raised by Big Data*, OECD Digital Economy Papers No. 222.

Pariser, Eli (2011), 이현숙 · 이정채 옮김, 『생각 조종자들: 당신의 의사결정을 설계하는 위험한 집단』, 알키.

Parisi, Giorgio (2019), *Theory Simple Glasses Exact Solutions Infinite Dimensions*, Cambridge University Press.

Penrose, Roger (1996), 박승수 옮김, 『황제의 새마음: 컴퓨터, 마음, 물리법칙에 관하여』, 이화여자대학교출판문화원.

Penrose, Roger (2014), 노태복 옮김, 『마음의 그림자』, 승산.

Pessoa, Luiz, & Leslie Ungerleider (2004), "Neuroimaging Studies of Attention and the Processing of Emotion-laden Stimuli," *Progress in Brain Research* 144, pp. 171~182.

Pink, Daniel (2012), 김명철 옮김, 『새로운 미래가 온다』, 한국경제신문사.

Plato (2014), 이상인 옮김, 『메논』, 이제이북스.

Pohl, Frederik (1977), *Gateway*, Heecheel Saga.

Principe, L. M. (2011), 노태복 옮김, 『과학혁명』, 고유서가.

Rapaport, William J. (1985), "Machine Understanding and Data Abstraction in Searle's Chinese Room," *Proceedings of the 7th Annual Conference of the Cognitive Science Society* (University of California at Irvine), Hillsdale, NJ: Lawrence Erlbaum Associates, pp. 341~345.

Rifkin, J. (2000), *The Age of Access: the New Culture of Hypercapitalism, Where All of Life is a Paid-for Experience*; 이희재 옮김 (2001), 『소유의 종말』, 민음사.

Roose, Kevin (2021), *Futureproof*, Random House Books.

Rose, Todd (2018), 정미나 옮김, 『평균의 종말』, 21세기북스.

Roseboom, T. J., et al. (2001), "Effects of Prenatal Exposure to the Dutch Famine on Adult Disease in Later Life: An Overview," *Twin Research* 4(5), pp. 293~298.

Russell, Stuart J. & Peter Norvig (2010), *Artificial Intelligence: a Modern Approach*, 3rd ed., Upper Saddle River, N.J.: Prentice Hall.

Schneider, Susan (2019), *Artificial You: AI and the Future of Your Mind*, Princeton University Press.

Schonberger, Viktor & Kenneth Cukier (2013), 이지연 옮김, 『빅 데이터가 만드는 세상: 데이터는 알고 있다』, 21세기북스.

Schwab, Klaus (2021), 이진원 옮김, 『클라우스 슈밥의 위대한 리셋: 제4차 산업혁명 X 코로나 19』, 메가스터디북스.

Schwartz, Barry (2005), 형선호 옮김, 『선택의 심리학 선택하면 반드시 후회하는 이들의 심리탐구』, 웅진지식하우스.

Searle, John (1997), *The Mystery of Consciousness*, New York Review of Books.

Searle, John (2004), "The Chinese Room Argument. Stanford Encyclopedia of Philosophy." (https://plato.stanford.edu/entries/chinese-room/)

Searle, John R. (1992), *The Rediscovery of the Mind, Representation and Mind*. Cambridge, Mass.: MIT Press.

Shoemaker, Pamela J. (2009), *Gatekeeping Theory*, Routledge.

Spinoza, Baruch (2014), 황태연 옮김, 『에티카』, 비홍.

Stephenson, Neal (1992), *Snow Crash*, Bantam Books.

Sunstein, Cass (2015), 이시은 옮김, 『와이저: 똑똑한 조직은 어떻게 움직이는가』, 위즈덤하우스.

Surowiecki, James (2004), *The Wisdom of Crowds*, Penguin Random House.

Susser, E., et al. (1998), "Neurodevelopmental Disorders after Prenatal

Famine: the Story o f the Dutch Famine Study," *Am J o f Epidemiology* 147(3), pp. 213~216.

Taleb, Nassim (2008), 차익종 옮김, 『블랙스완: 0.1%의 가능성이 모든 것을 바꾼다』, 동녘사이언스.

Thaler, Richard & Cass Sunstein (2010), 안진환 옮김, 『넛지: 똑똑한 조직은 어떻게 움직이는가』, 리더스북.

Wadsworth, Michael (2014), "The Origins and Innovatory Nature of the 1946 British National Birth Cohort Study," *Longitudinal and Life Course Studies* 1(2), doi: http://dx.doi.org/10.14301/llcs.v1i2.64.

Wertheim, Margaret (2002), 박인찬 옮김, 『공간의 역사 단테에서 사이버스페이스까지 그 심원한 공간의 문화사』, 생각의 나무.

Whalen, Paul J. (1998), "Fear, Vigilance, and Ambiguity: Initial Neuroimaging Studies of the Human Amygdala," *Current directions in psychological science* 7 (6), pp. 177~188.

Wheeler, W. M. (1910), "Ants: Their Structure, Development and Behavior," *Columbia University Biological Series* 9, Columbia University Press.

Wilson, Edward O. (2005), 최재천·장대익 옮김, 『통섭: 지식의 대통합』, 사이언스북스.

Wilson, Edward O. (2017), 이한음 옮김, 『인간 본성에 대하여』, 사이언스북스.

Wilson, Edward O. (2020), 이한음 옮김, 『창의성의 기원: 인간을 인간이게 하는 것』, 사이언스북스.

Wimmer, R. D.(2011), *Mass Media Research: An Introduction*, Boston: Cengage-Wadsworth.

Wolpert, Lewis (2007), 황소연 옮김, 『믿음의 엔진: 이성을 뛰어넘는 인간 믿음에 관한 진화론적 탐구』, 에코의 서재.

Zadeh, Lofti A. (2019), *Fuzzy Logic Theory and Applications*, World Scientific Pub Co Inc.

데이톨로지
AI·메타버스 시대를 읽는 데이터인문학

1판 1쇄 발행일 2022년 9월 5일
1판 3쇄 발행일 2022년 10월 15일

지은이 김성태
펴낸이 박희진

펴낸곳 이른비
등록 제2020-000136호
주소 경기도 고양시 덕양구 행신로 143번길 26, 1층
전화 031-979-2996
이메일 ireunbibooks@naver.com
페이스북 facebook.com/ireunbibooks
인스타그램 @ireunbibooks

편집 안신영 **교정** 김춘길 **일러스트** 안세영

ⓒ 김성태, 2022
ISBN 979-11-970148-8-8 03300

책값은 뒤표지에 있습니다.
파본은 구입하신 서점에서 바꾸어드립니다.
무단 전재와 복제를 금합니다.

이 도서는 한국출판문화산업진흥원의
'2022년 중소출판사 출판콘텐츠 창작 지원 사업'의 일환으로
국민체육진흥기금을 지원받아 제작되었습니다.

이른비 씨 뿌리는 시기에 내리는 비를 말하며, 마른 땅을 적시는 비처럼
인간의 정신과 마음을 풍요롭게 하는 책을 만듭니다.